苏南现代化研究丛书

丛书主编：宋林飞

Resource-conserving and
Environment-friendly Society Construction
Wuxi Practice and Its Characteristics

# 资源节约型和环境友好型社会建设

## ——无锡实践与特色

刘焕明 /主编

社会科学文献出版社
SOCIAL SCIENCES ACADEMIC PRESS (CHINA)

# 总　序

宋林飞

　　未来四年，我国将全面建成小康社会，实现振兴中华的第一个百年目标。2020 年以后，我国将全面进入基本实现现代化的新阶段，即再经过 30 年的奋斗，实现振兴中华的第二个百年目标。

　　当前，我们的中心任务是扬长补短，扶贫攻坚，突破资源环境的约束，推进可持续发展，全面建成小康社会。这是不是意味着，我们只需关注小康社会，四年后再关注现代化？不是的，我们现在必须关注现代化，因为小康社会本身就是现代化的一个阶段。

## 一　中国特色社会主义现代化包括三个阶段

　　第一阶段，初步现代化，即全面建成小康社会，迈入发达国家门槛；第二阶段，中度现代化，即基本实现现代化，进入中等发达国家行列；第三阶段，高度现代化，即进入最发达国家行列。小康社会是中国特色社会主义现代化的第一个阶段，全面建成小康社会是实现初步现代化。

　　实现中国现代化是中国共产党与全国人民的共同理想与目标。1964 年 12 月 21 日，根据毛泽东的提议，周恩来在全国三届人大一次会议上宣布，我国今后的战略目标是："要在不太长的历史时期内，把我国建设成为一个具有现代农业、现代工业、现代国防和现代科学技术的社会主义强国，赶上和超过世界先进水平。"[①] 这是我们党第一次完整科学地提出"四个现

---

[①] 《周恩来选集》（下卷），人民出版社，1984，第 439 页。

代化",并将之确立为党的战略目标。

确立这个战略目标是完全正确的,但缺乏阶段性划分,时序也不可行。由于国内自然灾害、"文化大革命"干扰与国外封锁,要在 20 世纪末实现四个现代化,赶上发达国家水平,并不可能。改革开放初期,邓小平实事求是看待现代化,对于中国现代化进程做了阶段性的科学划分。

## 二 全面建成小康社会是实现初步现代化

邓小平使用"小康""小康之家""小康水平""小康社会"的概念,都是为了探讨符合中国国情的"四个现代化"。1979 年 3 月 21 日,邓小平第一次提出了"中国式的四个现代化"的全新概念。他说:"我们定的目标是在 20 世纪末实现四个现代化。我们的概念与西方不同,我姑且用个新说法,叫做中国式的四个现代化。"① 不久他又将刚刚提出的"中国式的四个现代化"表述为"中国式的现代化""小康之家"。达到"小康"那样的水平,同西方来比,也还是落后的。显然,现在我们应将"小康"理解为"四个现代化的最低目标",中国人还不富裕,但日子好过,社会上存在的问题能比较顺利地解决。

小康社会是动态的、开放的发展目标。1980 年 12 月 25 日,邓小平第一次对实现小康目标后的发展战略作了设想,他提出,经过 20 年的时间,我国现代化经济建设的发展达到小康水平后,还要"继续前进,逐步达到更高程度的现代化"。②

## 三 基本实现现代化目标是达到中等发达国家的水平

1984 年 4 月 18 日,邓小平明确提出:我们的第一个目标就是到 20 世纪末达到小康水平,第二个目标就是要在 30 ~ 50 年达到或接近发达国家的水平。这样,我国经济发展目标的时限就由 20 世纪末延伸到 21 世纪中叶,目标定在"接近发达国家的水平"③。1987 年 2 月 18 日,邓小平对 21 世纪中叶的发展目标作了一个调整,把以前提出的"接近发达国家的水平"改

---

① 《邓小平年谱(1975—1997)》(上),中央文献出版社,1998,第 496 页。
② 《邓小平文选》第 2 卷,人民出版社,1994,第 356 页。
③ 《邓小平选集》第 3 卷,人民出版社,1993,第 79 页。

为"达到中等发达国家的水平"①。

　　党的十五大报告首次提出，21 世纪初开始"进入和建设小康社会"；以后，"第一个十年实现国民生产总值比二〇〇〇年翻一番，使人民的小康生活更加宽裕，形成比较完善的社会主义市场经济体制；再经过十年的努力，到建党一百年时，使国民经济更加发展，各项制度更加完善；到二十一世纪中叶建国一百年时，基本实现现代化，建成富强民主文明的社会主义国家"。党的十六大、十七大、十八大都将基本实现现代化列为战略目标，并且明确为"第二个百年目标"，令人鼓舞。

## 四　实现高度现代化是中国特色社会主义现代化的最高目标

　　现代化国家与地区，是由联合国宣布的，使用"人类发展指数"（人均 GDP、平均受教育年限、平均预期寿命）来测定。目前，从联合国公布的发达国家或地区来看，人均 GDP 达到 1 万多美元是发达国家的门槛；中等发达国家水平为 3 万美元左右；还有达到 5 万美元左右的最发达国家。为此，应设置"全面建设高度发达国家"的长远目标。

　　2015 年，我在《全面建成小康社会》一书中提出"中国现代化三阶段说"。第一阶段，到 2020 年，人均 GDP 达到 1 万美元，人民生活比较富裕，实现初步现代化，即全面建成小康社会。第二阶段，到 2050 年，人均国民生产总值 30 年翻一番以上，为 3 万美元左右，达到中等发达国家水平，人民生活比较富有，基本实现现代化，即实现中度现代化。第三阶段，到 2080 年，人均国民生产总值 30 年翻一番，为 5 万美元以上，达到高度发达国家水平，人民生活普遍富有，实现高度现代化。②

　　中国特色社会主义现代化战略，是要在 21 世纪先后实现全面建成小康社会、基本实现现代化、实现高度现代化三大目标。中国崛起，已经成为世界经济的引擎，以后将继续拉动世界经济发展，以及全球政治社会秩序的构建，给中国与世界各国人民带来发展与繁荣。

　　当今世界，是不是所有的国家都欢迎中国作为一个新兴大国崛起？不，总有一些国家看到中国发展就不舒服，总要折腾与遏制，并且花样不

---

① 《十三大以来重要文献选编》（上），人民出版社，1991，第 16 页。
② 宋林飞：《全面建成小康社会》，江苏人民出版社，2015，第 405 页。

断翻新。树欲静而风不止。对此，我们必须保持清醒的头脑。

2014年1月22日，习近平总书记在美国《世界邮报》的专访中，谈到当今处理大国关系时说，我们都应该努力避免陷入"修昔底德陷阱"①。这表明，我们面临巨大的风险，应坚持积极避免的正确态度，努力防止中国现代化进程被打断。

我们相信，只要我们不动摇、不懈怠、不折腾，坚定不移地推进改革开放，坚定不移地走中国特色社会主义道路，就一定能够胜利实现振兴中华的宏伟蓝图和奋斗目标，早日把祖国建设成为"富强、民主、文明、和谐"的社会主义现代化国家。

## 五 区域率先符合现代化规律

基本实现现代化是否要等到我国全面建成小康社会以后才启动？不是的，我国基本实现现代化已经在路上。区域率先是世界现代化的一般规律。

由于区域发展的不平衡，我国东部沿海有条件的地区，应建设更高水平的小康社会，同时推进基本现代化进程。创新是世界现代化不断丰富和深化的原动力，创新者也成为现代化的率先者。经济、政治、文化、社会的现代化发展，总是首先在一定的区域取得进展和突破，继而影响或带动周边地区的现代化。

党的十六大明确提出，为完成党在新世纪新阶段的奋斗目标，有条件的地方可以发展得更快一些，在全面建设小康社会的基础上率先基本实现现代化。党的十八大也鼓励"有条件的地方在现代化建设中继续走在前列，为全国改革发展做出更大贡献"。有条件的地方率先迈开基本实现现代化的步伐，是我们党在准确把握社会主义现代化建设的一般规律与基本特征基础上做出的科学判断，是对全面小康理论的科学发展。率先基本实现现代化也是历史赋予先行地区的光荣使命。

过去与现在，我国先发地区在全面建成小康社会的进程中，率先迈上了基本现代化的新征程。2014年12月，习近平总书记在视察江苏时指出，

---

① 《习近平：中国崛起应避免陷入"修昔底德陷阱"》，2014年1月24日，来源：环球网、中国青年网，http://news.youth.cn/sz/201401/t20140124_4581940.htm。

要紧紧围绕率先全面建成小康社会、率先基本实现现代化的光荣使命，努力建设经济强、百姓富、环境美、社会文明程度高的新江苏。①

## 六 苏南现代化建设示范区主要进展与评估

2013 年 4 月，经国务院同意，国家发改委印发了《苏南现代化建设示范区规划》。该规划明确，到 2020 年，苏南人均地区生产总值达到 18 万元，这一预期目标达到中等发达国家的水平。目前，苏南现代化示范区已进入现代化国家与经济体的门槛。2014 年，苏州市人均 GDP 为 13.15 万元，无锡市人均 GDP 为 12.69 万元，南京市人均 GDP 为 10.77 万元，常州市人均 GDP 为 10.67 万元，镇江市人均 GDP 为 10.46 万元，均超过了联合国公布的现代化国家与地区的人均 GDP 1 万多美元的最低水平。

近几年来，苏南现代化建设示范区各级党政部门学习与践行习近平总书记的系列重要讲话精神，根据《苏南现代化建设示范区规划》提出的要求，先行先试、高端引领、扬长补短，努力推进全面建成小康社会与基本现代化的进程，努力建设自主创新先导区、现代产业集聚区、城乡发展一体化先行区、开放合作引领区与富裕文明宜居区，朝着这些目标推进现代化建设，同时积极探索政府治理体系、治理能力现代化的路径，取得了重要进展。

2015 年，江苏省发改委、江苏省经信委、江苏省住建厅、江苏省政府研究室、江苏省政府参事室与南京大学、苏州大学、江南大学、常州大学、江苏大学，联合组建了苏南现代化研究协同创新中心。这个中心由常州大学负责推进日常工作，第一项工作是开展苏南现代化示范区进展研究，出版"苏南现代化研究丛书"。现在与读者见面的，是第一辑六本书，包括两大内容。

第一，总结苏南现代化建设示范区初步形成的主要特色。一是南京市推进科技体制综合改革，先后出台了关于科技人才创业特别社区、众创空间、知识产权、战略性新兴产业创新中心等方面的法规与政策文件。建设科技创新创业平台，促进科技成果转化。二是无锡市推进"两型社会"建

---

① 《习近平：主动把握和积极适应经济发展新常态》，《新华每日电讯》2014 年 12 月 15 日，第 1 版。

设。构建能源资源节约利用新机制，无锡市相继列入国家首批工业能耗在线监控试点城市、国家可再生能源建筑应用示范城市、国家光伏分布式能源示范区、全国绿色低碳交通运输体系区域性试点城市、全国国土资源节约集约模范市。三是常州市推进产城融合综合改革。开展市级产城融合示范区试点工作，培育产城融合发展的典型。推进以智能装备制造为重点的十大产业链建设，推进传统优势产业转型升级。四是苏州市推进城乡发展一体化。统筹城乡基本公共服务，初步形成广覆盖的公共服务体系，全市城乡低保、养老、医疗保障制度实现"三大并轨"，城乡居民养老保险和医疗保险覆盖率均保持在99%以上。五是镇江市推进生态文明建设，在全国率先推行固定资产投资项目碳排放影响评估制度，以县域为单位实施碳排放总量和强度的双控考核。2014年获得中国人居环境奖，成为全国第5家国家生态市、全国首批生态文明先行示范区。其中，每个特色都形成了一本书，分别由蒋伏心、刘焕明、芮国强、夏永祥、马志强教授主编。

第二，评估苏南现代化示范区建设的主要进展。2016年4~5月，经江苏省委主要领导同意，我组织部分省政府参事与学者，对苏南现代化示范区各市建设情况进行了一次调查。依据调查得来的苏南地区党政部门提供的有关资料，以及江苏省统计局、江苏省教育厅提供的有关数据，我们对苏南现代化示范区建设进展做了定性与定量评估。

测评1：苏南地区现代化指标达标率。我们对"苏南地区现代化建设指标体系（试行）"进行测评。2015年，在"经济现代化、城乡现代化、社会现代化、生态文明、政治文明"一级指标的44个三级指标中，苏南地区已经有29个三级指标达标，达标率为65.91%；7个指标实现程度在90%以上，接近达标；2个指标实现程度在80%~90%；6个指标实现程度在80%以下，差距较大。分市来看，苏州市、无锡市有26个指标已达标，达标率为59.09%；南京市和常州市有25个指标已达标，达标率为56.82%；镇江市有19个指标达标，达标率为43.18%。

测评2：苏南地区现代化建设综合得分。经对"苏南地区现代化建设指标体系（试行）"进行百分制测评，2015年苏南地区现代化综合得分为90.15。分类来看，2015年苏南地区经济现代化综合得分为86.54，城乡现代化综合得分为83.54，社会现代化综合得分为97.69，生态文明综合得分为85.23；政治文明的综合群众满意度达到90.15%。分市来看，现代化综

合得分南京市为 89.27，无锡市为 89.25，常州市为 88.37，苏州市为
91.00，镇江市为 87.38。

测评 3：联合国人类发展指数（HDI）得分。经对人均 GDP、平均受
教育年限与预期寿命三大指数的综合测算，2015 年苏南地区人类发展指数
为 0.935。其中，南京市为 0.927，无锡市为 0.943，常州市为 0.928，苏
州市为 0.945，镇江市为 0.923。联合国曾根据人类发展指数将世界各国分
为四类：极高人类发展水平（0.900 及以上）、高人类发展水平（0.800 ~
0.899）、中等人类发展水平（0.500 ~ 0.799）、低人类发展水平（低于
0.500）。2015 年苏南地区总体人类发展指数为 0.935，属于极高人类发展
水平（0.900 及以上），相当于 2005 年德国的发展水平（第 22 位）。2015
年苏南五市人类发展指数分布在 0.923 ~ 0.945，即相当于 2005 年卢森堡
（0.944，第 18 位）、希腊、以色列、德国、香港地区、意大利、新西兰及
新加坡（0.922，第 25 位）的发展水平。

我们测算使用的"预期寿命"数据是 2010 年人口普查数据，因此
2015 年苏南地区人类发展水平与 2005 年世界极高人类发展水平的国家与
地区相比，实际差距没有 10 年。到 2030 年，苏南地区人类发展指数进行
当年国际比较时，将有较大幅度进位，有望达到或者接近主要发达国家的
水平。

苏南现代化建设示范区正在继续推进，生机勃勃，这一伟大而精彩的
实践深深地吸引着我们。我们将组织专家进行继续追踪观察与调研，每年
出版一辑多本著作，记录与分析苏南现代化建设示范区的进展与面临的挑
战，探索现代化的重大理论与实践问题，为中国特色社会主义理论研究与
创新做出一份贡献。

是为序。

2016 年 12 月

# 目　录

# 第一章
# 绪　论

　　"两型社会"是对资源节约型和环境友好型社会的简称。在 2005 年 3 月召开的中央人口资源环境工作座谈会上，建设"两型社会"的科学发展理念得到我国政府及学术界的一致认同。随后，党的十七大把建设"两型社会"作为我国经济社会发展中的一项战略任务予以确立。2007 年 12 月，武汉城市圈和长株潭城市群率先成为国家级的"两型社会"改革试验区。2012 年 11 月召开的党的十八大把生态文明建设纳入中国特色社会主义事业"五位一体"总体布局，首次把"美丽中国"作为生态文明建设的宏伟目标。而 2015 年 10 月召开的十八届五中全会进一步提出五大发展理念，更是将绿色发展作为"十三五"乃至更长时期经济社会发展的一个重要理念，成为党关于生态文明建设、社会主义现代化建设规律性认识的最新成果。2016 年 3 月，习近平同志在参加十二届全国人大三次会议江西代表团的审议时提出，要像保护眼睛一样保护生态环境，像对待生命一样对待生态环境。

　　2011 年 9 月，无锡被江苏省委、省政府确定为"两型社会"建设综合配套改革试点城市。建设"两型社会"既是一个新的发展要求，又是一个新的发展目标，是同时需要各个层面共同协作、长期努力的一项社会性工程。近年来，无锡根据"两型社会"的深刻内涵、发展规律及无锡的实际情况，明确思路，准确定位，在"两型社会"建设过程中努力实现速度、结构、质量和效益的统一，取得了显著的建设成效。回顾无锡"两型社会"建设的发展历程，总结无锡"两型社会"建设的经验与启示，不仅有利于无锡实现经济发展和人口、资源、环境的协调，更好地勾画"经济强、百姓富、环境美、社会文明程度高"的新蓝图，而且能够为我国其他地区的"两型社会"建设提供借鉴示范。

# 第一节 "两型社会"建设的时代动因

## 一 我国"两型社会"建设的时代动因

改革开放以来，我国的发展步伐超过了以往任何一个时代。当人们享受经济发展带来的好处时，也不得不面对日益突出的资源、环境问题。但我们也应清醒地看到，我国仍属于发展中国家，正处在工业化、城镇化加快发展的进程中，同时面临着发展经济、消除贫困、控制污染、减缓温室气体排放等多重约束。很多长期积累的环境矛盾尚未解决，新的环境问题又不断出现，节约资源、保护环境、应对气候变化的形势依然严峻。

### 1. 土地资源极为紧缺

我国幅员辽阔，有 960 万平方公里的陆地面积，是世界第三大国。但我国又是世界人口第一大国，拥有 13 亿多人口，人口密度是世界平均人口密度的 3 倍。我国东南部分省份的人口密度甚至在每平方公里 600 人上下。更为严重的是，我国的耕地数量只有 14.32 亿亩，仅占全部土地面积的 10.4%，人均耕地只有 1.17 亩多，不足世界人均耕地水平（3.75 亩）的 1/3。我国目前已利用的土地资源为 100 亿亩左右，占土地面积的 2/3，还有 1/3 的土地是难以利用的沙漠、戈壁、冰川以及永久积雪、石山、裸地等。同时，由于房地产大量占用土地资源，农业耕地资源被占用、不合理利用或过度利用，绿化设施不完善，土地资源正在以每年数百万亩的速度递减，因此，人均占用土地少，人均占用耕地少，人地矛盾突出是我国土地资源面临的现状。

### 2. 水资源严重匮乏

随着人类社会经济的不断发展，水资源系统的经济、社会、环境和政治影响也在不断凸显，一个国家或地区的经济发展和社会发展越来越受该国家或该地区水资源系统运行状况的约束。最新统计数据显示，我国水资源总量常年值为 27711 亿立方米，占全球水资源的 6%，仅次于巴西、俄罗斯和加拿大，居世界第四位。但从人均角度看，我国的人均水资源量为 2055 立方米，仅为全球平均水平的 25%，位于全球第 109 位，是全球 13

个人均水资源最贫乏的国家之一。分地区来看，在我国 31 个省份当中，有 21 个省份处于缺水状态。其中轻度缺水（人均水资源 3000 立方米以下）的省份有 4 个，中度缺水（人均水资源 2000 立方米以下）的省份有 8 个，极度缺水（人均水资源 500 立方米以下）的省份有 9 个。通过进一步比较具体省份可以发现，极度缺水的 9 个省份大多为经济较为发达、水资源尚为丰富的地区，而不是西北、东北等水资源总量较少的地区。随着我国经济的发展，城镇化、工业化的不断推进，全国用水总量也在逐年攀升。与此同时，全国废水的排放量也在逐年增长。资源型缺水与水质型缺水并存的局面导致我国水资源严重匮乏，对我国经济、社会、环境的可持续发展的约束越来越明显，成为制约我国综合国力提升的关键因素之一。

**3. 能源安全形势严峻**

能源是经济增长和社会发展的重要物质基础，但是能源的开发利用也改变了人类赖以生存的自然环境，环境破坏、气候变化、资源枯竭等给人类发展带来了巨大挑战。从全球来看，欧美能源消费已经进入微量增长阶段，但我国近年来能源消费还在以较快速度增长，在 2011 年已超过美国成为世界第一大能源消费国。我国正处于总能耗急剧增长的过程中，单是发电设备（其中主要是燃煤发电），近几年每年装机容量增长接近 1 亿千瓦。在这个高速增长量中，可再生能源所起的作用很有限，难以替代原有的化石能源。另外，我国能源消费对外依存度进一步提高。例如，从 2009 年起，我国从一个煤炭的出口国转变为煤炭的净进口国。2011 年，我国进口了 1.8 亿吨煤炭，成为世界上最大的煤炭进口国。随后，我国也进一步成为继美、日之后的第三大石油进口国。荷兰皇家壳牌集团发布的《壳牌能源远景 2050》报告指出，中国 2025 年的一次能源需求将在全球占 25% 以上，到 2050 年中国的一次能源需求将增长到目前的 4 倍。严重依赖海外进口石油以及石油海外来源地过于集中等原因，将导致我国能源安全面临诸多不可预见和不确定性问题，我国国内经济和社会发展日益受到国际能源安全形势的影响。

**4. 生态环境不容乐观**

人类的发展是以自然资源和人类赖以生存的环境为基础的，我国长期以来实行资源高消耗、环境重污染、片面追求经济增长的发展模式，实际上我国经济高速增长是以巨大的生态环境污染为代价的。环境保护部发布

的《2015 中国环境状况公报》显示，大量的废气和二氧化硫排放导致严重
的空气污染，一些大城市的颗粒物和二氧化硫浓度是世界卫生组织及国家
标准的 2～5 倍，大部分城市已经出现了雾霾。在全国 338 个地级以上城市
中，有 265 个城市环境空气质量超标，占 78.4%。480 个城市（区、县）
开展了降水监测，酸雨城市比例为 22.5%，酸雨频率平均为 14.0%。全国
423 条主要河流、62 座重点湖泊（水库）的 967 个国控地表水监测断面
（点位）进行了水质监测，Ⅰ～Ⅲ类、Ⅳ～Ⅴ类、劣Ⅴ类水质断面分别占
64.5%、26.7%、8.8%。在以地下水含水系统为单元，潜水为主的浅层地
下水和以承压水为主的中深层地下水为监测对象的 5118 个地下水水质监测
点中，水质为较差级的监测点比例为 42.5%，极差级的监测点比例为
18.8%。长期以来，大量的固体废物随意抛弃、堆积、填埋，综合回收利
用率较低，在自然环境中的囤积数量已经达到了较高的程度，大量有毒、
有害物质渗透到自然环境中，已经对生态环境造成了巨大的破坏。目前，
全国生态环境质量状况虽然在逐步改善，但生态环境保护形势严峻，最受
公众关注的大气、水、土壤污染状况依然不容乐观。

在新出台的《中华人民共和国国民经济和社会发展第十三个五年规划
纲要》中，党中央将生态文明建设作为规划的重要内容，全面落实创新、
协调、绿色、开放、共享的发展理念。建设资源节约型、环境友好型社
会，加强资源节约和环境保护，将有利于促进经济结构调整和发展方式转
变，实现经济社会可持续发展；有利于带动环保和相关产业发展，培育新
的经济增长点和增加就业；有利于提高全社会的环境意识和道德素质，保
障人民群众身体健康；有利于维护中华民族的长远利益，为子孙后代留下
良好的生存和发展空间。

## 二　无锡"两型社会"建设的时代动因

无锡位于江苏南部、长江三角洲腹地，自古"物华天宝，人杰地灵"，
有"小上海"之称。城市紧靠国际大都市上海，航空、铁路、公路和内河
运输都比较发达，海内外社会关系极为广泛，劳动力素质较高，商品意识
萌发较早，能工巧匠、商贾众多，发展现代工业具有人文、地理方面的诸
多有利条件。

进入 21 世纪后，无锡的经济发展已经处于工业化后期，达到中等发达

国家水平。2008 年，无锡的人均地区生产总值突破 1 万美元，成为国内该项指标最高的城市之一。然而，作为江苏省人口密度最高、土地开发强度最大的地区，无锡的资源能源消耗巨大，支撑持续发展的能力不足。2001～2010 年无锡固定资产投资年均增速高达 23%，同时新占耕地总量接近 35 万亩，按照此占用耕地的速度，50 年后无锡将无地可耕。2009 年，无锡万元 GDP 能耗为 0.756 吨标准煤。虽然"十一五"时期万元 GDP 能耗以每年 4%～5% 的速度下降，但能源消耗总量仍以 5% 左右的增幅保持增长。"十一五"时期无锡大力实施减排措施，取得了明显成效，但主要污染物 COD 和 $SO_2$ 的排放量仍然超过环境容量的承载能力。虽然每万元 COD 和 $SO_2$ 的排放量分别是全省平均水平的 60% 和 50%，单位面积 COD 和 $SO_2$ 却分别高达全省平均水平的 1.5 倍和 1.9 倍。空气质量虽然不断改善，但氮氧化物和颗粒悬浮物的排放仍是影响空气质量进一步提升的关键因素。太湖水质和城区河道水质总体上仍处于较低标准，水功能区水质达标率只有 80%。

在上述时代背景下，无锡改变经济发展模式的渴望显得尤为迫切。2009 年 4 月，无锡向江苏省委、省政府递交了《无锡市资源节约型和环境友好型社会建设综合配套改革试点总体方案》，计划从创新资源节约利用和创新环境保护两大领域进行突破，从土地、用水、清洁生产、太湖治理等 16 个方面进行"两型社会"建设。2011 年 9 月，无锡被正式批准为"两型社会"综合配套改革试点城市。江苏省委、省政府希望无锡能够加快转变资源利用方式，加强全过程节约管理，大幅降低能源、水、土地消耗强度，促进生产、流通、消费过程的减量化、再利用、资源化；同时，也要求无锡着力在资源节约和环境保护的重点环节和关键领域实现创新突破，不断探索完善经济社会发展与资源环境优化配置综合决策机制、生态环境保护的体制机制以及区域协作机制，为江苏其他城市的"两型社会"建设提供示范。

## 第二节 "两型社会"的内涵、外延及影响因素

### 一 "两型社会"的内涵

"两型社会"是一个包括经济系统、环境生态系统以及社会系统等在

内的复合系统，需要各个系统进行自我组织和调控，从思想文化上、制度规范上、科学技术上、社会秩序上同步推进，从而全面实现经济领域、自然环境领域以及社会民生领域的"两型"化。因此，本书将在综合剖析资源节约型社会（resource – conserving society）和环境友好型社会（environment – friendly society）概念的基础上，清晰阐释"两型社会"的内涵。

**1. 资源节约是"两型社会"建设的前提条件**

从其生成机理、生成条件和蕴藏量来看，自然资源可以分成有限资源与无限资源两大类，其中有限资源又可以分为可再生和不可再生资源两种。对人类生存发展与自然资源消耗的关系而言，尤为重要的是要认识有限资源特别是其中能被人类用尽的不可再生资源的稀缺性及其枯竭的可能性。资源节约是指依靠科学技术进步和科学管理，把一切进入生产过程的原材料、辅助材料和能源的利用率提高到最高限度，把生产和消费过程中产生的废弃物降低到最低限度，并尽量使其再资源化。

资源节约型社会是指通过对资源的合理配置、高效和循环利用、有效保护和替代，使经济社会发展与资源环境承载能力相适应，使污染物产生量最小化并使废弃物得到无害化处理，构建人与自然和谐共处的社会。具体包括三个层面：①确立节约资源的重要战略地位，将节约资源提升到基本国策的高度；②尽快扭转高消耗、高污染的粗放型经济增长方式，逐步建立资源节约型国民经济体系；③倡导资源节约型的消费方式，以资源节约型的产品满足人民群众的需要。

**2. 环境友好是"两型社会"建设的决定因素**

"环境"（environment）的本来含义是"围绕"。人类赖以生存发展的自然环境是指围绕人类活动主体而存在的、在亿万年间由多种自然力的相互作用而形成的和由多种生命体及非生命体组成的生态空间客体。1992年，联合国世界环境发展大会通过的《21世纪议程》首次创造了包含环境友好含义的"无害环境"概念，实质上是"环境友好"概念的雏形，是指立足于人与自然和谐相处，把资源承载能力、生态环境容量作为经济活动的重要条件，进而改变人们的生产生活方式和行为模式的和谐发展理念。

环境友好型社会是指社会的生产与生活以对生态环境无害的方式进行。我国正处于城镇化、工业化和现代化的加速期，势必会相应地增加资源消耗，对原本紧缺的资源带来巨大的压力。为了使经济实现可持续增长，必须实现资源节约与环境保护的体制机制变革和战略上的突破，寻找在不污染环境的前提下实现经济增长的路径。因此，环境友好型社会的核心是对资源进行合理和公平配置，提高资源使用效率，极大地减少对生态的破坏和对环境的污染，真正实现人与自然的和谐发展。

**3. 资源与环境的相互依存是"两型社会"建设的关键环节**

资源与环境之间"你中有我，我中有你"的连带性和孪生性，是引发资源与环境、二者与经济社会发展之间错综复杂的连锁反应的决定性因素。"两型社会"建设的关键就是要建立一种经济社会发展一体化、城乡发展一体化、资源最大限度节约利用和环境最大限度给予的有效保障的社会运行体系，从中找到促进人与自然和谐发展、与资源环境相协调的途径和方法，从而达到资源与环境相辅相成、相互制约、相互促进的协调统一。

## 二 "两型社会"的外延

资源节约和环境保护是"两型社会"的主要内涵和重要内容，而"两型社会"的外延体现在经济社会发展的每个领域，需要在生产、流通、消费等各环节做到资源节约和环境友好。

**1. 生产领域**

马克思认为，生产是经济社会的微观主体创造物质财富的活动及其过程，是其最主要的经济活动，人们的生活自古以来就建立在生产上面，建立在这种或那种社会生产上面。增加资源消耗、破坏自然环境是人类从事生产活动的必然结果，人类采取不同的生产方式，将给资源和环境带来不同程度的影响。传统的粗放型生产方式以"高耗能、高排放"为主要特征，必然导致能源资源利用率低，单位产品能耗高，环境污染严重；而"两型社会"倡导的生产方式以"发展新能源、节能环保、循环经济"为主要特征，能够有效提高资源利用效率，降低环境污染程度，改善生态环境系统。

传统的粗放型生产方式主要依靠增加要素投入、消耗自然资源、追求数量扩张来实现增长。这种生产方式不考虑环境因素，一味强调对环境的征服，缺乏环境保护意识，是一种"资源—产品—污染排放"的单向线性和非循环的经济过程。人们高强度地任意开采各种能源资源，又将生产加工和消费中产生的大量污染物和废弃物排放到自然生态环境中。因此，随着传统生产方式创造财富的增多，消耗的资源和产生的废弃物也就随之增多，对资源和生态环境造成的破坏越严重。例如，长期的粗放型生产方式令山西背负巨大的生态环境欠账。有公开资料显示，20世纪80年代，太原市的雾霾天气年均达到142.8天，也就是说全年约40%的时间为雾霾天。进入21世纪，太原市的雾霾程度有所减轻，但年均仍有46.7天左右的雾霾天气，个别年份的雾霾天气超过80天。2013年，太原市空气质量虽然明显改善，但重污染天数仍达38天，占有效监测天数的10.4%。

"两型社会"倡导的生产方式则强调最有效利用资源和保护环境，表现为"资源—产品—再生资源"的持续循环增长方式，做到生产和消费"资源消耗减量化、污染排放最小化、废物再生资源化和无害化"，以最小发展成本获得最大经济效益、社会效益和生态效益。例如，青海省通过推行"两型社会"倡导的生产方式，统筹工业发展、社会进步和生态环境优化，最终实现50家重点用能企业实现清洁生产，实现了以最小的资源能源消耗、最小的环境代价促进工业经济可持续发展。到2015年，青海省工业固体废弃物综合利用率达到30%，工业用水重复利用率达到75%。太阳能、风能等新能源产业工业增加值占全省规模以上工业增加值的比重为15%以上，形成具有比较优势和区域特色的主导产品和支柱产业。

**2. 流通领域**

流通是将商品由供给主体向需求主体转移，创造时间价值和空间价值。商品流通和生产一样，在社会再生产过程中发挥着重要的作用。传统的流通、生产方式割裂了经济效益与生态效益二者的关系，过多地强调经济效益，而忽视了环境效益，导致社会整体效益的下降；而"两型社会"倡导的流通方式以改变原来经济发展与物流、消费生活与物流的单向作用关系为目的，在抑制物流对环境造成危害的同时，构建一种能促进经济和消费生活健康发展的物流系统。

传统的流通、生产方式对环境的影响存在于物流活动的各个环节。首先，车辆的燃油消耗、燃油污染、噪声污染和光污染是运输环节造成环境污染的主要原因；其次，包装材料对环境也会造成破坏，如"白色污染"就是由于在商品流动过程中采用不可降解的塑料制品而形成的；最后，流动加工中由于流通加工中心过于分散，不能有效地对加工产生的废物等进行集中处理也会对环境造成危害。例如，由于保鲜技术和配送的不合理，我国果蔬类农产品在流通环节损耗率达 30%，如果将损耗率降低到 5%，每年可减损 1000 多亿元。如果换算成土地可节省约 1 亿亩耕地，而 1 亿亩耕地可以为 1.8 亿人提供一年的口粮。

"两型社会"倡导的流通方式不同于传统商品流通，既要追求经济利益，更要兼顾资源节约和环境保护这一社会发展目标，其利用先进物流技术，规划和实施运输、储存、包装、装卸、流通加工等物流活动，使物流系统的每一个环节都建立在有利于保护环境的基础上，并使废旧物资能回流到正常的物流过程中来，同时又能促进经济和消费的健康发展。例如，阿里巴巴集团董事局主席马云近期表示，公司正在推行"绿色物流"计划，"绿色物流"具体包括环保快递箱、环保快递袋、环保快递车等产品。其中，可降解快递箱和环保袋会在一段时间内在土壤中自然分解，避免污染；环保快递车是用新能源车逐步取代传统货车，降低运输环节的碳排放量。

### 3. 消费领域

马克思认为，消费是经济社会活动的重要环节，其不仅是生产的终点，也是生产的起点；消费不但会实现生产，而且反过来会促进生产，同时也会影响交换和分配。消费过程是以资源的消耗为前提的，不同的消费对象、方式、水平和结构会带来不同程度的资源消耗和环境影响。传统的消费方式以高消费为特征，很少关心社会生活环境利益，随着消费规模日益扩大，造成了资源的耗减和环境的恶化；而"两型社会"倡导的消费方式把节约文化、环境道德纳入社会运行的公序良俗，鼓励绿色消费，引导公众自觉选择节约环保、低碳排放的消费模式。

传统的消费方式是以满足人的需求为中心的，不管这种需求是否合理、适度，也不管这种需求对生态环境是否造成破坏。例如，早在 2010 年，《中国环境发展报告》（以下简称《报告》）就对我国许多城市的奢侈型水消费提出了警告。《报告》对北京的洗浴业进行调查后发现，一些浴场规模动辄数万乃至十几万平方米，而北京属资源型重度缺水地区，水资源极度匮乏。

"两型社会"倡导的消费方式提倡选择未被污染或有利于自身和公众健康的绿色产品，在生产、消费和废弃物处理过程中注重保护环境，倡导资源的节约和重复利用，树立可持续消费观等。2016 年国家发展和改革委员会、中共中央宣传部、科学技术部等十部门出台的《关于促进绿色消费的指导意见》要求，到 2020 年，绿色消费理念成为社会共识，长效机制基本建立，奢侈浪费行为得到有效遏制，绿色产品市场占有率大幅提高，勤俭节约、绿色低碳、文明健康的生活方式和消费模式基本形成。

## 三 "两型社会"的影响因素

"两型社会"的复杂性特征既体现在区域外部环境的复杂性和多变性上，也体现在区域内部发展条件与基础的差异性和竞争性上，而且影响区域内部与外部的因素相互关联、相互影响。因此，要保证"两型社会"建设的顺利推进，必须全面了解不同因素影响"两型社会"建设的机理：参与主体的决定性作用、宏观制度的保障性作用、微观政策的激励性作用和先进技术的支持性作用。

### 1. 参与主体的决定性作用

事实上，资源消耗和环境破坏主要是人为因素造成的。行为文化是社会整体文化的一个重要组成部分，是群体行为价值观和行为方式的总和。"两型社会"建设的参与主体多元，包括个人、家庭、企业、政府及其他组织机构。因此，"两型社会"建设也必须由个人、社会和政府三方共同承担。不同的参与主体应该共同改变改造和征服自然、无限地向自然索取的行为方式，并形成人与自然和谐共生的行为文化。在良好的制度环境下，政府的行政管理、社会组织的协调和个人自我约束与参与相结合，以不同的方式推动"两型社会"建设不断向前发展。

### 2. 宏观制度的保障性作用

传统体制在传统经济社会发展模式下形成的粗放型经济增长方式已经成为制度桎梏，突破这一制度桎梏必须要求制度创新。宏观制度是一种权威性、强制性的力量，政府可以通过制度创新来规范和引导各种参与主体开展"两型社会"建设。因此，在"两型社会"建设中设计资源有效利用、严控污染源排放、设置环保指标等配套制度，有利于"两型社会"建设的顺利推进。例如近几年，我国相继制定了排污收费制、环保目标责任制、限期治理制、城市环境综合整治定量考察制、自然资源和生态环境保护许可证制等多种法律法规，为"两型社会"建设提供了强有力的保障性作用。

### 3. 微观政策的激励性作用

适当的政策激励是"两型社会"建设的助推器，具有促进环保技术创新，增强市场竞争力，降低环境治理成本与行政监控成本等优点。政府可以运用价格、税收、信贷、收费、保险等微观政策，从责任追究、利益诱导和能力保障三方面入手，调节或影响参与主体的行为，使之符合"两型社会"建设的要求。例如财政部、环保部在 2015 年联合发文《关于推进水污染防治领域政府和社会资本合作的实施意见》，部署在水污染防治领域大力推广运用政府和社会资本合作（PPP）模式，提出逐步将水污染防治领域全面向社会资本开放。

### 4. 先进技术的支持性作用

历史经验证明，技术因素的确在减少生产的资源消耗，发现新的替代能源、替代材料，寻找更便宜的减少污染的途径方面发挥了重要的作用。资源节约和环境友好技术的研发、引进和扩散，将同时提高经济效益，降低资源消耗和减少环境污染。20 世纪 70 年代以来，世界各国在推动环保科技方面采取了许多强有力的调控政策和实际可行的操作举措，环保科技进展明显，许多国家还制定了环保科技发展战略路线图。因此，加快有利于环境保护和资源充分利用的技术的研发与应用，是决定我国"两型社会"推进速度的关键因素，是实现经济发展与环境保护齐头并进的重要支点。

## 第三节　国内外研究现状述评

### 一　国外研究现状

随着经济社会的发展，人类活动给地球带来的破坏日益严重，同时也为自身生存带来了危害。目前环境保护已成为全球范围内的重要课题，以可持续方式推动世界经济增长已经成为全球未来发展的主流。世界各国在建设资源节约型和环境友好型社会方面出台了不同的措施，各自具有独到的经验。

在美国，奥巴马政府推行包括节能增效、开发新能源、应对气候变化等多个方面的"绿色新政"。其中新能源的开发是奥巴马"绿色新政"的核心。按计划，从 2009 年到 2019 年，美国在可替代能源上的投入将达到1500 亿美元。同时，美国政府通过一系列节能环保措施大力发展低碳经济，在全球应对气候变暖问题上掌控主导权，掌握世界尖端科技的制高点，确保其世界经济领先者的角色。在未来，美国计划将大数据的理念融入环境保护工作中，通过实施环境大数据一体化、制度化、国际化等综合手段，提高环境保护工作信息化水平。

欧盟委员会在 2010 年 3 月公布了指导欧盟今后发展的"欧洲 2020 年战略"，提出此后 10 年的发展重点和目标，旨在将绿色技术、数字化和其高技术提高至全球领先水平，并决定在 2013 年之前投入 1050 亿欧元发展绿色经济。随后，在 2010 年出台的一份旨在推动德国经济现代化的战略文件中，生态工业政策成为德国经济现代化的指导方针，它包含 6 个方面的内容：环保政策要名副其实，制定各行业能源有效利用战略，扩大可再生能源使用范围，可持续利用生物质能，推出刺激汽车业改革创新的措施及实行环保教育、资格认证等方面的措施。对于汽车工业这一国民经济支柱产业，德国政府批准了总额为 5 亿欧元的电动汽车研发计划预算，并大力发展新能源和各类节能环保技术，明确提出 2020 年绿色能源将会占能源总需求 35% 的发展目标。

从 20 世纪 70 年代开始，巴西历届政府均十分重视绿色能源的研发，通过补贴、设置配额、统购燃料乙醇以及运用价格和行政干预等手段鼓励民众使用燃料乙醇，从而使巴西目前在生物燃料技术方面居于世界领先地位。最新研究表明，由于应用各种绿色能源并实施大力保护热带雨林的措施，近四年来，巴西少排放二氧化碳约 20 亿吨。

受地理环境等自然条件制约，全球气候变暖对日本的影响远大于世界其他发达国家。日本各届政府一直在宣传推广节能减排计划，主导建设低碳社会。在政府的引导下，日本企业纷纷将节能视为企业核心竞争力的表现，重视节能技术的开发。日本节能中心每半年公布一次节能产品排行榜。目前，日本节能电器产品发展迅速，绝大部分空调的耗电量已降为 10 年前的 30% ～50%。日本政府还通过改革税制，鼓励企业节约能源，大力开发和使用节能新产品。

日本在培育国民形成环境友好型生活方式方面的经验在于制定了完备

的立法体系，并在责任分配、教育说服、公众行为的引导和综合性法律调整四个方面规定了切实有效的法律制度。如今，节能措施已细化到日本人日常生活的方方面面。日本环境省从 2005 年起将空调温度由原先的 26 摄氏度调到 28 摄氏度，仅夏天空调温度调高 2 摄氏度一项，即可节能 17%；在饮食方面，日本人总结了一整套从购买、保存到烹饪等各个环节详尽的节能窍门。在出行方面，目前多数日本家庭的轿车只在外出游玩时使用，平时上下班多选择搭乘公共交通工具。

从 2008 年金融危机开始，韩国就提出了"低碳绿色增长"的经济振兴战略，依靠发展绿色环保技术和新再生能源，以实现节能减排、增加就业、创造经济发展新动力三大目标。2009 年，韩国政府公布了"绿色增长"国家战略及"五年计划"，在 2010 年到 2015 年累计投资 107 万亿韩元（1 美元约合 1230 韩元）发展绿色经济，争取使韩国在 2020 年年底前跻身全球七大"绿色大国"之列。韩国政府估计，到 2013 年，政府 107 万亿韩元的"绿色投资"已经创造 156 万至 181 万个就业岗位。

在韩国，"绿色增长"不仅是一项兴国战略，也是一场政府主导、自上而下的全民绿色生活革命。为此，韩国政府计划在大城市开展"变废为能"活动，充分利用废弃资源，到 2012 年在全国建立 14 个"环境能源城"，到 2020 年建成 600 个利用农业副产品实现能源 40% 自给的"低碳绿色村庄"。另外，韩国政府还计划拥有 200 万户使用太阳能热水器的绿色家庭。

## 二　国内研究现状

随着我国建设"两型社会"战略的提出，"两型社会"建设的理论体系探索及实践政策设计成为学术界关注的焦点。近年来，国内诸多学者针对"两型社会"建设中的现代消费方式、新型工业化战略、产业结构调整、环境保护、政府治理等议题展开了深入研究，取得了一系列卓有见地的成果。

### 1. 消费方式变革

"两型社会"的科学内涵表明，建设"两型社会"必然要求形成有利于资源节约、环境友好的"'两型社会'消费"，倡导建立节约型消费模式是"两型社会"建设的重要内容。马凯强调，建设"两型社会"，必须实现经济增长方式和消费方式的根本转变，倡导绿色消费、集约消费，引导人们理性消费、科学消费，形成节俭办事、减少污染、有益健康的生活方式。① 陈德敏指出，节约型社会是一个复杂多元的系统，其内涵涉及社会生产和再生产以及经济环节的各个部分，需要各个系统进行自我组织和调控。② 陈力提出，节约型消费方式是构建节约型社会的强力支撑，是节约资源、保护环境，以及促进人与自然和谐相处的重要手段，要合理引导消费行为，形成节约型消费方式。③ 那么，应该采取哪些具体措施来推动"两型社会"建设中的消费方式变革？诸多学者对此进行深入思考，提出了一些具有针对性和可操作性的措施建议。刁志萍指出，第一要务是要树立以人为本的科学消费理念、尊重生态价值的绿色消费理念、可持续发展的现代消费理念等核心价值理念。④ 尹世杰认为，要加速调整产业结构，持续开展资源短缺、环境脆弱的国情宣传和深度教育，强化全体国民的环保理念和生态意识。⑤ 张中华进一步指出，社会公众必须回归消费的本质来认识消费和指导消费，减少无效消费、负效消费，构建与和谐社会相一致的消费方式。⑥ 尹世杰随后又提出，构建符合"两型社会"的消费方式是加强企业社会责任及保护消费者权益的一种方式。⑦ 郭庆堂和马晓辉的观点更为深入，他们认为不能将生产和消费割裂，要与"两型社会"倡导的生产方式结合起来指导消费方式，用信息网络技术推动消费方式的变革，使消费者与企业形成良性的互动关系。在这种关系中，消费者与生产者之间的界限变得模糊，消费者通过网络把自己偏好的商品信息输送给厂商，深度参与产品的设计和生产。⑧

---

① 马凯：《发展循环经济 建设资源节约型社会和环境友好型社会》，《求是》2005 年第 16 期。
② 陈德敏：《节约型社会基本内涵的初步研究》，《中国人口·资源与环境》2005 年第 2 期。
③ 陈力：《节约型社会必须大力倡导节约型消费方式》，《求实》2006 年第 3 期。
④ 刁志萍：《消费主义对构建节约型消费方式价值诉求的制约》，《中国城市经济》2006 年第 7 期；刁志萍：《消费主义价值观与可持续消费方式的建构》，《北京交通大学学报》2007 年第 3 期。
⑤ 尹世杰：《关于消费环境的几个问题》，《消费经济》2006 年第 2 期；尹世杰：《消费环境与和谐消费》，《消费经济》2006 年第 5 期。
⑥ 张中华：《"两型社会"建设与投资、消费模式的转变》，《湖北社会科学》2008 年第 7 期。
⑦ 尹世杰：《加强社会责任 进一步保护消费者权益》，《消费经济》2008 年第 2 期。
⑧ 郭庆堂、马晓辉：《论信息化进程中生产方式的变革及其社会影响》，《科技成果管理与研究》2007 年第 8 期。

## 2. 新型工业化战略选择

新型工业化就是坚持以信息化带动工业化，以工业化促进信息化，就是科技含量高、经济效益好、资源消耗低、环境污染少、人力资源优势得到充分发挥的工业化，也是"两型社会"建设的关键点和落脚点。国内学者对中国新型工业化道路的选择进行了深入挖掘，并形成了系统的认识。魏礼群认为，"两型社会"建设要不断提高资源利用效率、污染物排放的控制能力和废弃物的资源化利用能力，尤其要重视信息化对工业化的贡献，优化资源配置，提高经济效益。[①] 任保平结合"两型社会"的内涵对新型工业化进行了深入的剖析，认为新型工业化是中国经济发展模式的转型，必须在加快完成工业化目标的同时，启动和叠加信息化时代的任务，在实现经济现代化的过程中，同时完成工业化时代的目标和信息化时代的双重目标。[②] 金碚提出，"两型社会"的实现必须依靠新型工业化，通过科技进步不断改善经济增长质量，提高经济效益；推进产业结构的优化升级，正确处理高新技术产业与传统产业之间的关系；控制人口增长，保护环境，合理开发和利用自然资源，实现可持续发展。[③]

## 3. 产业结构合理化

资源节约型和环境友好型社会既是一种经济发展模式，也是一种产业选择模式，因此，可以说"两型社会"建设实质上是一个产业结构调整过程。谢自强、洪艳以湖南建设"两型社会"的实践为案例，提出筛选符合"两型社会"内在要求的产业集群，并设计具体培育措施的路径。[④] 易晓波和曾英武从产业集群有利于获得外部经济效益、节约企业成本，有利于发展循环经济、充分利用资源等优势出发，指出进行产业结构优化是"两型社会"建设的重要内容，并指出要通过深化体制改革、加强政府引导和规划、发展循环经济等途径来推动"两型社会"建设。[⑤] 贾晓娟全面分析区域产业结构与经济发展、资源利用、环境保护的相互关系，并以武汉城市

---

① 魏礼群：《充分认识和把握新型工业化》，《工业审计》2005 年第 1 期。

② 任保平：《新型工业化道路的经济学再分析》，《天津行政学院学报》2005 年第 2 期 。

③ 金碚：《科学发展观与经济增长方式转变》，《中国工业经济》2006 年第 5 期。

④ 谢自强：《着力培育发展产业集群　加快推进湖南新型工业化》，《湖湘论坛》2007 年第 6 期；洪艳：《"两型社会"视角下湖南产业集群探析》，《湖南社会科学》2008 年第 3 期。

⑤ 易晓波、曾英武：《"两型社会"建设与产业集群》，《中国高校科技与产业化》2008 年第 6 期。

圈的资源环境特点和产业结构调整为研究对象，对"两型社会"建设中产业结构合理化提出独到的见解，例如：将产业链附加值高、资源利用率高、无污染、少污染的产业作为区域的主导产业，大力发展劳动密集型产业，发展循环经济，提升企业的研发能力等。① 杜涛和陶良虎通过比较国内外物流产业的发展实际后发现，"两型社会"建设必须重视高效环保的现代化物流发展。随后他们以武汉城市圈的物流产业发展为例，提出绿色物流的构筑策略。② 马凯则进一步强调，必须大力发展服务业和战略性新兴产业，提高其在国民经济中的比重，坚决抑制高耗能、高排放行业过快增长，加快淘汰落后产能，促进产业向优势企业集中，推动过剩产能向海外有序转移。③

### 4. 生态环境保护

坚持节约资源和保护环境的基本国策，必须把生态环境保护放在"两型社会"建设的突出位置。胡伟和程亚萍认为，健全环境法的基本制度，完善环境权的保障是建设环境友好型社会的法制要求。④ 孙佑海详细归纳了"两型社会"的法制建设必须做好的几个"结合"：将约束政府行为和约束企业、公众的行为相结合；将行政控制性规定与经济激励性规定相结合；将加快立法步伐与提高立法质量相结合；将制定新法与修改现行法律相结合；将环境资源立法与其他立法相结合；将制定法律与制定配套法规、规章相结合；将中央立法与地方立法相结合；将环境立法与环境法规的执行相结合；将法律手段调整与其他手段调整相结合；将环境立法与行政管理体制改革相结合。⑤ 阳中良和周雪敏强调，"两型社会"的建设是一项复杂的系统工程，它需要将实现环境效益、经济效益、社会效益、环境公平四个方面整合起来。⑥ 张小罗和陈丽指出，法制建设是"两型社会"

---

① 贾晓娟：《资源环境约束下的"两型社会"产业结构调整》，《理论月刊》2008 年第 3 期。
② 杜涛、陶良虎：《基于两型社会要求的武汉绿色物流发展研究》，《商品储运与养护》2008 年第 5 期。
③ 马凯：《坚定不移推进生态文明建设》，《求是》2013 年第 9 期。
④ 胡伟、程亚萍：《建设环境友好型社会应关注的三大法律问题》，《科学·经济·社会》2007 年第 1 期。
⑤ 孙佑海：《建设环境友好型社会必须强化法治》，《学习时报》2007 年 1 月 29 日。
⑥ 阳中良、周雪敏：《论资源节约型环境友好型社会的构建》，《中国井冈山干部学院学报》2008 年第 4 期。

建设成功的保证，而立法是法制建设中须首要解决的问题，为此应该对环境法中有悖于"两型社会"的地方进行必要的修改与完善，将"建设环境友好型社会"的内容纳入宪法总则及环境资源的各项法规之中。① 胡伏湘和胡希军结合长株潭城市群的实际情况，全面设计"两型社会"建设的环境生态系统，即从核心带、空气污染、水资源、绿地系统、生态旅游、产业建设方面进行总体规划和详细设计。② 李恩成、毛磊则以武汉城市圈的地方立法为例，指出"两型社会"建设中的环境保护关键在于制度的制定：要统筹制定环境保护战略规划，创新环境保护管理体制，开展宣传教育，树立资源节约、环境保护的观念，推进科学技术进步，促进环保产业的发展。③

### 5. 政府治理优化

十八届三中全会提出推进国家治理体系和治理能力现代化的要求。政府作为生态建设管理第一责任人，必须从宏观上组织和引导其他社会主体参与"两型社会"建设。黄锡生和张雪认为，政府作为社会公共事务的管理者以及社会公共资源的消费者，在不同身份下的政策制定行为、具体决策行为、环境监管行为及消费行为的失范，会对环境资源造成负面影响，从而成为"两型社会"建设的阻碍。因此，对政府失范行为的表现及原因进行分析，对规范政府行为的制度进行设计完善，是"两型社会"建设不容忽视的重要内容。④ 彭益民指出，政府既是环境资源管理的主导者，又是环境资源开发的推动者和资源消费大户，在建设环境友好型社会过程中起着举足轻重的作用。因此，"两型社会"建设将要求政府：切实转变职能，推进发展模式的转变；创新环境资源管理方式，完善政策机制，提高资源利用率；加强自身管理，加快行政体制改革，使整个社会走上生产发展、生活富裕、生

---

① 张小罗、陈丽：《论两型社会建设中环境立法之完善》，《中南林业科技大学学报》2008年第4期。

② 胡伏湘、胡希军：《长株潭城市群两型综合试验区环境生态系统设计》，《湖湘论坛》2008年第2期。

③ 李恩成：《武汉城市圈两型社会的环境保护政策研究》，《湖北经济学院学报》2008年第8期；毛磊：《关于把武汉建成"两型社会"的思考》，《江汉大学学报》2008年第2期。

④ 黄锡生、张雪：《建设资源节约型与环境友好型社会中政府行为的规制研究》，《重庆大学学报》（社会科学版）2007年第1期。

态良好的文明发展道路。① 李和中和谭英俊以综合配套改革的指导思想——经济主体型政府向公共服务主体型政府转变为前提条件，提出了"两型社会"综合配套改革中政府转型的思路：协调政府各部门之间的利益，精简政府部门的叠加职能，改变现有的"部门生态"行政格局，从整体上统一规划，实现全方位和多层次的生态管理布局。②

## 第四节　主要内容和研究方法

### 一　主要内容

本书以无锡"两型社会"建设为研究对象，吸收借鉴国内外已有研究成果，采用规范分析与实证研究相结合的方法，首先对"两型社会"的现实背景和相关理论进行分析，通过对无锡"两型社会"建设的总体规划、政策举措、支撑体系、产业布局、城乡同构、理念创新等进行详细阐述，准确提炼无锡地区"两型社会"建设的经验启示。本书的研究结论能够对江苏以及全国其他地区进一步加快实现经济发展方式根本转变和经济社会与人口资源环境协调发展，走出一条创新型经济发展和生态文明建设的新路，提供可资借鉴的经验示范。

第一章主要阐述"两型社会"建设的时代动因、"两型社会"的基本内涵、国内外研究现状述评、主要内容、研究方法及逻辑安排等。

第二章从可持续发展理论、生态文明建设理论、区域经济发展理论、和谐社会发展理论、五大发展理念等入手，阐释"两型社会"建设的理论基础。

第三章主要论述"两型社会"建设的经济发展背景、技术发展背景以及环境发展背景，正确认识无锡建设"两型社会"的现实背景。

第四章关注无锡"两型社会"建设制度体系的顶层设计，首先分析无锡"两型社会"建设面临的内外部环境，其次指明建设的发展目标与总体方向，最后勾勒建设的实践路径与优先领域。

---

① 彭益民：《建设环境友好型社会与加强政府管理》，《湖南社会科学》2007 年第 2 期。
② 李和中、谭英俊：《"两型社会"综合配套改革中的政府转型》，《学习与实践》2008 年第 5 期。

第五章基于构建有利于节约资源和保护环境的绿色高端的生态经济体系、系统高效的生态治理体系、国内领先的生态制度体系、全民参与的生态文化体系和多中心协同的治理机制五个层面，论述无锡"两型社会"建设的具体政策举措。

第六章运用系统研究方法，立体说明由科技体系、教育与人才体系、基础设施体系和公共政策体系组成的无锡"两型社会"建设支撑体系。

第七章基于动态演化的观点，回顾无锡产业发展的历史和现状，厘清无锡"两型社会"建设前后的产业布局优化轨迹。

第八章以建立新型城乡关系，统筹城乡经济社会发展为着眼点，详细分析无锡"两型社会"建设过程中以城带乡、相互协调、相互促进、实现共同发展的路径。

第九章基于文化理念、消费理念、主体理念和监督理念四个层面，探讨了无锡"两型社会"建设过程中经历的文化创新。

第十章在前文对无锡"两型社会"建设进行综合分析的基础上，对建设成绩和不足进行综合评价，总结、提炼无锡"两型社会"建设的经验与启示。

## 二　研究方法

### 1. 文献研究法

20世纪70年代以来，世界各国和地区在资源节约型社会、环境友好型社会建设方面进行了大量探索，积累了很多成功案例。梳理和总结目前世界各国和地区的成功经验和有益启示，可以为我国不同地区"两型社会"建设的研究提供重要理论指导和实践依据。近年来，"两型社会"建设的研究在国内不同地区也积累了许多有益经验。因此，梳理和分析国内外文献，能够总结"两型社会"建设领域的研究现状，并发现需要进一步研究的问题和角度。

### 2. 案例分析法

无锡市是国家级"两型社会"建设综合配套改革试点城市，2013年无锡被环保部授予"国家生态市"称号，并建成全国首个生态城市群。因此，无锡建设"两型社会"的实施条件和环境具有示范性，建设路径具有先行性，不仅可以为江苏其他地区提供借鉴，而且可以推广到全国其他区域，有助于提高我国"两型社会"建设的成效。因此本文选用无锡作为案例研究对象，具有较强的典型性。

### 3. 系统研究法

无锡的"两型社会"建设涉及发展目标、总体方向、支撑体系、产业布局、城乡关系、理念创新等多个方面，各个方面具有内在关联性，构成一个多维的立体系统。因此，本书采用系统研究方法，从无锡"两型社会"建设的全局出发，着眼于整体与部分、整体与结构及层次、结构与功能、系统与环境等方面的相互联系和相互作用，力求准确全面地提炼经验启示。

### 4. 定性与定量分析相结合的方法

在"两型社会"的内涵和外延进行定性分析的基础上，综合运用实地调查、专家访谈等方法，多方搜集第一手数据和资料，采用"两型社会"建设综合评价指标体系对无锡"两型社会"的发展程度和建设水平进行测评。

### 5. 规范与实证分析相结合的方法

一方面，本书对"两型社会"建设必要性、影响因素和建设途径的研究主要运用以价值判断为基础的规范分析法；另一方面，利用数据对观点进行证明，并用无锡"两型社会"建设的实践效果进行验证，即实证分析法。

# 第二章
# 我国"两型社会"建设的理论基础

我国的传统发展模式以牺牲生态环境为代价来换取经济社会发展，生态环境与经济社会之间的协调发展矛盾显得尤为突出。党中央在深刻认识生态自然环境破坏对我国经济社会发展带来消极影响的前提下，将科学发展观继续深入和具体化，于 2005 年在人口资源环境会议上正式提出"两型社会"，即资源节约型社会、环境友好型社会。"两型社会"具有深刻的理论渊源和理论内涵，人类自起源以来就从未停止过对人与自然关系问题的探索，逐步形成了可持续发展理论、生态文明建设理论、区域经济发展理论、和谐社会发展理论以及五大发展理念。诸多理论的提出和完善为"两型社会"建设提供了重要的理论基础。

## 第一节　可持续发展理论

可持续发展源于人们对于问题日益严重的生态环境是否还能长久地支撑人类社会发展的忧虑，人与自然之间的关系日益紧张，可持续发展理论随之而生。可持续发展理论以实现经济社会的可持续发展为核心，紧密围绕人与自然、人与人和谐相处，从本质上回答了如何发展得可持续这个全球命题。以下将从可持续发展理论的缘起、科学含义以及理论内涵三个方面全面诠释和解析可持续发展理论。

### 一　可持续发展理论的缘起

可持续发展理论经历了一段较长的发展历程。1962 年，《寂静的春天》一书问世，标志着环境与发展的关系问题逐步成为全球政治、经济议程的中心。1972 年 6 月，在联合国人类环境会议上通过的《人类环境宣言》明确提出，各国对其主权范围内的资源有权进行开发利用，但同时也对国际环境负有责任，应在不损坏他国和国际环境的前提下，本着平等合作的精神进行发展。这项宣言对于促进国际环境法的发展具有重要作用。1987年，由布伦特夫人担任主席的世界环境与发展委员会在世界环境会议上发表了《我们共同的未来》的长篇报告，报告以"持续发展"为基本纲领，论述了环境与发展之间存在的问题，提出了处理这些问题的行动建议。第一次将可持续发展的概念定义为"既满足当代人的需求，同时又不危及后代人满足其需求能力的发展"，揭示了环境与发展之间的紧密联系，即传统的发展模式会使环境受到严重破坏，同时将限制经济的发展；1992 年 6月，在第一次联合国人类环境会议召开 20 周年之际，巴西里约热内卢召开了联合国环境与发展大会，通过和签署了《里约热内卢环境与发展宣言》《21 世纪议程》等五个重要文件。会议提出了环境与发展紧密联系的观点，否定了自工业革命以来"先污染后治理"的思维模式和高生产、高消费、高污染的传统发展模式，提出为保护生态环境、实现可持续发展而建立一种新的全球伙伴关系。大会之后，人类对环境与发展关系的认识进入了新阶段；2002 年，南非约翰内斯堡召开世界首脑会议，会议的主题是可持续发展，对此前签署的《里约热内卢环境与发展宣言》《21 世纪议程》等文件的实施情况进行了审议，通过了反映全球 170 多个国家在保护全球生态环境、坚持人类可持续发展问题上达成共识的《约翰内斯堡可持续发展承诺》和《执行计划》，超越了意识形态分歧和社会制度差异。自此，以人与自然和谐相处为重要思想的可持续发展观成为时代的主流。

## 二　可持续发展的科学含义

首先需明确可持续发展的基本概念及其科学含义，发展理论又称为发展研究。"发展"被认为是由不发达状态实现现代化的进程，导致发展理论已经被理解为传统农业社会向现代社会变迁的理论。发展理论有狭义和广义之分，发展中国家如何实现现代化是狭义的发展理论的研究范畴；而广义的发展理论既研究发展中国家也研究发达国家实现现代化的历史过程，把现代化作为一个世界性的问题进行研究。依据这样的界定形成的可持续发展理论成为发展理论的重要组成部分。

从自然资源与环境两个视角看人类社会发展问题是可持续发展理论的研究重点，主要分为以下三点：①环境承载能力。人类对自然的实践活动都存在一个限度，一旦人类对自然的实践活动超过了这个限度，就会引起一系列环境问题。作为一个标准，环境承载能力可以衡量人类社会经济活动与环境是否协调。②环境价值理论。虽然传统经济学理论认为，没有劳动参与的物质没有价值，然而环境之所以能够影响人类社会生存发展的需求，是由于它具有影响需求的价值属性，也就说明环境是有价值的。③协调发展。即发展与环境之间的"调试"和"匹配"，两者之间是相辅相成、相互依托又相互制约的辩证关系。

可持续发展理论的核心主要围绕两条线联系在一起：第一，努力把握人与自然之间关系的平衡，寻求其中的合理性并谋求人与自然之间的和谐发展。把人的发展与自然资源的消耗、环境恶化、生态压力等结合起来，其实质反映了人与自然是相互联系、有机关联的。第二，努力促进人与人之间关系的和谐。一方面由文化导向、规章制度等规范人类的社会活动；另一方面通过舆论引导、道德感召等方式提高人类意识，逐步建立人与人之间的和谐关系。总而言之，作为一项全球性命题，可持续发展体现的是人与自然、人与人之间关系的总协调。其中，可持续发展的基础是人与自然之间的有效协同作用；可持续发展的核心则是人与人之间的关系。

可持续发展理论的基本特征：第一，跨学科综合性。由于可持续发展涉及诸多学科和领域，如政治学、生态学、环境科学、经济学、哲学、物理、化学等，可持续发展理论的建立需要综合研究自然科学、人文社会科学。把人类、社会、经济和自然环境的理论作为一个有机整体，协调、制约各方的行为，进而实现平衡发展。第二，社会历史性。从可持续发展所面对的问题和理论观点可以看出，在人类社会发展过程中必然会出现可持续发展的诉求；从研究内容和形式来看，在不同历史阶段，可持续发展理论各不相同；从方式来看，可持续发展问题的解决和理论的完善都体现了社会历史性。第三，实践性。因为可持续发展理论的研究对象、研究内容都来源于实践，其研究成果必然要回到实践中去，由实践去检验并最终为实践服务。

### 三 可持续发展的理论内涵

可持续发展理论的本质在可持续发展理论的科学含义中有所揭示，同时也体现了可持续发展的丰富理论内涵，主要包括以下四个方面。

第一，发展是核心。可持续发展理论是传统发展模式出现问题后出现的一种新的发展观。提出这一理论的目的是促进人类社会更好更快地发展。一个国家综合国力的提升需要依靠发展，人民物质生活条件的改善需要依靠发展，社会实践活动中问题的解决需要依靠发展。经济发展为一切社会实践活动提供物质基础，贫穷和落后不可能带来人口、资源、环境与经济协调发展，从而不能实现可持续发展。

第二，自然、经济与社会协调发展，形成良性循环是目标。直到20世纪80年代，为了保障人民的物质生活，大部分国家尤其是发展中国家把经济的发展建立在对自然资源的过度开发和消耗、对自然环境的破坏和污染的基础上，导致了世界范围内的生态破坏。随着工业化和城市化发展进程的加快，环境污染和生态破坏问题显得愈来愈突出，人口对环境和资源的压力越来越大；生产设备落后，人员技术水平、管理水平低，能源损耗大，收益低，导致资源浪费、环境污染日趋严重。长此以往，社会、经济与自然之间形成了一种恶性循环。可持续发展理论要求我们的社会实践活动应该在不损害后代人的生存和发展的前提下，去满足人们的社会生活需求。所以，在进行社会经济活动的同时，必须关注各项活动的生态合理性，进而使社会、经济与自然协调发展，形成一种良性循环。

第三，绿色发展是途径。按照传统"先污染后治理"的经济发展模式，路将越走越窄。通常人们会把外部经济不景气归咎于环境问题，强调末端治理，即常说的"谁污染谁治理"或"谁污染谁付费"，其结果必然导致愈发严重的环境问题。可持续发展理论注重的是资源的可持续利用，整个生态系统形成良性循环，保护好自然资源和环境，走绿色发展之路。

第四，转变观念是重点。在可持续发展理论形成以前，有两种观念较为普遍：一是人们认为环境资源是无限的。然而，无论是自然资源的再生速度还是环境的自净能力都是有限的。自20世纪60年代末开始，因人类消耗自然资源的速度与其再生速度不相平衡，消耗自然资源的速度明显快于再生速度，环境的自净能力也无法处理排放的数量庞大的废弃物，各种环境问题逐渐暴露。二是人们常忽视人与自然之间的关系，对自然进行无节制的索取，并认为这是理所当然的。这两种观念都是不可取的。树立可持续发展观必须从转变观念开始，首先要用可持续发展的新理念正确认识并处理人与自然之间的关系，改变传统思维模式，进而改变人们的消费方式、生产方式等。

## 第二节　生态文明建设理论

作为一种崭新的发展理念，生态文明建设理论自 20 世纪 80 年代提出以来，一直是社会各界关注的理论前沿问题，体现了人类社会发展的时代特征与阶段性特征。特别是在党的十七大以后，作为一项重要的治国理念，生态文明理论又一次成为全国理论界的关注点。生态文明建设理论体现了对人与自然关系的正确认识和科学把握，是适应潮流、与时俱进的。

### 一　生态文明建设的理论来源

马克思主义生态哲学和中国传统生态智慧是我国生态文明建设理论的主要来源。

#### 1. 马克思主义生态哲学

随着工业革命在英国兴起并逐步蔓延至欧洲国家，资本主义为世界带来经济繁荣的同时也带来了日益凸显的生态环境问题。可是这些问题被当时繁荣的经济表象所掩盖，在 19 世纪中叶，处于初级阶段的资本主义工业化所带来的生态问题远没有现在严重，还未达到危及人类生存的地步，所以并没有引起世人的注意。而马克思、恩格斯在研究整个人类社会发展的历史，揭示资本主义剥削本质和工人阶级历史使命的同时，就关注到了与生态相关的问题。马克思明确地反对破坏自然界的行为，并告诫人们"不以伟大的自然规律为依据的人类计划，只会带来灾难"。[1] 恩格斯在《自然辩证法》中也发出了警告："我们不要过分陶醉于我们人类对自然界的胜利。对于每一次这样的胜利，自然界都对我们进行报复。"[2]

---

[1] 《资本论》第 3 卷，人民出版社，2004，第 251 页。
[2] 《马克思恩格斯选集》第 4 卷，人民出版社，1995，第 383 页。

19 世纪 40 年代，马克思与恩格斯创立了马克思主义，旨在揭示社会发展的客观规律，既关注资本主义自身发展缺陷与无产阶级历史使命等局部问题，也关注人类社会持续发展等全局问题。马克思和恩格斯揭示了人与自然的关系是辩证统一的，而正确认识自然规律并加之运用的过程是漫长的。从马克思主义的方法论和历史观中，我们也可以了解到马克思主义基本的生态逻辑。马克思主义理论坚持辩证唯物主义和历史唯物主义，从物质生产活动和经济发展两方面揭示人的主体活动对社会与自然的作用和影响，形成了有关人与自然和谐相处的理论。

马克思主义学者认为：第一，人与自然之间是紧密联系的。作为自然的一部分，人类无论是肉体还是精神都依赖于自然而存在，一旦从自然环境中脱离出来，就难以生存和发展。人类本身就是自然界的产物，"人作为自然的、肉体的、感性的、对象性的存在物，和动植物一样，是受动的、受制约的和受限制的存在物"。① 第二，人类活动必须合乎自然规律。在人与自然的相互关系中，人类处于主体地位，既然人类本身就是自然的产物，且是自然的一部分，那么人类就有责任、义务去珍惜自然资源以及保护自然环境。因此，只有正确认识并尊重自然规律，社会实践活动才能够顺利进行。一旦违背自然规律或者肆意破坏自然，必将会遭受自然无情的惩罚。正如恩格斯所言："因此我们必须时时记住：决不象征服者统治异民族一样，——相反地，我们连同我们的肉、血和头脑都是属于自然界，存在于自然界的；我们统治自然界，是在于我们比其他一切动物强，能够认识和正确运用自然规律。"② 第三，人与自然之间的关系取决于人与人以及人与社会之间的关系，二者相互影响、相互制约，马克思指出"人们对自然界的狭隘的关系制约着他们之间的狭隘的关系，而他们之间的狭隘的关系又制约着他们对自然的狭隘的关系"。③ 所以要想真正达到人与自然之间的和谐，就必须首先认识和解决好人与人、人与社会之间的关系。

马克思、恩格斯从整个人类社会发展的角度出发，以整体论的思维方式分析讨论了人与自然之间的关系，提出了一个重要理论思想即人与自然和谐相处。在他们看来，作为自然的一部分，人类的精神与肉体都依赖于

---

① 《马克思恩格斯全集》第 42 卷，人民出版社，1979，第 167 页。
② 《马克思恩格斯全集》第 20 卷，人民出版社，1971，第 519 页。
③ 《马克思恩格斯全集》第 3 卷，人民出版社，1960，第 35 页。

自然而存在。因此，在构建"两型社会"的探索和研究中，不仅要关注人，而且要关注自然，重点关注二者之间的和谐发展，将"人与自然和谐"的生态哲学理念作为人类社会永恒的基本理念。

## 2. 中国传统生态智慧

中国直到"一五"计划完成之前还是世界上最大的农业国，中华文明是在黄河、长江的哺育下形成、发展的，所以中国的先哲们特别注重对人与自然问题的思考，他们用简洁凝练的语言描绘了与自然和谐相处的美好愿望，形成了丰富而又深刻的中国传统生态伦理思想。因此，中国的传统文化更像是一种以人与自然和谐为宗旨和主要内容的生态文化；正是持守这样的智慧和价值体系，对自然有节制地利用和开发，中华民族才成为世界上唯一以国家形态延续数千年的民族。通过对历史的考察，我们发现中国传统的生态哲学主要包括以下三种思想。

第一，儒家的代表人物在处理人与自然的关系问题上主张"天人合一"的观念。"天人合一"表达的是人类社会现象，是自然的直接反映，是一种人类与自然和谐统一的思想。一方面，"天"指的是具有自然属性的物质世界；另一方面，"人"既指独立存在的个人，又指人类社会。"合一"具有自然和社会的双重含义，强调自然界和人类社会是和谐统一的，而不是对立斗争的。《中庸》云："万物并齐而不相害，道并齐而不相悖。"[1] 这体现了人与自然之间的相互作用。孟子进一步强调了人的主体性和自觉性，主张追求和发展人所具有的善良本性，《孟子·尽心上》曰："尽其心者，知其性也。知其性，则知天矣。存其心，养其性，所以事天也。"[2] 荀子一方面强调"天人相分"，另一方面又主张"天人合一"，旨在揭示人与自然之间对立统一的关系。而董仲舒则提出"天""人"之间有着极其微妙的感应关系，称之为"天人相类"。总之，儒家"天人合一"思想最大限度地把人与自然统一起来，以此来达到保护我们赖以生存的自然环境和促进人类社会发展的目的。

第二，道家的代表人物在处理人与自然的关系问题上注重"道法自然"的观念。《道德经》云："人法地，地法天，天法道，道法自然。"[3]

---

① 《大学·中庸》，上海大学出版社，2012，第 198 页。
② 《孟子》，上海大学出版社，2012，第 185 页。
③ 《老子·庄子》，上海大学出版社，2012，第 19 页。

所谓"道法自然",强调尊重自然规律,即指万事万物都是遵循自然规律运行的,不以人的意志为转移的。道家对于"自然"极力推崇,并且希望能够在"道法自然"的基础之上达到人道合一的境界。庄子深化了道法自然的思想,主张认识整个物质世界的组成部分,提倡"无为",使人与自然的关系达到高度统一。同时庄子认为万物平等、和谐共处是人与自然的最理想关系,正如其在《齐物论》中云:"物固有所然,物固有所可。无物不然,无物不可。故为是举莛与楹,厉于西施。"① 总之,道家"道法自然"的生态观揭示了人与自然之间的关系是绝对平等的,同时告诫人们必须遵循自然规律进行社会活动,超越自然或者破坏自然规律都是不可行的。

第三,佛教在处理人与自然关系的问题上强调众生平等的观念。众生分为有情众生和无情众生两个部分。佛教众生平等的生态观围绕的是人在人与自然关系中的地位问题,指的是整个物质世界的所有生物都是完全平等的,不仅揭示了人与人之间的平等性,而且进一步表达了人与其他万物的平等关系。同时佛教在对众生平等思想进一步丰富发展时形成了普度众生的思想,这一思想展现了佛教最本质的思想——慈悲,它教育人们应该对世间万物都怀有慈悲之心,并应该把这种思想贯彻到社会实践活动中去。人类虽然具有能力去从事认识世界、改造世界的活动,但这种活动不应该也不能在影响和损害其他一切存在、生存和发展的前提下进行。总之,佛教众生平等的生态观作为一种宗教信仰和理念的基础,把世间万物与人类放在平等的位置上,从客观上起到了保护自然环境的作用。

新时期我国生态文明建设理论的重要理论来源于传统生态哲学思想。一方面,生态文明建设理论中某些理论的思想精髓来源于上述三大传统生态哲学思想;另一方面,我国的生态文明建设理论不是对中国传统生态哲学思想机械地、简单地应用,而是在批判继承的基础上,结合我国的基本国情对中国传统生态哲学思想的丰富。

## 二 生态文明建设的科学内涵

人类文明作为一个具有特定内涵的概念,本身包含了实践的内容。换句话说,人类社会文明不仅仅是一个单纯的概念,从最开始就是与实践活

---

① 《老子·庄子》,上海大学出版社,2012,第71页。

动联系在一起的。因此，作为人类文明发展的一个新阶段，生态文明也不出意外地包含着实践的内容。而以往我们谈到的原始、工业、农业文明都是已经存在的文明形态，与这些文明相比，生态文明是一个即将到来也必然要到来的文明形态。因此，从实践中总结生态文明的内涵的同时，进一步探索生态文明建设的内涵是顺应时代发展的必然要求。

### 1. 生态文明的内涵

生态文明分为生态和文明两个部分。生态最早起源于古希腊文，意为我们的"环境"或"家"，是指一切生物的生存状态，包括生物之间、生物与环境之间的关系；而文明是指人们在认识世界和改造世界的活动中所取得的不同成果；生态文明一词则是在日益严重的环境污染和生态问题背景下出现的，表明人类开始逐渐关注人与自然之间的关系。

生态文明强调人、自然、社会三者的协调统一，以人与人、人与自然、人与社会的和谐共生为目标。在此基础上形成了广义与狭义两种观点，广义的生态文明观将生态文明作为继原始、农业、工业文明后的一个全新的社会文明形态来研究，涉及政治、经济、文化各个领域。它在把握人与自然二者关系的基础上，寻求建立良性发展的生态机制，以实现人类社会的可持续发展，从而体现人类社会物质、精神成果；而狭义的生态文明观指的仅是人与自然和谐相处这一思想文明，其地位既与其他所有人类取得的人文社会科学、自然科学等成果并列，又是对原有文明成果的发展和超越。用马克思主义的理论来解释，即事物总处于螺旋上升的变化发展中。生态学者叶谦吉 1987 年曾系统阐述过生态文明的具体内涵。他认为："人与自然相互依存，而人类这种既要改造自然，又得维护自然，获利于自然的同时必须还利于自然的和谐统一的关系即是生态文明。"[①] 生态文明作为一种崭新的文明形式，以建立可持续的生产生活方式为宗旨，正确认识与处理人与自然之间相互联系、相互促进的关系，翻开与自然和谐发展的历史新篇章。

### 2. 生态文明建设的内涵

生态文明理论的内涵不仅对研究和解读生态文明建设具有重要意义，

---

① 刘思华：《对建设社会主义生态文明论的若干回忆——兼述我的"马克思主义生态文明观"》，《中国地质大学学报》（社会科学版）2008 年第 4 期。

而且为生态文明建设实践提供理论指导和总结。作为一个正在实践着的概念，生态文明建设是人类高度自觉的社会实践活动，是在认识和建立生态文明的理论基础上进行的，其实现和发展离不开工业文明阶段所创造的文明成果。党的十七大报告将生态文明作为物质文明、精神文明、政治文明和社会文明建设的主要内容，将生态文明建设的内涵内在地体现在了社会生活的各个方面，旨在"着力把握发展规律、创新发展理念、转变发展方式、破解发展难题，提高发展质量和效益，实现又好又快发展"；① 同时，"坚持生产发展、生活富裕、生态良好的文明发展道路，建设资源节约型、环境友好型社会，实现速度和结构质量效益相统一、经济发展与人口资源相协调"；② 最后，"基本形成节约能源资源和保护生态环境的产业结构、增长方式、消费模式"。③ 而党的十八大更是将生态文明建设与四大文明建设并列为"五位一体"，这是纵览全局、贯彻科学发展的新部署。

## 三 我国生态文明建设的基本原则

生态文明既不是以牺牲人的发展来建立生态和谐的原始文明，也不是以牺牲生态环境来换取人类社会发展的工业文明。生态文明是追求人与人、人与社会、人与自然和谐共生的崭新时代。生态文明建设是生态文明理论在实践过程中的概念，在生态文明理念的指导下，遵循自然发展的规律，合理开发利用自然资源，解决人与自然之间的矛盾，实现人与自然的可持续发展。为此，需要遵循以下基本原则。

第一，坚持可持续发展原则。这是生态文明建设的核心原则。为了人类社会得以永续发展，实现人与自然的和谐相处，就必须要保护生态环境，合理利用和开发自然资源，同时要遵循自然与经济规律，坚持可持续发展原则。可持续发展原则重视对传统生产、生活、消费方式的变革，节约能源，减少废物，实施生态文明消费的方式。可持续发展原则要求发展

---

① 胡锦涛：《高举中国特色社会主义伟大旗帜 为夺取全面建设小康社会新胜利而奋斗》，人民出版社，2007，第 20 页。

② 胡锦涛：《高举中国特色社会主义伟大旗帜 为夺取全面建设小康社会新胜利而奋斗》，人民出版社，2007，第 16 页。

③ 胡锦涛：《高举中国特色社会主义伟大旗帜 为夺取全面建设小康社会新胜利而奋斗》，人民出版社，2007，第 20 页。

经济的同时保护生态环境，通过技术革新提高资源能源的利用率，增加生态资本，改善环境质量，以持续的方式利用自然资源，从而使人类社会在地球承载力的范围内发展。

第二，坚持平等公正原则。公平正义是衡量社会文明进步的重要尺度，也是人类社会的共同追求。生态文明与其他文明如原始文明、农业文明、工业文明相比，更凸显了公平性。平等公正是指生态利益和生态负担的合理分配，它不仅体现着人与自然之间的公平，而且强调了人与人、人与社会以及当代人与后代人之间在可持续发展理念下的公平公正。它要求抛弃人类中心主义的思想，在合理界域内利用与改造自然，控制和约束人类自身的行为，维护生态系统平衡并保护生物多样性。

第三，坚持社会主义初级阶段国情。马克思主义生态理论认为，资本主义的生产方式及其资本逻辑必然将导致生态危机。建立比资本主义制度优越的共产主义，建立社会主义制度才能从根本上解决生态危机。因此，生态文明建设是社会主义建设的重要组成部分和努力完成的目标诉求。但由于不同社会主义国家的基本国情不同，所对应的生态文明建设也不同，只有把生态文明建设具体到各国实际，考虑本国的国情，生态文明建设才真正具有实践意义。例如，我国社会主义制度建立的背景是半殖民地半封建社会，人口众多且发展水平较低，发展极其不平衡，处于并将长期处于社会主义的初级阶段。所以，我国的生态文明建设必须统筹兼顾人口、资源、经济、社会等多方因素，切实地走出一条经济发展、生态和谐、社会进步的生态文明建设之路，将社会主义制度的优越性充分发挥和展现在生态文明建设之中。

# 第三节　区域经济发展理论

世界上大多数国家在经济快速发展的过程中都要面临区域经济发展的问题，我国也不例外。进入 21 世纪以来，随着经济全球化程度的加深、世界范围内区域格局的重新组合，我国的区域经济发展面临着巨大的机遇和挑战。此时，正确把握区域经济发展的内涵、区域经济发展的影响因素、区域经济发展的意义对于我国经济社会协调发展、实现共同富裕具有推动作用。

## 一 区域经济发展的基础概念

### 1. 区域的概念

"区域"，土地的界划，是从空间的角度对人类社会生活的特定活动范围进行划分的概念，依据不同的标准可以划分出不同类型的区域。不同的学科对区域有不同的理解。地理学上的"区域"是指用特定的指标在地球表面划分出具有一定范围的连续不分离的单位，作为地球表面的一个地理单元；经济学上"区域"是指一个经济相对完整的单元；政治学上的"区域"是指国家实施行政管理的行政单位，如省、市、县等；社会学上"区域"是指具有人类某种相同民族、文化、宗教、语言等特征的人群聚居的社区。现实生活中的"区域"是一个地域空间概念，指地球表面上占有一定地域空间的、以物质与非物质客体为对象的一个地区。区域的概念也有广义和狭义之分，狭义的区域一般指省、市、县等行政单位；而广义的区域则是指在国家相关法律许可下，超越行政单位的界限，由多个行政单元的全部或部分所组成的一个区域，如长江三角洲、珠江三角洲、苏南地区等。本节是从经济学的角度出发的广义的区域概念，它是指人类从事经济活动的载体空间，称之为经济区域。经济区域以地域划分为基础，以大中城市为核心，以交通线路为联系，超越一般行政单位的界限，汇聚生产、生活要素，实现市场整合，在国民经济建设中具有重要的战略地位。

### 2. 区域经济发展的概念

区域经济指的是在一定区域内，内部因素和外部条件相互作用产生的生产综合体，它是在一定的区域范围内，与经济要素及其分布密切结合的区域发展实体。同时它也是一种在地域分工和社会劳动基础上形成的地域经济综合体，具有自身特征。同区域的概念一样，区域经济发展的概念也有广义和狭义之分。广义的区域经济发展指的是一个国家或地区的经济从落后走向发达的过程。因此，决策者需要在区域经济发展的不同阶段，依据区域经济发展理论，制定出符合区域基本情况的、适合区域经济政策和发展的规划。狭义的区域经济发展则是指该地区内生产力不断提高，产业布局趋于完善，经济关系逐步协调，经济结构逐渐合理，生态关系逐渐和谐，社会财富逐渐增加的过程。本书的区域经济发展是指在一定的时间空间范围内，因地制宜，采取适当的区域发展战略、规划和区域经济政策，最终实现发展目标的社会经济活动。它能反映人口、资源、政治、经济、文化等方面的发展情况，通常有发育、生长、成熟、转化四个阶段，发展过程呈螺旋式上升。

## 二 区域经济发展的影响因素

影响区域经济发展的因素有很多，主要包括自然、区位、人口、政治、经济、文化等，具体体现在以下诸多层面。

### 1. 自然、区位和经济因素是区域经济发展的基础

自然因素是指影响区域经济发展的自然基础，包括土地、矿产、水、能源、海洋资源、动植物等自然资源及其组成的自然综合体。区域自然因素的差异和禀赋情况是区域劳动分工的前提，决定了区域的产业结构布局和运行模式的选择；区位因素简单来说就是区域位置因素，是指促使区位地理特性、功能的形成和变化的原因或条件，包括自然因素、社会经济因素和技术因素等。位置、交通以及信息的优劣决定了区位因素的优劣；经济因素则是指区域内现有的经济发展水平、发展政策，原有的基础设施，潜在的发展活力等因素。任何国家和地区的经济发展都有其历史继承性，现有的经济因素既是历史的成果，也是未来的起点。

### 2. 区域经济发展的保障是政治因素和文化因素

政治因素包括政治体制、经济政策以及国内外关系等。政府通过制定区域发展战略规划，决定区域产业结构布局、区域间经济合作、资源的开发利用等，从而对区域经济发展产生极其重要的作用和影响；文化因素是指区域间不同的地理位置和自然环境导致了区域文化背景和传统的差异，主要表现在民族、语言、宗教等方面。区域文化渗透到区域经济发展的各个层面，促进或者阻碍着区域经济的发展。

### 3. 区域经济发展的关键在于人口和科技因素

其中，人口因素指的是在特定的区域空间范围内构成人类社会的有生命的个人的总和，包括人口数量、人口质量、人口分布、人口结构、人口流量等。人类是社会经济活动的主体，合理的人口数量和人口结构是区域经济发展的必要条件，但如果区域内人口数量过度，增长速度过快，人口结构失衡，趋于老龄化，就将制约区域经济的发展。科技因素是指人类所取得的科学技术成果，包括人文社会科学成果和自然科学成果两方面，既影响着人类

的思维方式，又改变着人类的生产生活方式。在正确的理论指导下，运用合理可靠的科学技术手段，将对区域经济发展起到至关重要的积极作用，反之不仅会阻碍区域经济的发展，而且会影响甚至破坏区域发展环境。

### 三　区域经济发展的研究意义

经济活动是人类社会最基本的活动，它是在一定的地理空间内进行的，因此区域经济发展对人类社会的存在和发展十分重要。作为发展经济学的一个重要研究课题，区域经济发展具有深刻的内涵，要在一个人文、自然条件相似的区域内，有效地利用人力、物力实现经济的最优化发展，必然要去研究区域经济发展理论。对于目前的中国来说，研究区域经济发展理论具有以下诸多重要意义。

首先，我国疆域广阔，经济区域数量繁多，每个区域之间的差别显著，区域经济发展水平各有不同。如何使各个经济区域都发展活跃起来，提高区域整体效益是我们亟须解决的问题，也是发展经济学要研究和解决的关键问题。由于区域和产业是密不可分的，所以要想把整个国民经济发展起来，就要在全国范围内建立统一的、有序的、开放的、竞争的市场，把各个区域、区域的各个层面联系起来，协同互补。

其次，我国作为一个发展中的大国，区域发展不平衡、整体发展水平低下是基本特征，要实现社会主义现代化，完成国家工业化、社会化、市场化的历史重任十分困难。实现现代化是一个分层次、分阶段、有计划、有步骤的过程，发展经济是实现这一历史使命的必经之路，国家整体经济的发展与各区域经济的发展密不可分，对于目前的我国来说，区域经济发展理论研究对促进区域经济又快又好地发展至关重要。

最后，我国正处于由传统计划经济体制向现代社会主义市场经济体制过渡的进程中，新时期我国最根本的特征是改革开放。在这个新阶段，发展区域经济，减小贫富差距，促进产业结构升级，对于实现社会主义现代化，树立强国形象具有重要的意义。

## 第四节　和谐社会发展理论

实现和谐社会是人类长久以来的一个社会理想，中外历史上都产生过不少有关和谐的思想。在我国长久的社会主义建设实践过程中，党和国家通过对社会规律的正确认识和把握，不断对马克思主义和谐论进行丰富和发展。同时，依据 21 世纪以来我国经济社会所面临的新问题、新要求，以构建社会主义和谐社会为目标，社会主义和谐社会发展理论应运而生。它的提出与完善对全面建成小康社会的发展目标，以及促进经济社会平稳有序发展具有重大意义。

## 一　和谐社会的缘起

### 1. 和谐社会的概念

和谐思想大约起源于公元前 5 世纪，对于和谐（harmony），古老的中西方思想不谋而合。古希腊著名哲学家、数学家毕达哥拉斯认为整个天就是和谐，而古希腊的另一位著名哲学家赫拉克利特则认为和谐产生于对立，文艺复兴以后众多哲学家都把"和谐"作为一个重要的哲学范畴，马克思主义哲学认为和谐是事物在一定条件下的对立统一，强调事物间的相互联系、相互影响、相互制约，宣扬和谐社会的理念。古代中国的"和谐"同样既强调事物的对立统一、不同事物的和谐共生，如"和而不同"的思想等，又强调要遵循事物发展的客观规律，如"天人合一""道法自然"的思想等。总之，所谓和谐就是对人类社会和自然发展规律的认识，是指导人类社会实践活动的价值观和方法论。

社会学言说的"社会"是指由一定数量的人按照一定的规范相互联系的生存共同体，是一种特殊形态的群体形式。和谐社会则强调社会成员之间相互尊重、相互协调，秉持和而不同、共生共荣的原则。和谐社会的概念有广义和狭义之分。广义的是指人类社会同一切与自身发生勾连的事物都保持一种协调稳定的关系，包括人与自然；而狭义的是指社会内部的协调。构建社会主义和谐社会要从广义与狭义两个方面来认识，既要考虑社会内部人与人、人与社会的关系，又需维系人与自然、社会与自然之间的关系。

### 2. 社会主义和谐社会理论的建立

构建和谐社会，实现人的全面、自由的发展是人类的社会理想，所有马克思主义政党都追求着这样的社会理想。与此同时，在新时期新阶段，我们面临着前所未有的机遇和挑战。我党要想在此时团结和领导人民，抓住发展的重要战略机遇期，保证中国特色社会主义事业的不断前进，就需要不断丰富与完善社会主义和谐社会理论，将构建社会主义和谐社会的目标放在更加突出的位置上。

2002 年 11 月，党的十六大最先提出了和谐社会概念。《全面建设小康社会，开创中国特色社会主义事业新局面》报告中提到"努力形成全体人民各尽其能、各得其所而又和谐相处的局面"，在指明全面建设小康社会的宏伟蓝图与奋斗目标时强调要"促进人与自然和谐"；在讨论政治体制改革时强调要"巩固和发展民主团结、生动活泼、安定和谐的政治局面"；在讨论社会发展问题时强调要"保持长期和谐稳定的社会环境"；在分析国际形势时强调要"积极促进世界多极化，推动多种力量和谐并存，保持国际社会的稳定"。这些都体现出构建社会主义和谐社会是党的十六大的重要思想。

2003 年 10 月，党的十六届三中全会《中共中央关于完善社会主义市场经济体制若干问题的决定》提到"坚持以人为本，树立全面、协调、可持续的发展观，促进经济社会和人的全面发展"，同时提出了统筹经济社会发展、统筹城乡发展、统筹区域发展、统筹国内发展和对外开放、统筹人与自然的和谐发展。科学发展观与"五个统筹"思想是继党的十六大后，中国共产党对和谐社会思想的又一次补充。

2004 年 9 月，"构建社会主义和谐社会"的全新理念在党的十六届四中全会上首次提出。会议报告《中共中央关于加强党的执政能力建设的决定》明确指出，提高构建社会主义和谐社会的能力，它同驾驭社会主义市场经济的能力、发展社会主义民主政治的能力、应对国际局势和处理国际事务的能力都是我党加强执政能力建设的主要任务。这凸显了构建社会主义和谐社会在我党推进中国特色社会主义事业建设和提升党的执政能力建设过程中的重要位置。

2005 年，全国政协十届三次会议、全国人大十届三次会议以及党的十六届五中全会都将"构建社会主义和谐社会"作为一个重要主题进行。可见，构建社会主义和谐社会是我党和国家在未来很长一段时期内的重要任务和目标，是改革开放以来尤其是党的十六大以来，中共中央的重要战略部署。同年 2 月，胡锦涛在省部级主要领导干部专题研讨班上从四个方面对"构建社会主义和谐社会"进行了全面而深刻的阐释。从党的十六大到胡锦涛同志的全面阐释，标志着社会主义和谐社会理论的正式建立。

## 二　和谐社会的科学内涵

马克思指出，历史的进步是人的发展与社会的发展相统一的过程。社会主义和谐社会是一种社会理想，也是一种社会实践，但无论从何种角度来看，都离不开人的因素，都要以人为本。人类社会的历史是由人类创造的，离开了人类的社会实践活动，就不会有人类社会的发展。社会主义和谐社会同样遵循这样的规律，其政治、经济、文化、社会的发展都必须紧紧围绕人的需求进行。以人为本，就是把社会的发展同人的发展联系起来，把发展的手段同发展的目的联系起来，体现了社会主义和谐社会与马克思主义理想社会的内在一致性。所以，社会主义和谐社会的内涵应当充分体现以人为本的原则，包括人自身、人与人、人与社会以及人与自然之间的和谐统一；社会主义和谐社会的本质应当是在充分尊重人的主体价值的前提下，使人的主体作用得到充分发挥，让每个人的价值得以充分体现，人人各得其所、各尽其能。构建社会主义和谐社会作为一项社会工程是极其浩大、复杂的，必须始终坚持以人为本，把以人为本贯穿始终。

第一，社会主义和谐社会是人与人和谐的社会，人与人的和谐是最为根本的和谐。人是聚集而居的生物，正因此人与人之间存在着错综复杂的关系。正如阿拉伯古语所云，没有人的地方是荒凉的，有人的地方是麻烦的。和谐则是人与人之间关系的最理想形态，但和谐不是共同一致、整齐划一，和谐是和而不同、求同存异的状态。人与人的和谐是人们之间相互理解、相互包容、适当行为的结果，是人们之间没有根本利益冲突的表现。从可持续发展的角度看，构建社会主义和谐社会的关键是包括代内和谐和代际和谐在内的人际关系和谐。人际关系的和谐表现为，社会各阶层人民的互相尊重、平等、友爱、融洽，全社会形成了尊重劳动、知识、人才、技术的氛围，社会地区之间、部门之间、成员之间按照公开、公平、公正的原则竞争。人类都有追求和谐的美好愿望，在当下我国社会多样化发展、人民内部矛盾不断激化的情况下，构建和谐的人际关系至关重要。人类是实践着的存在，离不开生产、生活等社会活动，各种社会实践活动又都以人际关系和谐为基础得以顺利进行。由此可见，不和谐的人际关系将影响人类社会生产实践活动的顺利开展，从而影响人类社会的发展，而且会造成人们生活的失衡、道德的滑坡、文化的缺失，所以人际关系和谐既是社会和谐发展的前提条件，也是人全面自由发展的必要条件。只有以和谐的人际关系为基石，才能调解社会各个层面的关系，化解现实社会的各种矛盾，建设人类向往已久的美好和谐社会。

第二，社会主义和谐社会是人与社会和谐的社会。这里的人是指生活在一定社会结构体系中现实的人，而社会指的是人类生存所需要的一定的社会结构体系，包含诸多基本结构领域，如政治、经济、文化等，它是人类生产、生活以及相互交往联系的产物。马克思主义认为，人和社会是同一过程的不同方面，人与社会的和谐是人与社会关系的最佳表现形式，表现为个人需求与社会整体需求的共同满足，个人素质的提高与社会整体发展相统一。要实现人与社会的和谐，首先要正确地认识和处理人与自然的关系。因为人既是自然的产物，又是社会化动物，所以人虽然具有追求个人需求满足的权利，但必须考虑自然和社会的整体利益，服从自然和社会的约束、规范甚至改造。同时自然和社会也要保证个人利益、需求的满足，因为每个人自由而全面的发展是一切全面自由发展的前提和保障。

第三，社会主义和谐社会是人与自然和谐的社会。自然是相对于人而言的概念，世界上原本没有自然的概念。自然的概念有广义和狭义之分，广义的自然指整个宇宙范围，包括人类已知和未知的所有范围，而狭义的自然则是指除了人类社会以外的宇宙，常有"自然环境""自然界""自然条件"三种含义。人与自然的关系是人在社会实践活动中最基本的矛盾关系，关乎人类的生存和发展，主要表现为人对自然的能动性和依赖性两个部分。一方面，自然是人类赖以生存和发展的物质基础，人的发展必须不断地从自然获取物质生活资料；另一方面，人不是一般的自然存在物，而是一个对象性的存在物，当自然不能够满足人类的需求时，人就会发挥自身的主观能动性，通过认识并且遵循自然规律，对自然进行改造以适应人的生存和发展需要。通过历史考察我们可以发现，人与自然的关系从原始社会、农业社会到工业社会，经历了一个从不和谐到相对和谐再到不和谐的过程。在人类社会初期，人类由于自身的弱小一直受制于自然，顺从、依赖于自然的安排，这个时期在本质上是一种不和谐的状态，是自然主导人类生存发展的状态；农业社会时期，人类掌握了一定的科学技术和自然规律，能够能动地改造自然，但由于这种能动性程度较低、范围较窄，还不能对自然产生较大的影响，自然内置的平衡机制没有被破坏，故人与自然之间保持着相对平衡的状态；工业社会时期，随着科学技术的不断发展，人类逐渐开始产生自己是自然主宰的思想，对自然毫无限制地进行掠夺和改造，结果遭到了自然的报复，甚至严重威胁人类的存在与发展。这个时期是人与自然再次不和谐的状态，是人类破坏自然、威胁自身的状态。如今，在面对日益加剧的全球生态危机问题时，人类终于开始了历史的反思，转变价值观念、行为方式，用理性、道德的眼光去看待人与自然的关系，以谋求人与自然的和谐相处。英国著名史学家汤因比曾说过："人类如果想使自然正常地存续下去，自身也要在必需的自然环境中生存下去的话，归根到底必须和自然共存。"①

## 三 社会主义和谐社会的构建原则

2005 年 2 月，胡锦涛在中共中央举办的省部级主要领导干部提高构建社会主义和谐社会能力专题研讨班开班式上的讲话指出，构建社会主义和谐社会是党提出的一项重大任务，应该蕴含民主法治、公平正义、诚信友爱、充满活力、安定有序以及人与自然和谐相处等原则。

第一，民主法治：社会主义和谐社会在政治上的基本特征。民主法治就是切实落实依法治国方略，广泛调动各方积极因素。民主和法治是相互依赖、共存共生的，民主是法治的基础，法治是实现民主的途径。唯有把社会主义民主和法治结合起来，健全民主，厉行法治，协调各种矛盾、冲突，才能构建社会主义和谐社会。作为一个实行人民民主专政的社会主义国家，尊重、保障人民当家做主的权利是我国社会主义政治制度的本质所在，也是社会主义民主政治发展的必然要求。而人民当家做主、行使民主权利也要服从法律的权威，使人民的诉求和愿望通过党的领导、依法治国的方略来达成，做到民主政治的法治化。目前，我国的民主法治建设仍不够健全，人民参与政治、社会事务的途径还不够通畅。构建社会主义和谐社会，就是要使人民的权利进一步得到保障，使社会主义法律体系进一步完善，使人民成为国家真正的主人。

---

① 汤因比、池田大作：《展望二十一世纪——汤因比与池田大作对话录》，荀春生等译，国际文化出版公司，1985，第 80 页。

第二，公平正义：社会主义和谐社会在社会关系上的基本特征。公平正义力求正确处理人民内部矛盾和其他社会矛盾，使社会各方面的利益关系得到妥善协调，社会公平和正义得到切实维护和实现。所谓公平是指公民平等地享有参与社会政治、经济、文化等生活的权利；所谓正义是指一种非标准性的社会公正，包括社会、政治和法律正义等。公平正义不仅体现了社会进步，而且是社会主义市场经济发展的必然要求。当前，我国还处于社会主义建设初级阶段，经济结构仍不够完善，因此还有很多违反公平正义的现象出现，使得我国的社会矛盾与经济利益关系十分复杂。此时，实现社会公平正义就显得至关重要。实现社会主义公平正义是一个长期的、复杂的过程，我们要积极维护和实现社会公平正义，发挥人们的积极性、主动性与创造性，促进我国和谐社会发展。

第三，诚信友爱：社会主义和谐社会在道德上的基本特征。诚信友爱是指全体人民诚实守信、互助友爱，它不仅是构建社会主义和谐社会的一个重要基础，而且是一个重要标志。诚信友爱自古以来就是中华民族的传统美德，"人无信不立""仁者爱人"等古训延续至今，时下更是社会主义和谐社会对全体人民的道德要求，它有助于提升人民的精神追求和精神境界，有助于增强社会凝聚力，有助于实现个人的社会价值。如果说法治是对人的硬约束，道德就是对人的软约束，它从精神层面要求人与人之间团结、互助、诚信、友善。目前，由于在我国社会中人情冷漠、道德缺失、交往失信等现象仍然存在，因此加强道德建设、提升国民素质、建立健全各项制度，实现全体人民的诚信友爱愈发重要。

第四，充满活力：社会主义和谐社会在社会发展动力上的基本特征。社会主义和谐社会的活力包括政治、经济、文化等活力以及社会主体与自然环境的活力，这些活力都需要人民积极主动地、创造性地参与来实现。因此，必须要尊重劳动、知识、人才、创造，努力促进整个社会的繁荣发展。社会主义和谐社会是一个不断前进发展的社会，是一个具有顽强生命力和积极活力的社会。

第五，安定有序：社会主义和谐社会在社会组织结构上的基本特征。安定有序是指社会组织结构完善，社会秩序良好，人民安居乐业，社会安定团结。主要表现就是管理机制健全，法律制度完善，人民内部矛盾妥善处理，社会各项事务都有章可循，社会生产、生活协调运转，人民安居乐业。只有不断推进社会管理体制改革,建立健全社会各项管理机制,才能切实维护社会环境的安定有序。

第六,人与自然和谐相处:社会主义和谐社会在人与自然关系上的基本特征。良好的自然环境是人类赖以生存和发展的基础,人与自然和谐相处就是生活富裕、生产发展、生态良好的状态。目前,无论是在国际上还是在国内,生态危机问题已越来越严重,人类社会的发展破坏了生态环境,被破坏的生态环境反过来又制约着人类社会的发展,改变人与自然之间的这种恶性循环关系已经刻不容缓。构建社会主义和谐社会的目标之一就是改善人与自然之间的关系,促进人与自然的和谐发展。必须正确处理人与自然的关系,认识并遵循自然规律,有节制地开发和利用自然资源,维持生态平衡,促进社会与生态系统的共同发展,这显然是中国特色社会主义和谐社会的重要要求。

社会主义和谐社会的六大基本特征密不可分,构成了一个统一的整体。曾庆红于 2004 年讲到,社会主义和谐社会的六大基本特征涵盖了社会关系的和谐、人与自然的和谐,体现了民主法治的统一、公平效率的统一、活力秩序的统一、科学人文的统一,把六大基本特征结合起来,是全面深刻地把握社会主义和谐社会特征的关键。

# 第五节 五大发展理念

党的十八届五中全会强调,只有牢固树立创新、协调、绿色、开放、共享的发展理念,才能实现"十三五"规划乃至更长期的发展目标。要以新的理念引领新的发展,五大发展理念是在社会主义建设新时期以习近平同志为总书记的新一代党中央领导集体对中国特色社会主义建设实践的深刻总结,也是对中国特色社会主义发展理论内涵的概括和丰富,对治国理政新思想的提升和总结。五大发展理念切实地贯彻实施,是对我国发展全局的一次深刻变革,具有重大的现实意义和深远的历史意义。

## 一 五大发展理念的发展历程

马克思主义发展观认为世界是普遍联系、永恒发展的,将社会作为一个有机联系和发展的整体来研究,将人的发展作为社会发展的核心,论证了人的全面发展是社会发展的最高目标。中国共产党在马克思主义理论的指导下，依据不同历史时期、不同的社会历史条件和面临的不同历史任务，制定出不同的、适应特定时期的发展理论。总的来看，中国共产党几代领导集体的发展理论是一脉相承又与时俱进的。

以毛泽东为核心的党的第一代领导集体创造性地回答了新民主主义革命道路问题。新中国成立后，党中央领导集体开始探索社会主义建设道路，并取得了一系列重大成果。在中国革命和建设的过程中，在马克思主义思想的指导下，毛泽东同志提出了具有鲜明特色的符合我国国情的中国化马克思主义发展观，明确了发展主题、动因、主体及目的。

以邓小平为核心的党的第二代领导集体，结合我国社会主义现代化建设的实践过程，创造性地提出了以改革开放为核心的发展观，对为什么要发展、发展什么、怎么发展进行了科学系统的阐释。另外，提出了"三个有利于"的判断标准：是否有利于发展社会主义社会的生产力，是否有利于增强社会主义国家的综合国力，是否有利于提高人民的生活水平。

以江泽民为核心的党的第三代领导集体形成了以"三个代表"为核心的一系列重要发展观点。在马克思主义发展观的指导下，结合我国社会主义建设和现代化建设的实践过程，继承了毛泽东、邓小平的发展思想，逐步明确了发展的指导思想、发展的基本思路、发展的战略目标。

21 世纪以来，党中央继承和发展了党的前三代领导集体关于发展的思想精华，在深刻分析和把握新时期我国基本国情和社会发展的基本特征的基础上，围绕"实现什么样的发展""怎样发展"，提出了科学发展观这一重要思想。科学发展观以发展为第一要义，以人为核心，以统筹兼顾为方法，要求全面协调可持续，这是在吸收马克思主义理论的同时结合我国国情而形成的理论新成果，对于我国经济社会的发展具有深刻意义。

党的十八大以来，党中央着眼于新的发展实践，不断推进党的理论创新，在发展动力、发展目标、发展布局、发展保障等方面形成了一系列新思路、新战略。随着五大发展理念的提出，我党对于社会经济发展规律的认识又达到了一个新的高度，体现了我党对于社会主义社会的本质和发展方向的科学把握。

## 二 五大发展理念的科学内涵

改革开放以来，中国特色社会主义现代化建设的步伐不断提速，我国创造了人类发展史上的一个又一个奇迹，同时随着经济新常态的出现，经济发展过程中累积的问题越来越严重。新的发展需要新的发展理念，在我国社会经济发展的重要节点，党的十八届五中全会提出"创新、协调、绿色、开放、共享"五大发展理念。

第一，创新：发展的动力。1988年9月，邓小平依据我国当时科学技术的发展成果和发展趋势讲到，科学技术是第一生产力。自改革开放以来，我国在农业技术、生物技术、国防军事技术、信息科学技术、航天工程技术、交通运输技术等领域取得了突破性进展，形成了较为完整的科学研究、技术开发体系，科技创新能力有了显著提高。虽然已取得了众多科技成就，但总的来看，我国科技创新能力仍不强，自主创新技术缺乏，国际知名品牌稀少，科技对经济的贡献率远远低于发达国家。目前，随着我国经济进入新常态，经济发展速度趋缓，转换发展动力势在必行。通过对经济发展规律的考察，我们可以发现，在投资增速减慢、经济效率低下的情况下，经济发展离不开科技创新驱动。只有逐步实现从要素驱动、投资驱动到创新驱动的转换，把国家发展全局的核心放在创新上，不断推进理论、制度、科技、文化等各方面的创新，才能持续促进经济健康稳步增长。

第二，协调：平衡的发展。我国发展不平衡问题存在已久，不仅有历史的、自然的原因，而且有现实的、社会的、体制的、政策的等多方面原因，主要体现在城乡发展二元化、贫富差距、社会文明程度、国民素养与社会经济发展水平不协调等方面。在经济发展的初期，在部分方面，某些领域发展不平衡是难以避免的，但一定不能忽视这些问题，要时刻警惕并且注意调整变革，提升发展的整体性和协调性，否则短板效应会愈加明显，对经济社会的发展速度与水平产生严重影响，进而影响全面建成小康社会的目标的实现步伐。

第三，绿色：持续健康的发展。绿色发展就是以效率、和谐、持续为目标的经济增长和社会发展方式，要求注重人与自然之间的关系，实现健康、绿色、可持续的发展。自改革开放以来，我国经济这辆高速前进的列车除了带来经济的繁荣外，还带来了城市拥堵、江河污染、资源消耗、生态脆弱等危机，人与自然的关系引起了全国人民的担忧。人民对新鲜空气、饮食卫生、环境优美的愿望越来越强烈，生态问题已经对我国经济社会的发展与社会关系的和谐产生了不小的阻力。为此，党的十八大将生态文明建设纳入"五位一体"的总布局中，绿色发展理念是对生态文明理念的继承和发展，是实现生态文明建设的主要途径。绿色低碳环保已经成为当今国际社会产业革命的基本方向，我国在这方面的发展空间、潜力巨大，能够成为经济社会发展的突破点和增长点。

第四，开放：内外联动发展。在经济全球化背景下，任何国家、区域想关起门来独自搞建设已经不再可能，开放发展理念是一种趋势，已经成为一种时代的潮流。当前，国际形势正在发生深刻的变革，全球经济体系和规则面临着重大的调整，国家间的政治、经济、文化交流程度日益加深，节奏日益加快。我国经济也随着经济全球化的不断深入，与世界经济紧密地结合在一起，并且在国际经济中的地位日益提高，影响力越来越大，对全球的发展起到重要的作用。我国今日的成就皆得益于改革开放，所以在经济新常态背景下，我国必须进一步加大开放力度，坚定互利共赢的开放发展理念，实施内外联动的发展策略，积极应对新时期、新阶段内外环境的变化，把改革开放提到新的高度。

第五，共享：社会的公平正义。自改革开放以来，虽然我国人民生活水平、收入水平、社会保障程度持续提高，但对效率关注过多，对公平关注不够，导致了收入差距大、社会矛盾多等经济社会发展短板。坚持发展成果全体人民共享，强调社会的公平正义，可如今无论是现实状况还是体制结构都不能做到公平正义，社会主义制度的优越性难以实现。因此，必须从制度上妥善地变革，调整分配结构，坚持发展为了人民、发展依靠人民、发展成果由人民共享，切实保障人民享有平等参与、发展的权利，逐步缩小城乡发展差距、居民收入差距。

五大发展理念是辩证思维和统筹兼顾科学方法论的集中体现，是为解决中国社会政治、经济、文化发展所面临的问题而提出的。五大发展理念主题、主旨相同，目标一致，相互联系、相辅相成，共同构建了一个开辟未来的顶层设计，是战略性与操作性的统一。

## 三　五大发展理念的主要特点

从五大发展理念的提出背景、发展历程到科学内涵来看，五大发展理念内涵丰富、特点鲜明、意义深远。其主要特点包括以下几部分。

第一，以人为本。以人为本是科学发展观的核心，也是其根本价值所在，人的主体地位在五大发展理念中也十分突出。人民群众是社会发展的主体，是一切财富的创造者，也是变革社会制度的决定力量。党的十八届五中全会中提出："必须坚持发展为了人民、发展依靠人民、发展成果由人民共享，作出更有效的制度安排，使全体人民在共建共享发展中有更多获得感，增强发展动力，增进人民团结，朝着共同富裕方向稳步前进。"[①]应切实贯彻实施五大发展理念必须要发挥人民的力量，充分调动人民的积极性、主动性、创造性。始终坚持"发展为了人民、发展依靠人民、发展成果由人民共享"的发展理念，只有人民才是发展的根本目的和最高价值追求。

第二，整体性。五大发展理念是相互联系、相互贯通、相辅相成的一个有机整体。其中，创新是发展的动力，协调、绿色、开放是社会、经济发展的三个支点，共享是发展的目的和归宿。五大发展理念作为一个有机的整体，内在地包含了以下逻辑和结构：首先，加强"短板"的发展后劲，不断完善发展的整体性；其次，坚持城乡一体化发展进程，促进城乡区域与经济社会的协调发展；最后，坚持统筹兼顾原则，促进新型工业化、信息化、城镇化、农业现代化同步发展。

第三，可持续性。发展是五大发展理念的核心，发展是既要满足当代人的需求而又不损害后代人满足其需求的能力的发展，既要关注当下也要注重长远，实现社会、经济、资源的协调可持续。一方面，要实现人与人之间、人与社会之间的和谐发展；另一方面，要实现人与自然的关系和谐，可持续性地利用自然资源和生态环境，这是基础和保障。

第四，多样性。五大发展理念涉及中国特色社会主义政治、经济、文化、生态文明与和谐社会建设等多个领域的各个环节，内容广阔。在全国范围内，各省份、地区都结合自身的基本情况切实地贯彻实施五大发展理念，方式方法多样，因地制宜。

第五，互利共赢。五大发展理念不仅立足国内，寻求全国人民群众的共建共享；而且立足国际，具有国际视野、全球思维，寻求与世界各国人

---

① 《中共中央关于制定国民经济和社会发展第十三个五年规划的建议》，新华网，2015 年 11 月。

民的共建共享。习近平指出："我们要坚持从我国实际出发，坚定不移走
自己的路，同时我们要树立世界眼光，更好把国内发展与对外开放统一起
来，把中国发展与世界发展联系起来，把中国人民利益同各国人民共同利
益结合起来，不断扩大同各国的互利合作，以更加积极的姿态参与国际事
务，共同应对全球性挑战，努力为全球发展作出贡献。"①

　　发展理念作为发展行动的指导，给予了发展行动正确的目标和方向。
五大发展理念作为我国"十三五"规划时期乃至更长时期的发展理念，是
在概括总结我国改革开放以来发展实践经验基础上对于发展规律形成的新
认识。五大发展理念是对马克思主义发展观与中国共产党的发展理论内涵
的丰富。为我国未来一段时期内的发展，十八届五中全会把绿色发展确立
为"十三五"规划建议的五大发展理念之一，进一步回答了如何实现中国
特色社会主义生态文明的重大时代命题，为"两型社会"的建设指明了方
向、确立了重点、坚定了目标。

---

① 习近平：《习近平谈治国理政》，外文出版社，2014，第248页。

# 第三章
# 无锡"两型社会"建设的现实背景

从定义上讲,"两型社会"构建的核心目标是建成资源节约型和环境友好型社会。资源节约型社会的实质是在对自然资源进行合理开发、高效利用的基础上,尽可能用最少的资源换取人类最大限度的可持续稳定发展;环境友好型社会则将环境的稳定和发展看作人类发展的必要前提,以对待人类社会和人类可持续发展的要求保护、改善、优化环境,使环境成为支撑人类社会各方面可持续发展必不可缺的条件。为实现"两型社会"的核心诉求,必须构建一个评价"两型社会"实践发展的指标体系。从社会和人类的可持续发展进程而言,该指标体系应当包括三个层次:第一层次为经济指标,主要通过经济发展各级层面的各个指标的加权得出某一区域的"两型社会"的建设程度;第二层次为技术指标,主要包括技术创新、技术绿色化的程度以及技术创造的资源节约指数和环境友好指数等方面;第三层次为环境指标,包括环境污染总量指标、环境可持续发展指标和环境补偿建设指标等方面。一般认为三个层次的指标体系可以较为全面地判断、分析和衡量"两型社会"的发展趋势和建设水平。与之呼应,"两型社会"的建设背景也应当从经济、技术和环境三个大的层面展开,这也为"两型社会"的建设和发展提供了全面深入的理论研究基础。

## 第一节 "两型社会"建设的经济发展背景

"两型社会"建设的经济内在诉求最早可以追溯到马克思时期。1867年的马克思在其影响人类文明进程的《资本论》中提到了人类生存发展的基本关系是人和自然的关系这一伟大论断。马克思的革命盟友和学术伙伴恩格斯继承并发扬了这一思想："我们连同我们的肉、血和头脑都是属于自然界、存在于自然之中的……"①这一切说明，人类生存和发展必须依赖于自然，不能脱离自然规律或者违背自然意志，因此建立"两型社会"从本质而言也是人类社会发展的客观要求，并且经济越是发展，越是要求人与自然和谐共处，这是当前"两型社会"建设的经济背景所在。

## 一　从灰色经济到绿色经济的诉求

### 1. 灰色经济的含义及内容

灰色经济是与灰色发展模式相对应的经济概念。所谓灰色发展模式是对发达国家的传统发展战略的写实和概述。在资本原始积累发展阶段，西方的经济发展史就是裹着文明外壳的血腥史，几乎所有资本主义国家都会通过对环境能源的高消耗和不可再生资源的高消费来刺激经济暂时性的高速增长。这就是我们通常所说的以"高消耗、高投入、高污染"著称的"先污染后治理"的传统工业发展模式，我们称之为灰色发展模式。

与灰色发展模式相匹配的经济发展方式被称为灰色经济。灰色经济是一种忽视外部性效应的经济增长方式，它忽视资源合理分配，只注重生产的利益最大化，它以经济价值的增长而非发展为己任，追求经济利益的最大化，并不重视环境外部影响的负面价值要素。可以说，灰色发展模式忽视自然资源损耗的过渡性和不可再生性，从根本上忽视生产分配的内在正义逻辑，最终会导致社会缺失公平和正义。在灰色经济的引领下，人们将目光只集中于提升生产的规模、创造更高的利润，而忽视了对人类生存环境的关怀。如今，灰色经济只强调并着眼于无节制地过度生产和过度消耗，以期获得最大的经济利润，完全无视了因为大批生产和不当使用导致的资源和环境问题，不顾环境的承载极限和可持续发展，最终导致了资源的危机和环境的危机，危机愈演愈烈，最后影响到人类的生存，成为人类生存的危机。

20 世纪中后期以来，随着几次世界性环境危机的发生，人类越来越意识到环境问题带给人类的损失远远不是经济发展能弥补的。"全球环境变

---

① 恩格斯：《自然辩证法》，人民出版社，1972，第62页。

化让人类越来越意识到环境问题真的不是一个单纯的外部性的问题，环境问题可能对现有的经济结构和生产方式提出挑战和质疑，而我们必须依次考虑对世界的重新设计和规划，环境问题正在改变经济的发展轨迹和偏好。"①这无疑说明，工业时代经济重塑增长方式的问题已经越来越被重视并提上议程。在联合国的号召下，于 20 世纪 90 年代在巴西里约热内卢召开了议题为"环境与发展"的会议，在这次会议上，联合国明确将可持续发展理念作为各国行动的纲领性文件，要求将经济发展与资源和环境保护有机结合起来，创造环境友好技术并推广实施，提升环境保护意识，树立绿色理念，发展绿色经济。而这也是"两型社会"建立的一个经济发展背景。

### 2. 绿色经济的含义及内容

绿色经济是相对于灰色经济的一个概念。绿色，是自然的颜色，绿色经济理论是本着生态学理论的相关原理对经济产生、发展及运行规律进行论述和阐释的科学，它从生态的视角对灰色经济进行了批判和扬弃。历史上，最早将绿色经济系统化阐述的是生态经济学家博尔丁（Boating），他将地球比作单一的飞船，他提出了"宇宙飞船经济学"理论。"宇宙飞船经济学"指出，在工业社会技术未来迅速发展的过程中，人们很可能面临资源使用崩溃的问题。具体来说：船内有限的资源得以耗尽，人口和经济无视生态承载力的无序发展会使生产和消费中排出的废物超标，最终压缩船内可用空间的面积，导致人类生存空间的缩减。人类在这一过程中也会因此受到身心伤害，最后无力驾驶飞船，导致飞船毁灭坠落。因此，博尔丁提出，为了避免这种悲剧，我们必须改变生产生活和经济增长方式，从"消耗型""无极限"的增长模式转向"生态型""可持续"的发展模式，而这就成为绿色经济的核心诉求和内在价值。

主张思维与存在、主体与客体的二元对立的传统哲学理念也对传统经济学的思想渗透根深蒂固，因此在工业社会的经济理念中，强调经济过程的合规律性远远超过强调经济结果的合目的性。也就是说，传统经济学更

---

① Hurrell, A., Booth, K., Smith, S. eds. *International Political Theory and the Global Environment*, *International Relations Theory Today* (Pennsylvania: Pennsylvania University Press, 1995), pp. 188 – 189.

多地关注经济的实证维度，而不注重经济活动所蕴含的人文价值，因此在生活中一系列的经济活动造成了实证理性对价值理性的背离，导致了人的肉体与精神的违背，颠覆了人类的生产、生活，甚至造成了人类精神价值的异化。而因为人类异化反作用于经济，经济必然也出现异化的状态，出现价格对实际价值的背离，导致人类经济活动逐利性更加肆虐和猖狂，进一步加剧在经济发展过程中人类面临的生态危机和价值危机。解决这些危机首先要回归到人文理性和科学理性的统一中，这样才能进一步指导经济活动中主观性与客观性、合规律性与合目的性的统一。

就现阶段而言，科学家和人文学家更多的是提倡以生态经济学来取代传统的二元论经济理念。生态经济学主要强调生态文明的建设发展和绿色观念在经济学中的普及，因此也被称为绿色经济。我国著名科学技术哲学学者张华夏认为，生态经济是指"为了整个人类与我们的行星的共同利益而伦理地、理智地和生态地对精神财富和物质财富做出可持续的创造和公平合理的分配"的经济形式。[①]美国马里兰大学生态经济研究所副所长赫尔曼·戴利（Herman Daly）在其著作《超越增长——可持续发展的经济学》一书中写道："生态经济是与传统经济学俨然有别的可持续发展的经济的框架……生态经济实质是保持人口和物质资本的增长，它是建立在系统论的基础之上，将经济作为生态的一个物理子系统，并且认为子系统必须置身于母体而发展。"[②] 戴利将经济看作生态系统的一个子系统，并将这一观点看作经济和社会可持续发展的理念基础。这与莱斯特·布朗（Lester Brown）所提到的经济转向的"哥白尼革命"是一致的："经济必须归属于生态这个理念，就如生态的含义也包含了经济的内容。只有承认经济是地球生态的子系统，在尊重生态原理、掌握生态规律上所形成的经济生产和政策才能取得实践意义上的成功。"[③] 布朗所说的经济模式实际上就是生态经济的生产方式，这种生产方式是建立在经济是地球一个开放性子系统的基础之上的。

---

① 张华夏：《道德哲学与经济系统分析》，人民出版社，2010，第182页。
② 赫尔曼·戴利：《超越增长——可持续发展的经济学》，诸大建、胡圣等译，上海译文出版社，2001，第236页。
③ 莱斯特·布朗：《生态经济：有利于地球的经济构想》，林自新等译，东方出版社，2002，第4~5页。

### 3. 绿色经济与"两型社会"建设的具体关系

如上所述，绿色经济是生态与生产两手抓的经济形式，是促进"两型社会""两型"生产、交换、流通、消费等经济体系形成和发展的重要支撑。"两型社会"建立的目的就是要使区域内生产、交换、流通、消费等诸多经济形式的资源结构得以优化，在提高资源使用效率的同时，降低污染排放量，让可回收废弃物最大限度地被循环利用，不可回收废弃物得到无公害处理，在促使经济增长的同时，保证环境和生态的可持续发展。从这个角度讲，绿色经济可以说是"两型社会"建设的重要引领者，它内在地包含着人与自然和谐发展以及社会、经济、生态、人类、文明可持续发展的目标。在绿色经济的引导下，新的技术运作方式必然要向着"低投入、低消耗、低污染"的可持续发展路径迈进。在改变传统"先污染后治理"的发展理念上，采取从源头上控制污染物产生的发展模式，改变传统市场唯利益导向的模式，压制工业社会唯经济发展是从的错误理念，注重从经济的角度出发引导生态文明建设，以此带动"两型社会"的建设和发展。

绿色经济除了意指绿色的生产方式外，也包括广义上的绿色流通体系的构建。绿色流通体系的核心在于建立统一开放、有序竞争的现代物流体系，而这样的物流体系必须以良好的生态环境为有效支撑。首先，从现代物流体系的交通环境来说，良好的生态环境能够为和谐有序的交通环境的构建提供良好的环境前提和基础，而良好的交通秩序的优化和发展能够促进和深化地区间的专业分工，促进产业结构的优化升级，从而带动经济的进一步良性发展。其次，从现代物流体系的结构保障而言，构建生态保障下的现代流通体系能够加快现代经济和商品流通的速度，降低流通成本，减少无效流通，实现流通体系的社会化、市场化、专业化、现代化和国际化，最终也推动经济流通体系向低能耗、低物耗、低排放、低碳绿色环保的方向发展。最后，绿色经济还引领了"两型社会"构建中的新的文明消费方式。"两型社会"要求与"两型社会"相匹配的消费模式，也就是在生态文明建设高度引领下的绿色消费模式。绿色消费模式是以资源节约和生态保护为核心，倡导与生态承载力相适应的消费水平，建立与环境承载力相匹配的消费结构，践行生态文明与健康发展的科学消费方式，这是在最大限度上符合人的健康和环境保护标准的行为和方式，为"两型社会"的建设提供了优良保障和支撑。

## 二 从以经济发展为目的的市场运作到以经济发展为手段的市场运作

目的，是将某种追求作为合理价值取向的来源并实践之；手段，是为了实现某种合理价值取向而采取的方法论途径。工业社会将经济发展作为目的，既是忽略生态文明建设的现实证据，也是人性贪婪过度和资本无节制扩张的体现，本质上是对人类、生态和市场三者协调平衡发展的破坏。实际上，以市场价格作为衡量环境资源优劣和社会发展的标准，其荒谬性不言而喻，并且以市场为导向的发展方式对于生态和社会的建设发展都是有弊端和局限的。

### 1. 以经济发展为目的的市场运作的弊端

从理论的角度和实践的角度进行双重分析，可以看到单纯以经济发展为目的的市场诉求的弊端。首先，从理论的角度分析，市场本身的特点和价值规律的复杂性决定了经验中市场信息的不对称和隐形化。完美理论中的价值规律的价格是围绕价值上下波动的，但是实际的市场是一些实际要素，例如供求关系对价格本身的影响往往要比价格要素明显和直接很多。在市场中进行买卖交易的双方所掌握的信息不对称，往往会使实际交易出现供过于求或供不应求的"市场失灵"。市场失灵导致供求关系的调整具有滞后性和复杂性，当人们意识到并主动开始调整时，往往已经丧失了市场自身的最佳有效性。即使是具有同一价值的同一物品，在不同的供求关系中也是具有不同的价格标签的。就如鸦片战争时期，在英国只有贵族才能触碰，广大平民望眼欲穿、难以企及的钢琴，在中国市场上却无人问津。再如中国南方的椰子在北方可能卖到 2 倍甚至 3 倍的市场价格，但是在盛产椰子的地方，例如海南和广东等地，往往不能得到一个满意的供求价格，低于实际市场价格甚至都无人问津。这些例子告诉我们，现代市场经济中以价格为目的寻求最大经济利益就等于实现最大社会利益的想法是有局限的。价格导向不仅不能实现人类长远利益的发展，而且不能促进人类近期经济利益最大化的实现。如果试图打破市场的这一局限，就必须首先克服经济利益至上的市场运作模式，转而以环境和人类生存的综合价值最大化模式为自己的生产导向，从根本上保证人类、环境同步发展，以及双向利益最大化。

其次，从实证的维度考量，单纯地以经济发展为目的的市场运作不能带来真实的数据反馈和结果。市场本来就是一个非常复杂的系统，市场与生态、与人类社会之间的关系本身也是十分复杂的。我们以边际效益（MI）、生态成本，即资源的消耗和损耗量（MEC）为架构制作一个图表来反映市场究竟在何种程度上能够精确灵敏地反映价格与价值之间的真实关系。从图 3 - 1 中我们看到，在市场主体的相互作用中有一个成本与效益之间的最优平衡点 Q，在这个平衡点上，收支是相互抵消的。但是在现实中，并不会刚好出现 Q 点的状态，因为所有在市场中流通的产品都存在边际成本，所以增加了边际成本 MP，在将 MP 当作自变量时，价格收益为因变量的另一种反映，我们看到图 3 - 1 中的收支平衡点 Q 将生态成本、经济成本、边际收益、边际成本所组成的区域分为了四个部分，分别用 A、B、C、D 表示。其中 B + C + D 表示消耗的成本总量，而 A + B + C 则是非盈利的收益总和。当处于 Q 点时，因为 B 和 C 的面积是相等的，所以这个时候市场的纯粹收益应当为 A - D 组成的区域。从理论上分析，当 A > D 的时候，市场指向是有利可图的；当 A = D 的时候，市场刚好处于归零状态；而当 A < D 的时候，市场指向是亏损状态。但是从现实中看，尽管第一种、第二种状态都并非企业亏损状态，但只有在第一种状态下，市场主体才会主动地进行生产。当个人成本离 Q 点越远时，虽然从表面上看，支付成本处于下降趋势，但从整个图来看，边际成本正在上升，边际收益正在下降，这个时候花费的成本自然也就大于最优平衡点 Q 的成本。对于以盈利为目的的市场主体而言，在成本超过盈利时，大部分人会退出该项生产。而当个人的成本小于 Q 时，个人的利益仍然存在上升空间，这个时候的个人成本还处于不归零状态，但是受到市场价格标准的影响，市场主体会面临二律背反的选择：要么接受外在价格的定量标准，让企业的边际成本大于社会平均成本，产生利润和资产的无形流失；要么不接受这样一个价格定量标准，继续增加成本直到这个成本接近社会平均标准，也就是最优平衡点 Q，以达到自身利益的最大化。但是作为市场主体，以盈利为目的的企业在任何时候都不会理性、长远地考虑到这一点，它们难以接受为了追求一个集体利益最大化的平衡点（实际上它们也无法预测和明白未来这一点的重要性）而增加自己的个人成本，相应地就出现了一个难以接受的悖论，即"价格越低，付出的成本反而越大"。从这个角度而言，以单

纯经济发展为目的的市场关系貌似并不能指示个人与集体双向利益最大化的方向（见图 3 - 1）。

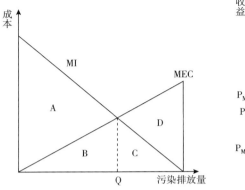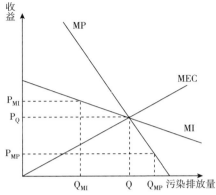

**图 3 - 1　市场反应价值与价格之间的真实关系**

### 2. 以经济发展为手段的市场运作转型的必然

综上所述，单一的市场价格所引发的仅仅以经济增长为最终诉求的市场运作存在很大的弊端和局限，它容易让人类的发展陷入经济与环境的二律背反中；这样的市场并不能充分、正确地反映当前人类的正常取向和需求，也不能正确引导和解决人类的精神价值发展问题。"市场应该是目标、生产、需求为一体的整体的市场，需要注意的是，人类很多精神需求，包括对生态的需求，对环境和精神文明的需求，这些并不是市场能够自发发现的。"① 由此，我们得出结论，以经济发展为目的的市场经济必然会转向只将经济看作众多发展要素之一的市场经济，这样的市场不会关注工业社会中现代技术所着眼的价格经济因素，更重要的是，它重视社会各要素的平衡，在寻求最优成本和经济效益中会努力协调人与自然之间的关系，消除单纯以价格为导向的弊端。这是市场发展的必然，也是"两型社会"建设对市场经济的要求和当前市场转型的现实背景。

## 三　市场经济运作与"两型社会"的关系

近年来，随着环境问题对人类生存、发展的影响越来越大，"两型社

---

① Herman E. D. , Farley J. C. , *Ecological Economics：Principles and Applications* （Washington：Is-land Press, 2004）, p. 5.

会"的提出和构建已经成为一个重要的政治议题和必然趋势。无锡市政府在借鉴相关城市发展和构建"两型社会"的经验的基础上,探索出了具有无锡特色的"两型社会"市场经济模式。这里,分别以几个城市为例来阐述市场经济运作与"两型社会"建设的关系。

城市之一:河南省郑州市

河南省郑州市主打城镇化带动绿色经济转型的市场牌,将市场经济转型作为带动"两型社会"发展的驱动力。河南省整体当前处于城镇化加速发展的阶段,城镇化驱动绿色经济转型,再推动"两型社会"的建设完全是可能的。郑州市作为河南省的龙头城市,带动小城镇、新农村协调发展,完善"两型社会"建设的社会体系,形成城乡一体、节约集约、生态宜居、和谐发展的社会态势。构建"两型社会"的本质是构建生态型的宜居城市,在开发利用土地时要从追求速度和数量的"延展式"发展转向追求效率和质量的"内涵式"发展。充分考虑区域生态的承载能力是"两型社会"构建的前提,科学引导、优化产业布局是"两型社会"建设的核心动力,实现城镇体系与市场的耦合互动,对资源进行集约利用,降低经济发展中的资源环境成本,提高"两型社会"建设、发展的效率。

城市之二:广东省深圳市

广东省深圳市的经济发展和技术水平都处于国内领先地位。深圳"两型社会"的建设主要是通过鼓励和支持技术创新和管理创新来实现的。通过加大对低能耗、低排放企业的支持力度,增强对化工、钢铁、石油等传统高污染、高消耗产业的监督,加快产业优化升级。通过整合优势资源,促使企业使用能源战略技术,从而为构建资源节约型和环境友好型的"两型社会"提供技术支撑,再以此推动整个广东省经济的战略转型,以资源节约化和经济生态化为目标,撬动广东绿色市场的构建和发展。

城市之三:江苏省无锡市

江苏省无锡市对于"两型社会"的建设高度重视,在市政府的领导下成立了"两型办"专门负责"两型社会"构建的若干具体事宜。从 2012 年开始,无锡市政府通过大力号召发展循环经济推进"两型社会"建设,从各个方面切实展开"两型社会"的市场培育,从市场的三大行业入手,实现农业、工业、服务业的生态化,从而为"两型社会"的建设奠定良好基础。首先,推进生态农业发展。积极探索具有无锡特色的农业现代化发展道路，以农业园区建设为载体推进、集成高效农业发展模式和趋势，在加快建设国家现代农业示范区的同时，提升锡山、江阴（徐霞客）等五家省级现代农业园水平，打造示范先例和效应，确保无锡国家现代农业示范区在全国同类示范区中保持领先，农业现代化综合水平在全省名列前茅。大力发展生态循环农业，积极推广"上农下渔""畜禽—沼气—菜果""农林牧渔复合"等种养结合、循环利用、废弃物资源化利用的循环经济模式，建设一批各具特色的示范基地，实现农业生产过程各种要素的有机循环。其次，推进工业园区转型升级。无锡制定出台《无锡市市（县）区科学发展考核的实施意见》，根据主体功能进行考核，对优化提升的崇安、南长、北塘等区域不考核工业投入、规模以上工业总产值、先进制造业到位外资占比等指标。全面推开改革试点，惠山经济开发区、无锡新区、江阴高新区、无锡综合保税区四个开发区纳入行政审批改革、开发区转型升级、优化整合海关特殊监管区功能三个省级试点。探索完善高效利用土地、促进产业集聚集约发展、实现工业园区转型升级的政策措施，开展市区工业园区用地调查摸底工作，对全市开发区、工业集中区用地结构进行全面清查，拟出台激励倒逼并重、符合无锡市实际和操作性强的《无锡市工业用地指南》和《关于全面提升土地节约集约利用水平的实施意见》等政策性文件。坚持"减量化、再利用、资源化，减量化优先"的方针，加快开展园区循环化改造工作，年内全市省级以上开发区（园区）完成循环化改造方案论证，并全面推动各相关园区的循环化改造工作。大力组织实施重大节能改造项目，制定《2014年无锡市节能降耗工作意见》，以中央空调、绿色照明、余热余压、电机节能、工业炉窑改造等先进节能技术推广为重点，加快实施五大节能改造专项行动。最后，大力发展现代服务业。以纳入江苏省服务业"十百千"计划的东方田园、光电新材料产业园等16个项目和160个市服务业重点建设项目为重点，大力培育扶持一批提供资源节约、废弃物管理、资源化利用等一体化服务的专业性企业。出台无锡市生产性服务业推进工作方案，制定生产性服务业十大领域重点企业认定标准，在全省地级市成立首家生产性服务业产业联盟，打造支撑制造业转型升级的服务平台。

与市场转型相适应，经济的发展方式也必须转变。传统理念坚持经济中心主义，所谓经济中心主义，就是具有"一切为了经济，经济发展无极限"的想法的经济发展模式。当前，"两型社会"的构建首先要摆脱经济发展不受限这样一种错误认识，实现传统经济有中心到现代经济去中心的转型。

### 1. 传统经济有中心产生的问题症结

现代经济有中心的问题症结在于，它将环境作为生产过程中的外部因素不纳入经济考核体系，这样就在某种程度上规避了环境风险和环境选择。这种经济行为有两点特质：第一，将经济增长看作社会的发展，将增长和发展两个词简单等同起来而忽略这之间的根本差异性；第二，认为增长是按一定比例呈线性无限上升的。而对于这种经济增长方式的认同使早期工业社会处于无节制的乱序状态，这种乱序主要是经济增长绝对性地压倒一切，成为社会发展的唯一主旋律。

实际上，早在马克斯·韦伯（Max Weber）时期就有关于人与自然发展关系的论述，韦伯认为将经济发展视为社会生产的唯一中心会导致技术生存危机。过分注重经济发展的人类理性会产生技术生存危机的悖论。韦伯在《新教伦理与资本主义精神》一书中提出了"理性的吊诡"概念，认为理性发展的结果正是让人类的生活变得十分不理性。"以金钱为中心的现代社会的经济秩序恰如一个笼罩在人的身上的'铁的牢笼'，它封闭了人的正常生活秩序。"①理性化被理所当然地视作西方文明的必然发展趋势，它伴随着工业化、资本主义和科层制度向自认为最合理的高度和方向发展，这让人类社会的基本价值在无形中受到危害和损害，经济的理性化和中心化导致了人的非理性和异化。

### 2. 现代经济去中心对经济发展中矛盾的克服

现代经济的去中心质疑了传统经济的经济中心主义行为，认为环境并不是能够随意挥霍、破坏的外在于人类经济系统之外的存在。相反，环境与人类是一个系统的两个要素。此外，现代经济的去中心也从反面说明了增长和发展的不同含义，增长是简单的量的提高，而发展是从量到质的根本提升。经济增长不能说明共生系统也是发展的，同样不能证明社会是进步的。

---

① 马克斯·韦伯：《新教伦理与资本主义精神》，于晓、陈维纲等译，三联书店，1987，第143 页。

从实证的角度而言，也是如此。一般来说，环境的承载力决定了环境资源并不能随心所欲地被人类开发、使用。环境的承载力与环境的自我修复能力是成一定比例的，在单位时间 $[t_1, t_2]$ 内，用 $C$ 表示单位资源消耗量，用 $R$ 表示单位资源修复量，则有如下函数方程式：

$$f(C) = \int_{t_1}^{t_2} KC \qquad\qquad (3-1)$$

从式（3-1）我们可以看出，在单位时间内会有一个意味着人类与环境利益已经实现了最优整合的临界点 $K$，这个时候单位资源消耗量 $C$ 和单位资源修复量 $R$ 之间呈 1∶1 的正相关关系。但是，如果过分开发利用环境资源，不注重生态和经济发展之间的平衡和可持续性，就难以实现和把握这个 $K$ 点。加勒特·哈丁（Garret Hardin）曾经详细地阐述了在寻求这个 $K$ 值进程中的社会陷阱（social trap），我们把它称作"公有地的悲剧"（the tragedy of the commons）。"人们的自私使得人们总是试图在可能的任何经济利益资源上进行分配和划界，但是对于很多公共环境资源而言，划分界限却是很难的……所以，最理性的做法便是不得不经常关注被理性自身忽略的敏感公有体系中的道德伦理。"[1]

基于以上理论分析，我们可以得出这样的结论，如果人类以经济为中心，试图让一切围绕经济发展而忽视环境自我发展的规律特点，试图将环境作为人类发展的外部成本，必然会阻碍社会的长久发展和进步，最终也会受到自然的无情报复而影响人类自己的生存发展。因此，建设"两型社会"，从现在开始经济必须要去中心，这样才能为"两型社会"的建设提供良好的途径和基础，而这也是当前"两型社会"建设的现实背景之一。

**3. 经济去中心与"两型社会"建设的呼应**

作为苏南地区的龙头发展城市之一，无锡市两型办在 2013～2014 年的"两型社会"建设综合配套改革试点工作情况的总结中专门就如何实现经济去中心做了汇报和探讨，提出了经济发展应该与环境建设相匹配的观点，以着力打造、发展有利于环境和社会共同进步的循环经济。一是实施循环经济重点项目。推动全市范围国家级、省级开发区园区循环化改造，组织国家高新技术产业开发区、宜兴环保科技产业园、惠山经济开发区 3

---

[1] Garrett H. , "the Tragedy of the Common," *Science* 162 （2013）: 1243 - 1248.

家园区成功申报省级循环化改造示范试点园区，分别获得 2000 万元的补助资金，涉及重点项目总投资 6.7 亿元。申报资源综合利用企业（含电厂）80 家，新增 14 家循环经济试点单位，30 家企业申报"两型社会"建设示范企业，150 多家企业通过清洁生产审核验收。二是加强再生资源回收利用。再生资源企业基本覆盖全市，初步形成"资源—产品—废弃物—再生资源"的循环经济模式，商务部再生资源回收经营者备案的有 192 家。加快推进新区再生水管网、太湖新城污水处理厂再生水回用示范等项目建设，目前城市污水处理再生利用率已达 33%，满足目标任务要求。三是推进可再生能源建筑应用示范。全市保障性住房、政府投资项目、示范区内的项目以及大型公共建筑四类新建项目全面执行绿色建筑标准，全市新建节能建筑面积、完成建筑节能总量均超额完成省市下达的目标任务，完成可再生能源建筑应用面积 430 万平方米。这些都是努力实践经济去中心的社会建设方式的尝试。

## 第二节　"两型社会"建设的技术发展背景

### 一　技术创新内涵对"两型社会"建设的要求

#### 1. 技术创新的重要意义

在工业文明之前，人类是以自然的方式生存、发展的。那个时候人类通过对自然资源的使用和自己自然力的提升生存，是真正意义上与自然融为一体的。但是从近代工业文明开始，随着技术在人类生活中的地位越来越高，人类逐渐转向依靠技术和技术物的技术生存方式，技术生存通过强化人类的生存能力，提高了人对物的使用效率。"资本主义社会所要求的价值最大化，让人类的身体也成为价值最大化的一部分而被努力地掌控并嵌入机器的运作中，最终成为机器的一部分并促使着经济的努力提升与发展。"[1] 为了尽可能地提高和延展人体的物理劳动力，政府广泛应用并发展了创新技术，技术创新带动了人类物理劳动力的提升，促进了经济和社会的迅速发展，但是同时也引发了经济发展和政治管理过程中的很多复杂、

---

[1]　Foucault, M., *History of Sexuality*（New York：Random House, 1978），p. 141.

多元的新问题，例如身体作为新的资本的嵌入导致了传统资本运行方式的改变；物化管理作为技术广泛应用的政治结果对传统政治模式与社会运行方式都产生了阻抗；生物技术在提升人体劳动能力的同时也对人体产生了不可抗力的伤害……加之随着人对技术物的依赖程度的提高，以及人工自然对天然自然的过度取代，过度依赖现代技术的生存方式使得人类长期生活在反自然的辐射中，这就是生态危机下人与自然双向异化的具体表现。

基于此，"两型社会"提出要把握技术创新的正确方向。在资本主义社会中，技术创新的"新"仅仅是生产利益的最大化；而现阶段，技术的新还要表现在人与自然的双向和谐对象化过程中。现代技术的生态创新就是要构建将生态和社会同时看作技术发展目的的绿色技术。绿色技术是以提高人类生活各方面质量，而不单纯以获得经济收益为目的的技术创新方式。作为技术的一种，绿色技术必须是以经济发展为归宿的，这就要求绿色技术本身是产品商品化的经济活动；但是绿色技术本身的生态型诉求又使绿色技术成果并不是单纯地追求社会经济利益的技术活动。绿色技术创新的本质既要体现在技术自身的逻辑展现之中，又要体现在技术与社会、自然及人类的活动关系之中，必须要全方位、多角度地审视绿色技术的发展的价值取向，而不能重蹈"理性吊诡"的覆辙。从这个角度而言，绿色技术的创新主要是精神和价值观上的引领。其意义包含了两个方面的内容：一是绿色技术的自然逻辑，即技术系统本身的发展如何符合生态学的逻辑和理论，这是绿色技术的自然内涵；二是绿色技术的社会逻辑，这是绿色技术超越现代技术的重要内容所在。它包含了如何用可持续发展观、环境伦理观等绿色价值观来引导绿色技术创新行为，并以此作为绿色技术的价值取向和精神内涵，通过绿色技术创新来促使绿色文明观的形成，确保"两型社会"生态文明的建设落实。而从"两型社会"建设的根本要求上看，这两个层面的意义实际上缺一不可、不可偏颇。

**2. 技术创新对"两型社会"建设的启示**

第一次工业革命以来，物质财富与日俱增，技术推动社会高速地发展。然而在这些光鲜的物质财富背后，隐藏的却是未知的危机和愈加激烈的各种矛盾。究其原因，这些危机与矛盾产生的根源是人没有在技术的自然属性与社会属性间保持合理平衡的张力，人类将物质增长视作技术发展与应用的唯一目的而忽略了技术中本应蕴含的人文理念和价值理性。这是现代技术的异化，也是人类的本末倒置。

现代技术总是伴随着现代生产力的进一步提升而呈现螺旋式的发展状态，追根溯源，这是因为现代生产力的发展要求现代技术的同步性，要求现代技术给予基础支撑和帮助。技术生产力的进一步提升改善了人所处的自然生存环境和物质条件，其社会影响也逐渐开始从单一的经济为主的领域向多维度、多元化的政治和文化领域渗透。随着渗透的深度和广度的扩大，现代技术在社会中的应用愈加广泛，与人和社会中的各种存在也形成了复杂而多元的关系。在这些关系中，有对人类生产生活起积极推动作用的正面影响，也有对人类生产生活起消极阻碍作用的负面影响。例如：在促进人类社会进步和生产力发展的同时，环境也受到破坏，人类物质财富增长的同时，精神家园却在荒芜。这就时刻提醒着我们，尽管技术是现代化进程必不可少的条件，是生产力前进的必不可少的推动力，但是如果不加以规范，技术本身也会产生负面的缺失。技术同任何事物一样，也是一个矛盾统一体，如何促使现代技术扬长避短，实现现代技术的最优利用，就应当对现代技术的"双刃剑"效应时刻保持高度警惕，尽可能规避现代技术的负面影响并加以纠正。

工业文明时期，现代技术的发展虽然带来了人类社会暂时的物质繁荣，实现了表面上人类物质财富和社会经济的不断进步，但是综合长远、全面的视角，人类的生存环境和精神家园并没有得到与物质和经济一样的发展，相反，它们却遭受着更为严重的破坏和摧残。为了解决人类精神上的无所依靠和贫乏不足的问题，自 20 世纪 60 年代以来，社会出现了一股强烈的"技术绿色化"的思潮，它要求还原技术本应蕴含的自然属性，主张现代技术的"生态化"。在"技术绿色化"思潮的指导下，实践中带有绿色思想的技术逻辑主张一直努力将生态学的理论方法、原理规则纳入和渗透到技术的发展体系中，使现代技术的发展从灰色的"环境破坏型"转向绿色的"环境友好型"。可以说，现代技术生态化的实践努力尝试着从根本上消除近代工业革命以来二元论造成的人与自然的二元对立，尝试着构建人与自然和解的现实途径，努力实现人与自然双向利益的最大化和最大意义上的可持续发展。而在所有方法中，以技术的发展解决技术带来的负面效应是最有效的。因此，我们在对新兴的绿色技术进行剖析和全面解析的基础上，通过剖析它对人类社会经济、政治和文化的影响，来为现代技术的生态危机和精神危机寻找解决出路，并在此基础上分析现代技术绿色化过程中可能面临的诘难，以提出应对措施，帮助绿色技术在社会中更好地发展自身的同时，消除人类的精神危机和人类生存环境的生态危机。

但是我们也必须直面这样一个问题，实现现代灰色技术的绿色化改造是一个复杂的过程，正如绿色化是多维度渗透的，对技术的绿色化改造必须要从社会的经济、政治、文化等几大领域进行综合的分析和透视。技术并不是独立于社会的存在——尽管技术本身有着独立的逻辑体系，但是这种独立逻辑体系功能的实现是建立在一定的社会环境基础上的，脱离了社会环境的技术绿色化进程并非切合实际的逻辑存在。可以说，技术的绿色化在经济、政治、文化功能方面展示出来的特点，特别是在与现代技术对比下对绿色技术功能的分析和理解是帮助我们更好地推进"两型社会"建设的技术维度的重点所在，而对绿色技术经济实践、政治实践和文化实践以及绿色技术在这些实践维度中可能面临的困境的分析也正是"两型社会"建设的核心要求和关键要素。

## 二 当前技术指标对"两型社会"建设要求的体现

资源节约型社会是人们按照生态规律对各种资源进行有效的开发和利用，在提高资源开发、利用效率，使有限的资源尽可能多地为人类服务、满足人类利益的同时，保证生态承载力的平衡的社会。资源节约型社会的本质是以尽可能少的资源消耗获得最大的经济效益、社会效益和生态效益的社会，即人类利用新技术合理利用、规划资源以支撑人类社会和经济可持续发展的社会，从根本上说，是保证生态承载力与技术发展速度之间的平衡的社会。而环境友好型社会是规制人类生产行为，站在环境可持续发展的角度对人们生产和生活中的废弃物按照一定要求进行管理，为实现环境污染净化、环境保护与社会优化，支撑人类社会和经济可持续发展的社会。从"两型社会"的定义可以看出，"两型社会"与技术的具体关系主要体现为：利用技术以达到"两型社会"对资源有效利用的要求；以环境友好的标准要求和检验技术，以改进技术的发展路径，使技术向着更好的方向发展。

　　"两型社会"建设的根本诉求就在于解决经济增长中资源消耗和环境污染对生态系统和社会系统关系的破坏以及二者之间严重失衡的问题，以实现经济社会的可持续发展。从实证量化的角度分析，这个过程实际上是可以通过建立一套不同于工业文明时期的评价标准而加以衡量的。"两型社会"建设的状况可以通过另一套具体的生态指标和技术指标体系有序地反映出来。技术指标本身能够全面客观地评价整个经济社会的发展，生态指标则可以衡量技术的生态化效应。这让"两型社会"的技术评价指标体系构建成了一个能够全面反映社会与自然关系的体系，它既包含了经济和社会发展的规模、速度、水平的内在联系，也反映了技术在构建节约型和环保型社会方面的现状和潜力。这个指标体系要全面反映社会环境各要素之间的联系，要反映它们独立的特质，要反映某一区间的具体问题，也要有一个趋势动态的研究。整个指标体系必须切实遵循客观性、可行性、综合性、动态性的构建原则，能全面准确地衡量经济社会发展中的"两型"化程度。通过"两型社会"的指标体系，我们能看出某一国家或地区经济社会发展与资源环境协调的程度，同时也能看到这个程度现阶段的水平和未来的发展趋势。不仅如此，由于"两型社会"涉及经济社会发展和资源环境协调的若干方面，评价指标不可能面面俱到。因此，构建一个树状图式的指标体系是比较恰当的。树状指标体系分为四个层次，大层次由小层次组成，小层次构成了大层次。第一层次为目标层，第二层次为生态层，第三层次为基本指标层，第四层次为第三层次的具体衡量指标。目标层主要通过各级指标加权得出某一国家或地区的"两型社会"建设程度；生态层则通过生态指标的设定分别反映社会在节约资源和保护环境两个方面的状况；基本指标层包括总量指标、发展指标和潜力指标，用于中观和宏观的衡量；这样层层递进，将夯实"两型社会"建设中技术的重要支撑地位。

　　**1. 技术指标各要素分析及启示**

　　一般来说，在技术生态化过程中，衡量技术与社会的协调关系（也就是"两型社会"建设程度）的指标主要可以分为资源节约指标和环境友好指标，每个大类指标下有若干具体小类指标。这里，我们简单地对技术指标的各具体小类指标，即对指标各要素做一些分析，并从这些分析中得出启示。首先来看资源节约的下属指标，资源节约的指标主要包含三个具体指标：资源消耗总量、资源消耗发展和资源节约潜力指标。资源消耗总量指标主要反映了对主要资源的某一时间区间的具体消耗情况（包括动态的社会资源总量变动和静态的资源具体数字）。而资源消耗发展指标主要反映了经济发展要求的环境资源消耗的能力和水平，力求通过单位 GDP 资源消耗和人均生活资源消耗，在最大限度上反映经济社会发展对资源消耗的实际水平，并通过单位人均应有消耗水平对实际消耗水平进行限制。一般来说，"两型社会"建设中国家的 GDP 资源消耗呈反向的下降趋势，这恰恰是构建资源节约型社会的内在要求。资源节约潜力指标则主要是技术对环境资源消耗的相对节约性的衡量指标，可以通过资源节约潜力考察生态社会在何种程度上将得以实现，这里主要考虑了高新技术产业的投入和发展、能源可循环利用以及相关绿色投入三个关键指标，这些指标综合衡量了社会在节约资源方面的技术进步投入和发展潜力。在实现资源节约的过程中，政策法规的制定和公民相关意识的教育都显得非常重要，这些都可以算作资源节约指标的一些考量额度，但是具体如何落实，每个国家的标准还是不一样的。

环境友好指标可以从以下几个方面来制定具体的要素标准。首先，环境承载总量指标。环境的承载力是环境自身在何种程度上可以得以发展的潜力，它反映了社会在环境保护方面的重视和投入。环境问题是复杂、多元的问题，涉及多个方面，一般而言，大部分国家会从以下几个要素入手来考量环境的社会总承载力：环境投入、环境产出、环境事故、环境责任、环境排放等。其次，环境影响发展指标。它主要反映了经济社会发展中环境承载力的负面消极影响和环境破坏情况，主要通过对环境有污染的"三废"排放量、人均单位面积垃圾以及环境自我修复程度的情况来做分析。一般而言，单位量通过生产和生活两个层面来考察环境受到的污染影响。根据环境库兹涅茨曲线假说，经济发展对环境的影响呈现出抛物线形态，对环境的污染水平会在以一定比率上升到一个点后下降。而通过这些指标的考量和比较，可以清楚地看到社会发展究竟在何种程度上影响了环境承载力的最终测评和考量。最后，环境保护潜力指标。与资源节约潜力指标相对应，这一指标主要揭示生态技术运用对环境保护可能在何种程度上实现。这里可以通过生产中的"三废"处理情况、降低环境污染的资金投入和技术投入情况、法律法规和公民环保意识等方面的情况来进行参考和量化处理。

### 2. 技术创新对 "两型社会" 建设的意义

技术创新是推进技术绿色生态化的重要动力，是社会 "两型化" 在多大程度上实现的可能。通过技术创新，我们可以实现生态与社会的共同发展，我们也可以通过技术分析考察社会的 "两型" 化程度，透视社会在资源节约或者环境保护方面的发展情况，并且通过实证分析还可以反映一些在 "两型社会" 建设中的具体问题。一句话，我们不能回到以前原始社会的状态，不能因为技术对生态的反作用力就放弃技术的发展和人类的进步。我们应该寻求的是一种互融互生、协调发展的状态，这是绿色技术的内涵所在，也是 "两型社会" 建设的诉求所在。

## 第三节 "两型社会" 建设的环境发展背景

现代化的本质要求是人类利益的无止境扩大，是人类社会经济的无止境进步。为了追求这一目标，工业社会没有限制地对环境进行索取、利用和压迫，最终导致了环境危机，影响了环境的可持续发展。后现代社会的生态文明建设要求人类的社会生产实践不能只着眼于人类本身的利益，还要求兼顾自然利益的发展。"两型社会" 的建设正是将这一思想从理论落实到实践的一个明显表征，"两型社会" 的资源节约和环境友好决定了人类在社会生产实践中必须尽可能地规避自身对环境的破坏行为，必要时应当采取环境补偿的方式修复生态承载力，保证生态能够自我修复，不影响人类正常生存和生活，这也是 "两型社会" 建设的环境价值诉求所在。

### 一 环境的破坏对社会发展的限制

#### 1. 环境破坏的案例及分析

工业革命以来，人类在促使生产力迅速增长的同时，环境问题也在悄声无息地蔓延着。据不完全统计，自第三次工业革命起，全球一共出现了至少 18 起地域性污染导致的全球性环境破坏事件，其中最典型的当属海湾战争油污染事件、切尔诺贝利核泄漏事件和英国伦敦烟雾事件。

案例 1：海湾战争油污染事件

据统计，在 1990 年到 1991 年美国发动海湾战争的一年时间内，先后排入海湾的石油就已经达到了 150 万吨。在 1991 年多国对伊拉克实行空袭之后，科威特各地油田严重起火，最严重的一起是 1991 年 1 月 22 日的科威特南部的瓦弗拉油田遭受空袭引起的火灾，当时火光滔天，浓烟四起，原油顺着海岸流入了波斯湾。与此同时，科威特南部的管道也遭受了严重创伤，原油滔滔如海，在 1 月 25 日的时候，就在科威特接近沙特的海上的形成了长约 16 公里、宽约 3 公里的黑色带面，并以 24 公里/天的速度继续向南蔓延，部分原油燃烧后不仅对空气造成了破坏和污染，甚至遮蔽阳光，腐蚀降雨，以致在伊朗南部下起了黏糊糊的"黑雨"。到了 2 月 2 日，在短短不到一个月的时间里，油带已经扩散了 4 倍多，总长达到了 90 公里，宽也达到了 16 公里。该黑带直逼巴林，威胁到了沙特，迫使两国采取紧急措施，出台保护淡水的相关政策以维持两国公民的基本生存。然而这次的油污染事件短时间内就造成了数万只海鸟死亡，众多海洋生物遭到了毁灭性的打击。

案例 2：切尔诺贝利核泄漏事件

1986 年 4 月 27 日早晨，苏联的乌克兰切尔诺贝利核电站一组反应堆发生核泄漏事故，该事故引起了一系列严重的后果，包括环境和人类都遭受了严重打击。带有放射性物质的云团随风飘到北欧芬兰、丹麦、挪威等国，导致了灾难性的后果：瑞典东部的核超标量是正常的 100 倍，乌克兰地区小麦的 5%～10% 受到不同程度的核污染，水源遭受污染导致苏联畜牧业受到严重影响，甚至有科学家预计这场灾难将引起数十万人在未来十年内患骨癌或肺癌死亡。

切尔诺贝利的核泄漏事故所导致的最严重的灾难性后果就是产生了放射性的污染，对遍及苏联 15 万平方公里的地区（那里居住着 694.5 万人口）来说，这次污染所造成的危害是广泛而巨大的，特别是对核电站附近 30 公里范围以内的居民而言，简直就是毁灭。不仅他们生存的土地被划为了隔离区，所种植的植物全部死亡；而且由于核辐射的潜在性影响，在日后长达 50 年的时间里，他们被禁止进行放牧、耕作等农业活动，所有蛋奶制品都被禁止生产，甚至他们的婚育都要经过政府严格的把关，以免过多有缺陷人口给政府造成过重的负担。然而实际上，据苏联相关机构的不完全统计，当年仅参加救援工作的 83 万人中，就已经有 30 万人因为辐射导致身体器官病变而死亡，7 万人受到核辐射影响而成为有生理缺陷的残疾人。仅在乌克兰一国，就有 250 万人因切尔诺贝利的核泄漏事故而患有甲状腺、神经系统、造血系统疾病及恶性肿瘤。

除此之外，因切尔诺贝利核泄漏事故而产生的放射性粉尘也对乌克兰附近的白俄罗斯地区造成了严重的影响。不仅白俄罗斯的大部分居民受到核辐射的潜在威胁，白俄罗斯 6000 平方公里土地也无法继续使用，很多昔日富饶的农耕地区变成了荒无人烟的不毛之地。为了尽可能降低核辐射的影响，政府不得不关闭受害区的上百所学校和企业。据统计，切尔诺贝利核泄漏事故给白俄罗斯造成的直接经济损失达到了 2350 亿美元。

案例 3：英国伦敦烟雾事件

1952 年 12 月 5～8 日，地处泰晤士河谷地带的伦敦城市上空出现了高压中心的天气状况，一连几天无风，大雾笼罩着烟雾城，加之时值冬季，煤炭大量燃烧以供取暖所用，排放的烟雾灰尘在无风的气候状态下根本无法自动消散，烟和湿气聚集在大气层中，以致四五天内城市上空都一直处于烟雾弥漫的状态，能见度极低。许多进出港航班被迫取消，即使在白天，汽车也必须开着车灯行驶，行人走路也极为困难，只能靠着人行横道摸索着前进。

多天过去，由于积存的烟雾并没有消散，许多人开始出现恶心、头晕、呕吐的症状，伦敦各大医院的呼吸道疾病患者数量呈不规则上升的趋势，仅仅 4 天时间，死亡人数就超过了 4000 人，2 个月内，死亡人数达到 8000 人，悲剧笼罩着伦敦上空。

据分析，造成伦敦烟雾事件的主要原因是工业取暖的煤炭和工业排放的烟雾，间接原因则是逆温层现象。所谓逆温层现象是指，在某一大气层中出现的与正常温差相反的现象，在正常情况下，气温是随着海拔的增高而降低的，但是逆温则相反，气温随着海拔的增高而增高，其直接后果就是暖而轻的处于冷而厚的空气上部，形成稳定的锅盖形态，不易散去，严重阻碍了空气的对流，不利于污染物的消解。在伦敦烟雾事件中，二氧化硫和二氧化碳的排放量与浓度都为平时正常值的 5 倍以上，让伦敦变成了一个名副其实的毒室。

更可怕的是，伦敦烟雾事件的出现不只有这一次，在 10 年的时间内，又出现了一次类似的烟雾中毒事件，造成了 1200 人死亡。直到伦敦开始减少火电的使用，使大气的污染程度降低为 80% 以上时，此类悲剧才没有再次发生。

由上述案例可以看出，工业的发展、技术的进步虽然能够暂时地带来眼前的利益和经济的增长，但是从长远来看，人类必然自食恶果。环境的破坏不会只是环境本身承载力的丧失及其自身内在逻辑的紊乱，它会对人类社会造成众多消极的影响，甚至会颠覆人类社会和人类本身。环境是人类社会不可分离的子系统，将环境的发展诉求纳入社会的发展诉求，是"两型社会"建设的核心旨趣所在。

### 2. 可持续发展的内在要求

可持续发展是从文化的角度矫正工业社会生态建设的异化问题，其目的是重塑自然与社会的良性协调发展。可持续发展的内涵在于通过教育和思想上的变革实现以人、自然界和人类社会三者之间和谐互动为目的的价值诉求，而这也是"两型社会"建设的内在要求和核心旨趣。因此，对现代社会人与自然关系的矫正就必须沿着可持续发展的内在逻辑进行，按照可持续发展的绿色核心价值理念的要求规定和约束人类自身的行为，实现社会文化和价值观念的转向。

从学理的角度看，可持续发展是一种宽泛的生态文化。它是从自然的角度审视和反思现代工业文明的产物，是环境友好型社会概念的内在文化基础。现代技术所造成的生态环境危机让人们开始反思现代技术中人文理性文化根基的缺失，并且主张建构一种能够将技术中的科学理性与人文理性相融合的文化，以此作为新兴技术存在和发展的文化基础，学界将这种文化界定为生态文化。可持续发展的内在要求就是基于生态文化而实践和构建的。

其实，从20世纪中期开始，西方思潮中兴起并形成了一股有关如何恢复和保护环境的实践伦理之风，西方很多人称之为应用伦理学。与其他所有的新学科一样，应用伦理学在兴起之初也遭到了漠视和嘲弄，特别是以科学理性著称的逻辑实证主义学派，他们认为伦理学是不能够被科学理论和科学事实所证实的伪科学，它不能被认识和观察，因此属于形而上的范畴。甚至有些实证科学家认为伦理学不过就是人文主义者无聊之余情绪的表达而已。环境伦理学由此被搁置了很长一段时间，它并未在实践中取得很好的效果。然而，伴随着科学理性的发展，人类用来造福自身的技术开始消解人类的主体价值，并以对环境的破坏来彰显科学理性本身对人类的控制。在 20 世纪 60 年代后期，人类逐渐开始意识到，技术和经济并不能被人类自己完全地掌握，有关当前工业文明的实践范式开始被反思和批判。有关环境伦理学的研究和环境伦理学内在的可持续发展问题才被提上议程。从这个角度而言，可持续发展的内在诉求就是归元环境的伦理，将环境与人类作为平等主体看待，"两型社会"的建设也以内在诉求推进。

## 二　环境补偿机制建构的提出

### 1. 环境承载力与"两型社会"建设

所谓环境承载力，就是保证生态可持续性的一个基本关节点。何为生态可持续性，1992 年在联合国环境与发展大会上，官方对"生态可持续性"的概念界定主要从生态作为人类生产活动的客体展开，该概念主要是以与人类相对的概念出现的。然而，许多人文学家提出质疑，认为这样的生态可持续性并不是真正意义上的生态可持续性，或者说这不过是人类中心主义的一个翻版，其实还是为实现人类利益服务的借口和噱头。由此可见，不论是官方高层还是平民百姓，始终坚信未来若干年后人类生活的中心不可能从经济领域转向生态领域，这在某种程度上弱化了人们对于环境对人类的积极作用的理解。而近年来，随着生态文明建设的深入，曾作为客体、必须依附于人类而存在的生态环境终于获得了一席之地，环境承载力越来越被看作人类自身延续所不可或缺的条件。现代生态学理论和系统学理论告诉我们，人与自然是同质异构体，组成二者的基本元素是相同的，只是排列组合的方式不一致。因此，不要认为人类社会是没有发展边界的，人类社会的发展边界就是生态界的生态承载力，二者互为补充、互相依赖。就如同人类的生存发展依赖于环境承载力，人类的生产活动也影响着环境承载力。

其实，早在马克思时期，就有了"两型社会"和生态承载力关系的认识雏形，这些认识大多体现在马克思的发展观和生态观之中。例如，马克思强调人的自然存在和社会存在的互相依赖和相互作用，认为人直接是自然的存在物，如果没有自然作为生产的前提，人就不会在分工合作中形成人所具有的实践属性和社会属性。换而言之，人的社会属性是在改造自然的过程中形成的，人的解放必须以自然的解放为前提，人对人的剥削往往是从对自然的剥削开始的。马克思从自然、社会与人自身相统一的角度论述了生态生产力与社会生产力之间的关系，这实际上是当代"两型社会"构建的雏形。现代"两型社会"的核心内涵是在吸纳了现代经济增长理论和生态现代化理论成果的基础上，努力转变"四高"模式向着绿色发展模式转变，以库兹涅茨曲线为参考，从现代社会所有的"高投入、高消耗、高增长、高污染"的经济增长方式转变为"生态与社会相协调"的发展模式，不再单一地追求速度，而是将环境承载力的自我修复与发展作为社会进步的一个表征，切实把经济社会发展统筹到人与自然和谐的基础上来，坚决摒弃只顾追求"短平快"而不顾长远后果的政绩观，从而跨越"灰色发展"模式，实现"绿色崛起"，确立科学发展观和正确的政绩观，实现发展方式的根本转变。发展方式的转变说明环境承载力的重视已经被提上日程，这些都为"两型社会"的建设提供了坚实的背景和良好的基础。

**2. 环境补偿理论对"两型社会"建设的要求**

人类中心主义是引发环境问题的罪魁祸首，并且这种祸首一直在人类工业文明的进程中蔓延着。人类中心主义，顾名思义，是以生态画圈，并且将人类置于生态圈的核心位置，凌驾于万物之上。在人类利益与其他利益发生冲突时，自觉地将人类的利益凌驾于万物之上，将人的诉求看作唯一的道德尺度和价值标准，以人类的价值取向和行为准则为基准，而非以生态本身的规律来评价生态的发展。人类中心主义将人类看作行为的主动发生者，将自然的独立性质消解，使之变为人类的工具，于是便造成了自工业革命以来虽然表面的经济繁荣使得人类社会呈现强势发展势头，然而自然环境逐渐恶化的二律背反，这在无形之中加剧了人与自然的矛盾，最终导致为了解决矛盾、争夺资源而产生的人与人之间的矛盾。"现代人的自身便是他自己的根本，而对于这种生产的异化以及所带来的消费的异化让自然的异化强制性地发生了。这不是别人，正是人类自己带来的毁灭。毁灭从自然开始，但是也让人类后代的生存开始面对这种焦虑。"[1]这在无形之中向人们展示了人类中心主义的理念在环境破坏上所不可推卸的责任。

随着环境污染和环境问题的加剧，人类首先需要从意识上产生一种新的思想范式来取代传统人类中心主义的价值观，要将人与自然万物置于平

---

[1] Garrett H. , "Living on a Life Boat," *Bioscience*, 1974 (10)：567.

等的位置，产生人与自然地位相同的交互作用，这就是生态中心主义的价值观。生态中心主义主张在一种新的万物平等的价值范式下采取相关措施来对损害的环境进行补偿，以改变工业时代传统人类中心主义行为所造成的生态不可持续发展。以一种新的价值观作为环境补偿机制建构思想先导，采取生态中心主义的绿色价值范式，生态中心主义的绿色价值观就被日渐提上了议程。所谓生态中心主义，以人类发展的合理需求作为价值圭臬，着眼于整个生态圈持续发展的价值视域，首先以人类整体利益和长远发展利益为行动基准，在实现人类利益发展的同时，尽可能地对自然进行合理的开发利用，以在最大限度上保全自然的利益。"真正的理性，不是获取最大限度的人类利益，而是阻止人类以自我为中心自杀式地对自然利益的破坏，摒弃人类中心主义才是人类发展的真正归宿。"[1]在生态中心主义思想的指导下，环境补偿机制的实质从单纯地注重人类利益的补偿，转向同时注重对自然利益的补偿，以保证环境补偿机制作为桥梁发挥沟通自然利益与人类利益可持续发展的重要作用。

在具体环境补偿机制构建的实践中，以生态中心主义的绿色价值观作为环境补偿机制构建的基本价值观念诉求，以带有环境友好型特质的绿色技术作为环境补偿机制建构的主要助推力。环境友好型的绿色技术理所应当取代现代技术成为生态文明时代的主流技术，不仅因为绿色技术的生产方式能够直接体现技术本身应当有的自然逻辑，更重要的是绿色技术能够推进生态文明社会的建设，为其提供技术支撑。

总的来说，构建环境补偿机制作为"两型社会"建设的内在诉求，主要作用在于促使人们自觉按照生态规律进行生产实践，在保护环境可持续承载力的同时，让自然环境和社会环境的双向可持续发展成为现实，变成衡量和评价社会发展的重要组成部分。然而，早先以经济补偿作为环境补偿主要手段的经验告诉我们，以经济补偿作为环境补偿的唯一方式会让环保行为成为一种外在强制而非内在自律的形式。这样，一旦政府监督不到位，就会影响环境补偿机制的实际构建和作用的发挥。而未来，当生态中心主义的价值理念深入并完全渗透到环境补偿机制建构中时，环境补偿的

---

① Norton, B. G., "Environmental Ethics and Weak Anthropocentrism," *Environmental Ethics*, 1984 (2): 133.

实践才能成为人们由内而发的主动自觉而非外在强制环保的消极行为，这将会使环境补偿能够从真正意义上落实，也将会使"两型社会"的建设具有实际效用和意义。

### 3. 环境补偿机制建构与"两型社会"建设的关系

环境补偿，既是人类对自己盲目追求 GDP 而不顾生态危机和生态发展的反思，也是基于这种反思而更好地发展人类自身，对已有环境问题提出的尝试性解决方案。环境补偿，首先开始于环境的保护与开发，着眼于环境的保护、治理、恢复和可持续发展，它以经济调节作为杠杆，以法律制度作为保障，以环境管理作为主要途径，以保护消费者和生产者的利益。环境补偿着眼于和谐有序"两型社会"的建设，努力构建人类与自然的共同利益，力求在不影响人类总体长远利益的情况下，对剥夺的环境利益进行最大限度的补偿。基于这样的内容和目的，我们可以对环境补偿下这样一个定义：所谓环境补偿，是在依据生态保护成本、生态系统服务价值、发展机会成本的基础上，针对已破坏的环境进行修复以弥补环境利益的行为总和。工业文明下工业社会的生产范式使得人类在对环境资源开发利用的过程中，往往容易产生外部性行为。外部性行为并不是生态系统本身相匹配或者要求的行为，往往会对生物物种和环境系统造成超越极限且不可逆的损害。工业化的本性有着对资源的无限需求和向往，工业的发展必然伴随着环境的破坏和资源的消耗，并且这种破坏和消耗是无极限的。以环境作为代价是工业化发展进程中的一种必然要求，这在一定程度上是不可避免的。我们所能够做的就是尽可能地在事后对环境和资源进行弥补，修复一部分生态承载力，让自然的发展能够持续地进行下去。在修补中，首先要做的是恢复环境自身的内在价值，这种内在价值为人类的再生产与生活提供物质基础。从这个意义上说，环境补偿在现阶段已经成为环境可持续发展战略的一个重要组成部分，它既是工业文明以来对人类破坏环境、不注重环境与人类可持续发展的一个重要反思；也是为适应工业文明向后工业文明，即生态文明转型所采取的一种手段，目的是落实环境友好型社会的构建，实现人与自然和谐共进与双赢的局面。

由此可见，环境补偿的过程、手段和目的与"两型社会"建设的过程、手段和目的是一致的，环境补偿本身就是"两型社会"建设的一个主要内容和价值诉求，环境补偿中的内容和价值是"两型社会"中的资源节约和环境友好价值的内在要求。环境补偿和"两型社会"的建设密不可分，透视环境补偿的内容和问题，就能够反映"两型社会"建设中的主要内容诉求和核心问题。

### 三　可持续发展的内在诉求

可持续发展从本质而言，也是发展观的一部分，自然而然，可持续发展本身并不是只包含生态发展的含义，它也包含了人类社会发展、经济发展等多方面的含义。

#### 1. 可持续发展的重要意义和作用

可持续发展是关于人与自然关系以及人与社会关系发展问题的综合与概括。作为总结并对工业社会发展扬弃的一种新型发展理论，可持续发展在关于社会和人全面发展的价值研究基础之上，提出了将人从异化之物奴役下解放出来的人文意蕴，为寻求环境异化的解决方法提供了思路。从这个角度而言，可持续发展理论的本质就是一个人和社会的科学命题，它是注重自然科学、关怀社会并且关怀生命的科学理论。可持续发展对于当代"两型社会"的建设和发展有着重要的意义和作用。

第一，可持续发展有助于建立和增强人类社会的公平性。这种公平既包括代内公平，也包括代际公平。而代际公平最主要的就是如何在当代人和后代人之间保持资源利用和生态建设方面的权利、义务和利益的合理分配，并就这种分配设定保护性的措施、责任和义务。对于后代，我们除了有责任传递物质文明和精神文明，也有责任为后代保持好的生态文明。代内公平主要是当代人之间的公平，这种公平既包括了社会的分配和使用正义，也包括了对环境和资源的合理分配的权利和义务。非可持续的发展容易带来环境殖民主义。环境殖民主义就是通过对环境资源的剥削和掠夺来控制被掠夺国家的经济命脉，实现对被掠夺国家的经济控制。代内资源分配不公出现的贫富两极分化，其直接结果是破坏了人与自然的协调关系，更严重的间接后果是损害了社会的公平和正义。可以说，要公平处理各群体之间的关系，最有效的办法是公平处理各利益群体之间的关系，这样才能真正调动起各方面的积极性，建设与维护人与自然、人与社会的协调关系。

第二，可持续发展提高了人对自然的合理参与能力。从人类的角度而言，环境问题的根本是人类在环境实践参与方面的不合理性。人类过分彰显自身主体性或者过分遮蔽自然对人类的反作用，都会导致人与自然关系的不协调。人类对自然的破坏从这个角度而言，实际上就是人类不合理参与自然的发展进程。在工业社会，人类总是认为自然的发展进程会影响和干扰社会的发展进程；也就是说，过去人们总是认为，自然力量的过分强大会削弱社会的发展力量，所以要通过控制自然实现社会利益的最大化。但实际上，我们需要辩证地看待人的发展与自然发展的关系问题。人的发展不仅与社会发展进程紧密相关，而且与自然发展进程密切相关，自然的发展与社会的发展实际上是同一个历史过程的两个方面，具有充分的一致性，因为自然的发展和社会的发展可以通过人类合理的实践得到统一，成为"一荣俱荣"的两个方面。而只有人类充分认识到这种相依相存的辩证关系，才能自觉地处理好环境宏观目标与个人利益冲突之间的关系，才能在某些时候自觉地牺牲个人利益以保护整体利益的发展。可持续发展理论实践需要合理地发挥每个主体的实践能力。

第三，可持续发展对构建和谐社会有促进作用。可持续发展问题是工业文明特定生产方式的产物，是伴随着纠正只顾资本逻辑最大化的问题产生的，它的解决必须纳入社会发展与社会建设中，与经济发展、社会发展的实际紧密结合，这样才能从实践层面落实可持续发展的真正含义。从这个角度分析，可持续发展应当作为国家具体战略，甚至作为重点战略的一部分，因为它不仅涉及人与自然、社会与自然的关系，更重要的是涉及现在与未来的关系，我们应当将可持续发展战略作为当前生态文明和"两型社会"建设的首要任务，理顺各类关系，促进社会的良性互动。

## 2. 可持续发展与"两型社会"建设

在英国经济学家、近代人口问题研究先驱马尔萨斯的《人口原理》一书中，有关于人口论述的一些重要观点。这些观点从总体上分析了人口、资源与环境的关系和相互作用。马尔萨斯认为物的供给决定了人口的增长，自然物的变化水平和增长幅度对人口的数量增长构成了一种硬性约束，这在某种程度上影响和制约了后者的实际数量及变动。同时，从经济学的理论上讲，人的需求决定自然物的供给，人的需求也在某种程度上对自然物形成了一种影响约束。这就说明，自然物和人类之间的关系没有轻重和前后，它们就如同作用力与反作用力一样。而人的需求和物的约束之间的关系就是"两型社会"核心的雏形所在。

除此之外，马尔萨斯也在《政治经济学原理》一书中肯定了资本积累的作用和意义，指出通过资本积累和技术进步能够快速有效地增加财富。但是一旦财富增加而需求保持不变，也是不能促进经济稳定增长的。这实际上是说经济发展应当与人的需求、自然的需求和社会的需求相适应。这也是"两型社会"建设的一个根本内容所在。

英国经济学家斯图亚特·穆勒也在英国工业革命迅速发展时期出版了《政治经济学原理》一书，在书中提到资源绝对稀缺的效应会在自然资源的极限到来之前表现出来，社会的变迁和技术的革新并不能够彻底消灭这一切，只会让这一切的到来在时间上存在差异，或者说是无限推迟这一极限而已。基于此，穆勒并不主张人类过分去获取自然资源或者征服自然，他认为无论是自然环境的开发还是人类的社会生产，都应该出现并保持在远离自然资源极限的水平之上。这么做的首要方式就是保证可持续发展的思想和行为，因为可持续发展确实能够防止事物的匮乏和自然的破坏，最终也能够将人类社会稳定在一定的水平上，并尝试着向前慢慢推进。

更有甚者，例如在 20 世纪 60 ~ 70 年代，著名的环境运动团体——罗马俱乐部以物理量推论和判定增长的极限，在方法上和结论上得出环境资源有限、人类生存有限的结论，挑战了工业革命以来人类对技术顶礼膜拜，认为技术可以不顾一切地将人类引向无所不能的殿堂神话，同时引起了经济学家对发展的生物物理极限和伦理社会极限的更多关注。这是近代以来大规模地对可持续问题的深入分析和探讨，至此之后，经济学家们继续在"发展的持续性"问题上进行探索，提出了许多富有建设性的思想和观点，在形成了环境经济学、人口学、发展经济学、生态学等多种新型交叉学科的同时，也带动了从社会的角度对自然可持续性问题的进一步探索。而这些探索后来都成为"两型社会"建设的先驱。

正是因为"两型社会"本身的内在诉求是形成人与自然和谐的关系，这种关系需要以技术为中介，因此，归根结底，"两型社会"发展背景的切入点就是经济社会背景、技术发展背景和环境背景三个层面。鉴于此，本书从这三个方面切入，以期为"两型社会"的理论发展提供一些思考和借鉴。

# 第四章
# 无锡"两型社会"建设的总体规划

2012 年 11 月 8 日，中国共产党第十八次全国代表大会在北京召开，大会把生态文明建设纳入中国特色社会主义事业总体布局，将 2007 年党的十七大确定的"四位一体"拓展为"五位一体"，同时把建设环境友好型、资源节约型的"两型社会"作为全面建成小康社会的重要目标，这标志着中国特色社会主义事业进入又一新的发展阶段。在新阶段、新时局、新形势的背景下，无锡市政府的"两型社会"建设必须进行全局性、战略性、关键性的总体规划，破解制约经济社会发展的主要矛盾和关键问题，制定切实有效的、具体的改革举措，以推动无锡"两型社会"建设稳步前进。

## 第一节　无锡"两型社会"建设的背景、地位、机遇与挑战

2012 年江苏省国土资源厅同无锡市政府关于共同推进资源节约型、环境友好型社会建设综合配套改革试点签订合作协议，无锡市自此成为江苏省唯一一个"两型社会"建设试点城市。这既是省委、省政府赋予无锡市的重要任务，也是无锡市转变经济发展方式、调整产业结构、率先实现现代化的重大机遇和迫切需要。无锡市政府高度重视"两型社会"建设问题，积极考察、分析国内外"两型社会"建设的实践经验和无锡市"两型社会"建设所面临的基本国情、省情、市情，近年来接连制定出台了《无锡市资源节约型和环境友好型社会建设综合配套改革试点总体方案》等一系列政策措施，如太湖治理、节能减排、生态创建等工作。目前，无锡市的"两型社会"建设综合配套改革虽已取得了阶段性的成果，但要想继续

深入发展"两型社会",还必须充分认识和深刻理解无锡市当下所面临的时代背景以及机遇和挑战。

## 一　"两型社会"建设的背景及其地位

### 1. 国情、省情、市情

自 1972 年北京市政府成立官厅水库保护办公室,河北省政府成立"三废"处理办公室开始,我国的环境保护事业已经走过了 45 年的历程,虽然已取得了不小的成绩,但问题依旧突出。随着经济社会的发展、人民生活水平的提高,尤其是在全面建成小康社会的目标推动下,创建良好的生活环境越发重要。胡锦涛同志在党的十六届五中全会上提出要"建设资源节约型和环境友好型社会"。[①] 党的十七大报告强调"坚持生产发展、生活富裕、生态良好的文明发展道路,建设资源节约型、环境友好型社会,实现速度和结构质量效益相统一、经济发展与人口资源环境相协调,使人民在良好生态环境中生产生活,实现经济社会永续发展"。[②] 党的十八大以来,党中央、国务院始终把环境保护作为转变经济发展方式、调整产业结构的主要手段,随着新《环境保护法》、《关于加快推进生态文明建设的意见》及《生态文明体制改革总体方案》的出台和"十三五"规划纲要的审议批准,环境保护已经成为惠及百姓、促进和谐的重要任务。生态文明体制改革和环境治理体系的基本形成,为我国"两型社会"的建设提供了坚实的制度保障。在这样的时代背景下,以绿色、健康、智能为核心的新一轮科技革命正在为"两型社会"的建设奠定基础。

江苏省辖江临海、扼淮控湖、平原辽阔,自然条件极好。江苏省委、省政府近年来紧密围绕"两个率先"的目标,以推动科学发展和建设美好江苏为主题,以转换经济发展方式为核心,统筹兼顾,推进经济社会与生态环境共同发展,以生态文明建设工程为着手点,不断提升生态文明建设水平,不断推动江苏省生态省建设。2000 年,江苏省委九届十二次会议首次提出"积极推进生态省建设"的工作任务;2001 年,江苏省人大常委会

---

① 《中共中央关于制定国民经济和社会发展第十一个五年规划的建议》,新华网,2005 年 10 月 18 日。
② 胡锦涛:《高举中国特色社会主义伟大旗帜 为夺取全面建设小康社会新胜利而奋斗——在中国共产党第十七次全国代表大会上的报告》,人民出版社,2007,第 16 页。

审议并通过了《关于加强环境综合整治推进生态省建设的决定》；2004 年，江苏省人大常委会批准实施了《生态省建设规划纲要》；2010 年，江苏省委、省政府在南京召开生态省建设大会并出台了《关于加快推进生态省建设全面提升生态文明水平的意见》；2011 年，江苏省委、省政府召开全省城乡建设暨生态文明建设工作会议并出台了《关于推进生态文明建设工程的行动计划》；2013 年，江苏省委、省政府正式颁布《江苏省生态文明建设规划（2013～2022）》。我们看到，江苏省的生态文明建设逐年深入，生态环保政策不断完善。但江苏省人口密度大，工业化和城镇化进程快，导致了人均环境容量小、单位国土面积污染程度深的特殊省情，给江苏省的生态文明建设带来了诸多难题，主要包括难以破解资源能源的束缚、难以转变经济发展模式、难以改善生态环境质量。同时，生态文明制度的不完善、全社会生态意识的欠缺，导致了经济社会发展与资源环境承载力之间的不协调、人民群众日益增长的环境需求与环境公共产品供给不足的矛盾，江苏省的生态文明建设形势严峻。生态文明建设作为江苏"两个率先"目标中的"短板"，是江苏省目前必须面对和积极解决的问题。在未来很长一段时间内，江苏省的生态文明建设面临着重大的机遇和挑战，无锡市必须牢牢抓住机遇，积极应对挑战，不断促进江苏省生态文明建设。

无锡市近年来先后荣获国家历史文化名城、国家生态市、国家环保模范城市、国家森林城市、国家园林城市、国家可持续发展实验区、中国优秀旅游城市、科学发展优秀城市等称号，"两型社会"建设取得了令人欣喜的显著成效，国家生态文明建设示范市的宏远目标渐行渐近。在取得一定成果的同时也面临着很多问题和困境。随着党的十八届五中全会的召开，"十三五"发展规划进入新的阶段，无锡市面对着严峻的经济形势和繁重的发展任务，必须积极主动地适应新形势、新常态，推进经济方式转型升级，促进"两型"改革攻坚、创新创业，促进由工业文明向生态文明的战略转变；将把建设资源节约型、环境友好型社会作为加快经济社会发展的主要着力点，切实贯彻实施节约、环保优先的方针政策，发展循环经济、低碳经济，构建生态文明发展体系；必须坚持推动太湖水环境综合治理，完善生态发展体系，推动由环境保护到建设生态系统的转变，探索具有无锡特色的生态文明建设道路，努力建设高标准的太湖生态保护区、国家可持续发展实验区以及国家低碳示范城市，使无锡市成为生态文明先驱城市。

**2. 国外实践经验**

从对国外"两型社会"建设的实践经验的考察来看，应对资源环境问题的主要途径就是建立健全生态环境治理体系。在经历了政府、企业、各社会团体之间的对抗合作之后，西方国家于 20 世纪 70 年代后建立了较为完善的生态环境保护法律规章和管理机制，基本形成了政府、企业、社会三方协同共治的生态环境保护体系。

美国从 1960 年开始逐步意识到传统的高能耗、高消费生产生活方式给生态环境造成了严重的破坏，开始探索可持续发展模式，注重人与自然的协调发展，并通过信息收集、资金援助、技术升级等方式降低环境压力，相继通过并出台了《国家环境政策法》《污染预防法》《资源保护和恢复法》。到 21 世纪，美国已经实现了从行政、司法和市场等多个方面共同推进环境保护，得到了公众的积极响应，塑造了诸多成功案例。虽然美国的生态建设事业取得了一定的成果，但其政策法规也对其他国家或地区特别是广大的发展中国家产生了负面影响。美国以牺牲其他国家或地区的生态环境为代价来促进自身的协调发展，大量转移"三高"产业，严重破坏其他国家或地区的生态环境，忽视全球范围内的协调统一，是不道德、局限性的生态环境建设，有失国际公平正义。

德国作为最先开展生态现代化建设的国家之一，在 1972 年出台了《废弃物处理法》，于 1986 年修订出台了《废弃物限制处理法》，这是一种从"怎样处理废弃物"到"如何避免废弃物"思想认识上的进步，是由末端处理向前端控制的制度转变，强调使用可降解、可循环的制作材料和节能工艺。20 世纪 90 年代前后，德国的这一循环经济思想成为欧盟各国以及日本等发达国家制定或修订本国废弃物管理条例的范本。

日本作为一个资源极其匮乏的国家，对环境污染有着切肤之痛，20 世纪中叶轰动世界的八大环境事件有四件发生在日本，分别是水俣病事件、四日市哮喘病事件、爱知米糠油事件、富山痛痛病事件。面对严峻的环境问题，日本接连制定了《资源有效利用促进法》《环境基本法》《容器和包装物的分类收集与循环法》《促进循环型社会形成基本法》《建筑材料再生法》等来建设循环型社会，提高资源的利用率。同时，日本在 2002 年将环境厅升级为环境省以加强各行各业、各部门的合作，政府相关部门皆使用环保型产品，如再生纸、低公害汽车等，鼓励和支持民间环保团体的发展，加强与其他国家和组织的合作，采取优惠政策保障环保事业的发展，使环境保护政策得以全面推行。

总之，世界各国在推进城市可持续发展方面都采取了政府主导下的多元发展方式，依据本国的国情使用行政、司法、经济等方法全面推动生态社会建设，并都取得了一定的成果。世界各国的成功实践为我国的"两型社会"建设提供了一定意义的启示和帮助，我国应重点在他国实践的基础上，继续推进城市规划、经济激励、生态文化宣传等方面的发展。

## 二 无锡"两型社会"建设的机遇、挑战

无锡位于长江三角洲平原地区，江苏南部，占地面积4628平方公里，截至2015年年底，全市户籍人口480.90万人，常住人口651.10万人，地区生产总值8518.26亿元，人均年生产总值13.09万元。地理位置好、人口密集、经济发达是无锡市的主要特点，同时资源开发和环境保护也取得了初步成效，这些都为无锡市率先进入"两型社会"奠定了坚实的基础。但同时，经济的飞速发展不可避免地要给自然环境带来更大的负担，因此无锡市同样也面临着巨大的挑战。

1. **优势条件**

（1）优越的区域位置。无锡位于长江三角洲的平原腹地，处于沪宁杭三角区的中心节点，是苏南的几何中心、太湖流域的交通中心，京杭大运河从中流过，形成了由公路、铁路、航空、水运组成的综合立体交通体系。这样的地理位置使无锡成为华东地区的主要交通枢纽和物资集散地，以及长江三角洲经济区的核心。

（2）较高的生产力水平。按常住人口计算，2015年年底无锡全市人均年生产总值达13.09万元，已达中等发达国家的经济水平，进入工业化后期。随着第二、第三产业"双轮驱动"发展局面的不断开拓，产业结构不断升级，目前高新技术产业增加值占工业增加值的45.7%，第三产业的增加值占全市生产总值的42.5%，旅游业、物联网、软件开发、创意设计等新兴产业成为新的经济增长点。

（3）较好的社会事业。无锡市城乡居民收入近年来一直保持8%的平均增速稳步增长，远高于全国的平均水平。截至2015年，全体居民人均年可支配收入达39461元，其中城镇常住居民人均年可支配收入为45129元，

农村常住居民人均年可支配收入为 24155 元，遥遥领先于全国平均收入水平。社会各项事业同步发展，目前全市共有国家级、省级各类研究中心近 600 家、"千人计划"人才 226 人、普通高校 12 所、医疗卫生机构 2243 个，各类社会福利保障设施一应俱全。

（4）良好的生态环境。随着无锡市环境保护投资力度的加大，以及太湖保护、水源治理、生态构建工作的积极开展，目前已实现全市范围内污水管全面覆盖、污水处理厂按照标准改造，生态建设已经取得了明显的成效，城镇污水集中处理率高达 90%，太湖水质逐步改善。同时，无锡具有得天独厚的自然条件。无锡山清水秀、气候宜人、资源丰富、人杰地灵，自古被誉为"太湖明珠""鱼米之乡"。无锡山水相映，有十分丰富的自然资源和旅游资源。据统计，2015 年全市总计接待国内外游客 8043.33 万人，贡献生产总值 1389.29 亿元。

（5）较强的制度创新能力。在制度创新方面，无锡一直具有优良的传统，在多次改革发展进程中取得了优异的成绩，如：在乡镇企业和外向型经济发展进程中，通过制度创新确立了优势；在科学发展进程中，通过推动转型发展、建设创新城市、发展新兴产业，为实现发展模式的顺利转型奠定了坚实基础。在当下的"两型社会"建设进程中，无锡市也将继承制度创新的传统，不断推动产业结构变革。

得益于以上诸多优势条件，无锡市的"两型社会"建设已取得了部分初期成果，如：太湖水污染问题的改善、新沟河延伸拓浚等重点工程的建设、大气污染防治长效机制的建立、原锡钢地块污染土壤修复工程的完成、生活垃圾机械化收集工程的建成、蓝天燃机热电联产项目的建成运行、全面超额完成节能减排的任务等。接下来，无锡市应继续发挥优势条件，同时兼顾各项制约因素，坚持资源节约、环境友好的指导思想，继续加快推进"两型社会"建设进程。

**2. 制约因素**

（1）产业结构调整的压力。调整产业结构是建设"两型社会"的重要途径。在无锡的三大产业结构中，2015 年第三产业占比虽比 2014 年增长 9.6 个百分点，但跟发达国家第三产业平均占比 70% 相比仍有较大差距。同时第三产业结构不够合理，在服务业结构中，餐饮、服装、商贸等传统产业占比较大，而金融、网络、现代物流等现代化产业占比较低。第二产业中高能耗、高消费的产业较多，而高新技术产业、低碳产业较少。因此，无锡市的产业结构与发达国家的相比仍有较大差距，需要做出更多的努力。

（2）资源能源的限制。21世纪以来，由于"三高"产业在第二产业结构中的占比较大，故无锡市资源能源的消耗依旧大，资源能源面临着较大压力。无锡市2009年万元GDP的能耗为0.756吨标准煤，近年来虽逐年以4%~5%的速度减少，但能源消耗总量不减反增。同时，2001~2010年十年间，无锡市固定资产投资逐年增加，年增速高达23%，新增占用耕地总量约35万亩，如果依旧按照如此粗放的方式发展，无锡市很快将无地可耕种。因此，资源能源将是无锡市"两型社会"建设进程中的主要障碍。

（3）生态环境的制约。生态环境作为"两型社会"建设的重要着力点和落脚点至关重要。虽然无锡市2014年超额完成了"十二五"规划的节能目标任务，空气质量得到改善，取得了一定的成效，但主要污染物COD、$SO_2$每万元的排放量仍分别超过全省平均水平60%和50%，单位面积内的COD、$SO_2$分别是全省平均水平的1.5倍和1.9倍，远超环境承载力水平。同时，太湖水质虽得到一定程度的改善，但依旧只有标准水平的80%左右。与生态环境协调共生是建设"两型社会"的根本目的，目前的生态问题严重影响了无锡市"两型社会"建设的进程，必须重视起来。

（4）科技创新能力的不足。"科学技术是第一生产力"对于社会改革发展同样适用，"两型社会"的建设离不开科技的创新和高新节能技术的运用。目前，无锡市的经济增长主要依赖资金和劳动力投入，科学技术贡献率只有42.3%，而发达国家在1980年的科学技术贡献率就已达到60%~80%的水平，同时无锡科技成果向生产力转换的比例较低。2015年，全市发明专利授权量达5480件，有了较大程度的增长，但仍有广阔的提升空间。科学技术的创新是建设"两型社会"的重要支撑，同时"两型社会"的建设和完善又能不断地刺激科学技术创新。

## 第二节　无锡"两型社会"建设的价值指向与总体目标

明晰无锡"两型社会"建设的价值指向和总体目标是本书的核心内容，通过前述的国内外生态文明建设的背景及其启示，针对无锡环境友好程度、公众生态意识等基本情况，阐明无锡建设"两型社会"的指导思想、功能定位和总体目标，是我们开展"两型社会"建设实践活动的重要基础。

## 一 无锡"两型社会"建设的价值指向

### 1. 指导思想

马克思曾说过，我们将面临重要的历史任务，"即人类同自然的和解以及人类本身的和解"[①]；先哲孟子也曾说过"不违农时，谷不可胜食也；数罟不入洿池，鱼鳖不可胜食也；斧斤以时入山林，树木不可胜用也"。2012 年，党的十八大报告提出"当前和今后一个时期，要重点抓好四个方面的工作：一是要优化国土空间开发格局；二是要全面促进资源节约；三是要加大自然生态系统和环境保护力度；四是要加强生态文明制度建设"。[②] 2013 年，党的十八届三中全会提出，"建设生态文明，必须建立系统完整的生态文明制度体系，用制度保护生态环境。要健全自然资源资产产权制度和用途管制制度，划定生态保护红线，实行资源有偿使用制度和生态补偿制度，改革生态环境保护管理体制"。[③] 2015 年，党的十八届五中全会强调，"实现'十三五'时期发展目标，破解发展难题，厚植发展优势，必须牢固树立并切实贯彻创新、协调、绿色、开放、共享的发展理念"。[④]

因此，我们必须坚持以马克思主义理论，中国传统生态思想及党的十八大，十八届三中、四中、五中全会和习近平总书记系列讲话精神为指导，坚持生态城市发展理念，全面贯彻落实江苏省"两个率先"与无锡市"十三五"规划纲要，把建设"两型社会"作为推进可持续发展战略、实现美丽中国梦无锡篇章的着力点。以争创国家生态保护与建设示范区城市为契机，推进生态文明建设，统筹区域协调发展，增进人民群众福祉；以改革和创新体制机制为动力，开展重大示范行动和实施重点示范工程，推

---

① 《马克思恩格斯全集》第 1 卷，人民出版社，1956，第 3 页。
② 《坚定不移沿着中国特色社会主义道路前进 为全面建成小康社会而奋斗——在中国共产党第十八次全国代表大会上的报告》，新华网，2012 年 11 月 24 日。
③ 《中国共产党第十八届中央委员会第三次全体会议公报》，新华网，2013 年 11 月 13 日。
④ 《中国共产党第十八届中央委员会第五次全体会议公报》，新华网，2015 年 10 月 29 日。

进规划实施，健全生态制度，完善投入机制，增强科技支撑；以发展低碳经济、循环经济和新兴经济为重点，统筹协调经济与生态的关系，实现政府、企业和市场的良性互动。充分发挥示范区对生态保护与建设的引领和示范作用，加快形成覆盖全社会的生态保护建设发展体系，努力探索具有时代特征、无锡特色的生态文明发展之路。

2. **基本原则**

（1）以人为本，生态优先。马克思曾讲道，"人本身是自然界的产物，是在自己所处的环境中并且和这个环境一起发展起来的"。① 构建物我和谐的人地关系，消弭日益突出的人地矛盾，必须坚持以人为本、生态优先的保护原则。生态产品理应是公平普惠的公共品，开展生态修复工程，全面系统地保护河湖、湿地、森林、农田，深入培育与践行绿色发展理念，才能实现经济社会可持续发展，才能让民众在"两型社会"建设中有更多收获感和满足感。

（2）统筹兼顾，突出重点。"两型社会"建设包罗万象，是个系统工程，故应坚持两点论和重点论，科学把握产业结构变化规律和经济社会发展客观要求，才有望将"两型社会"建设引向深入。妥善处理区域保护与经济发展的关系，综合实施各项工程，促进区域间、城乡间公平协调发展；倡导适度生产和绿色消费，通过转变社会生产消费方式，促进生产领域清洁技术与工艺的开发与应用。为早日将无锡打造成名副其实的生态示范市，从生态制度顶层设计、生态价值观念培育和协同治理体系构建等方面多措并举。

（3）创新融合，法治保障。"两型社会"的建设要想取得实质性成效，要重点关注产业结构升级、创新治理模式、纳入法治轨道等。唯有创新发展体制，改变传统经济体制对经济增长方式转变的制约，实现经济发展方式由粗放型向集约型的有效转变，才能解决好资源环境保护与经济发展的体制性矛盾。无锡应充分发挥科技优势和资本优势，积极借鉴和吸收省内外"两型社会"建设的丰硕成果，创新生态产业发展和环境治理机制，引导和鼓励企业自主科技创新和引进吸收先进技术。与此同时，健全生态文明法律法规体系，对自然生态空间进行统一确权登记，编制无锡市自然资

---

① 《马克思恩格斯选集》第3卷，人民出版社，1995，第374～375页。

源资产负债表、探索干部离任生态审批制度、落实排污权和碳排放权交易制度,唯有如此才能为建设"两型社会"提供强有力的保障。

(4)先行先试,协同推进。充分发挥无锡"四城"建设的独特优势,以列入国家生态文明建设试点城市为契机,高标准、高水平率先推进"两型社会"建设,力争优先创新、优先发展,形成生态文明建设可行经验,为全国各地区走上全面、协调、可持续的发展轨道探索新路。各级政府应承担主要职责,明确部门分工,保证各项生态工程顺利实施;综合运用行政、司法、经济等手段,鼓励节地、节水、节能等先进生产技术的推广研发,促进资源集约节约利用和经济发展提质增效,实现城乡基础设施建设、公共服务和管理体制的一体化建设。强化宣传教育,提高生态忧患意识和全民参与意识,开展"节约型"家庭、"节约型"社区、"节约型"机关、"节约型"学校的建设活动。简而言之,无锡"两型社会"建设的重要战略任务就是构建政府主导、企业自律、公众参与的协同格局。

**3. 功能定位**

通过加强生态监测,加大科技投入,强化宣教工作,实现生态监测动态化、生态建设科技化、生态保护全民化,实现经济与生态协调发展,将无锡打造成绿色低碳发展示范区、生态资源可持续利用示范区和淡水湖泊生态保护示范区。

(1)绿色低碳发展示范区。科学布局生产空间、生活空间和生态空间,规范开发秩序,形成布局集中、产业集聚、发展集约的现代化产业发展格局。立足第三产业高度发展的优势,进一步加快经济转型,减少不可再生资源的消耗,探索可再生资源的利用并加以推广,减少污染物排放,促进经济快速发展与生态资源保护的统一,将无锡打造成长江三角洲地区的绿色低碳发展示范城市。

(2)生态资源可持续利用示范区。进一步强化自然保护区、森林公园、湿地公园、水源涵养地等生态红线区域保护的监督、管理和考核工作,严格保护重要水源、湿地、森林等自然生态资源。立足生态资源丰富多样的优势,加大生态科技研发和推广力度,在经济发展过程中争取资源的合理配置,提高资源利用率,减少资源浪费,实现生态资源的可持续利用,将无锡打造成生态资源可持续利用的示范城市。

(3)淡水湖泊生态保护示范区。坚持不懈地抓好蓝藻打捞、水体生态修复、太湖湿地修复等工作，促进太湖水质的进一步改善，将无锡创建为保护淡水湖泊的模范城市。

## 二 无锡"两型社会"建设的总体目标

无锡市"十三五"规划纲要强调"'十三五'时期，无锡经济社会发展的总体目标是：高水平全面建成小康社会，在积极探索开启基本实现现代化建设新征程上迈出坚实步伐，为建设'强富美高'新无锡打下坚实基础"。① 无锡作为江苏重要的地级市，经济发展水平靠前，自然条件相对优越。经过数年的不懈努力，无锡在生态文明建设方面已经取得阶段性成果，正努力成为全国首个建成国家生态城市群的地级市。当然，我们也要看到无锡在推进资源节约型、环境友好型社会建设方面还面临一些问题和挑战，并在改善生态环境、建设低碳城市、节约利用能源等方面有待深入推进。

### 1. 问题挑战

（1）节能与循环经济激励约束机制不完善。第一，节能工作面临较大压力。重点用能企业经过"十一五"以来持续的节能改造后，新的节能改造项目减少。"十二五"期间结构调整和产业整治对节能降耗的促进作用有所减弱，产业结构节能的空间减少。第二，行政手段多，经济手段少，法律手段弱。《循环经济促进法》和《清洁生产促进法》的约束力度不强，对未开展循环经济和清洁生产的企业缺少金融信贷、财税、购销和行政处罚方面的惩罚措施，促进力度不大。第三，税收、信贷、土地、电价、水价等方面的差别政策还不完善，有效的激励机制尚未建立。第四，资源综合利用企业认定在国家和省有关部门审批时间很长，手续也较复杂。

（2）农业现代化和农村生活污水治理面临发展瓶颈。第一，农业资源环境约束趋紧。无锡农业发展的土地资源非常有限，而农业发展受到环境的制约则越发趋紧，在资源、环境的双重压力下，无锡农业面临着如何进一步优化产业结构和空间布局的重要课题。第二，农业基础设施比较薄

---

① 《无锡市国民经济和社会发展第十三个五年规划纲要》，http：//www.wuxi.gov.cn/doc/2016/02/04/892303.shtml。

弱。无锡市部分农田基础设施薄弱，有的年久失修，排灌能力得不到保障。无锡市还有四成左右的耕地未达到高标准农田要求，部分农田灌排、泵站和沟渠设施标准偏低，亟须更新改造。第三，农业科技支撑能力不足。传统的农业技术推广体系已被大大弱化，而新的推广服务体制尚未真正建立起来，无锡区域内缺乏农业高等院校和市级农业科研院所，缺乏强有力的智力支持。第四，农村生活污水治理覆盖率有待提高。由于自然村面广量大、分布分散，许多村庄生活污水难以通过接管方式实行集中处理。无锡市结合各地实际，因地制宜地推进农村生活污水点源治理，使太湖一级保护区内农村生活污水处理率达到了100%。由于一些经济基础薄弱的偏远、分散村庄尚未进行生活污水点源治理，影响了全市农村生活污水处理覆盖率。

（3）"两型社会"建设体制机制创新成效不足。首先，"两型社会"建设是一项长期、系统的工作，目前无锡对"两型社会"示范区创建工作只出台了指导意见，尚未制定明确、系统、完整、统一的具体标准。其次，排污权有偿使用与交易工作在江苏省和无锡市均处于试点摸索阶段，全市尚没有明确具体的操作方法。最后，创建低碳示范区建设工作虽有详细的工作方案，但工作重点不是十分明确，急需明确更详细的工作标准和量化指标。目前成立的两型办与改革办合署办公，工作力量薄弱，缺乏有效抓手，特别是在优化改革试点推进体制，理顺改革办与两型办的关系，做实"两型"改革试点工作机构方面。

（4）"两型社会"示范点缺少专项资金和配套扶持政策。"两型社会"建设是一项全新的探索性工作，目前可供借鉴的成功经验较少，"两型社会"改革试点的标准体系、配套政策、制度建设需要组织力量进行深入系统的研究。改革试验扩大覆盖范围，向纵深拓展深化，系统化地予以推进，急需在产业、财税、金融、科技等方面出台相关扶持政策予以跟进保障。在强化改革试点机制保障，安排市两型办预算工作经费方面，迫切需要早明确、早决定、早启动。对照分析来看，《无锡市资源节约型和环境友好型社会建设综合配套改革试点总体方案》明确的部分重点领域的改革试点还未实现有效突破，不少改革试点还未实质性地推动。包括宣传、评审都过于简单，大多数社区、学校、企业对"两型社会"的建设内容不太清楚。

### 2. 推进重点

（1）着重发展循环经济。一是实施循环经济重点项目。推动全市范围国家级、省级开发区园区循环化改造，组织国家高新技术产业开发区、宜兴环保科技产业园、惠山经济开发区3家园区成功申报省级循环化改造示范试点园区，分别获得2000万元的补助资金，涉及重点项目总投资6.7亿元。二是加强再生资源回收利用。再生资源企业基本覆盖全市，初步形成"资源—产品—废弃物—再生资源"的循环经济模式，以加快推进新区再生水管网、太湖新城污水处理厂再生水回用示范等项目建设。三是推进可再生能源建筑应用示范。全市保障性住房项目、政府投资项目、示范区内的项目及大型公共建筑项目全面执行绿色建筑标准，全市新建节能建筑面积、完成建筑节能总量均超额完成省市下达的目标任务。

（2）着重促进资源节约。一是提升节约集约用地水平。提高工业用地准入门槛，调整存量土地盘活思路，以地块开发工作为存量土地盘活的标准，并建立存量土地盘活数据库，按月动态巡查，实时跟踪盘活情况。无锡经争取被确定为国土资源部城镇低效用地再开发试点城市，研究制定了城镇低效用地试点政策。二是加强能源监测管理。在全省率先建立合同能源管理风险池基金，为合同能源管理企业提供融资平台。无锡被列入国家首批工业能耗在线监控试点城市，要求建设市级、市（县）区和企业三级监测平台。三是推进节水型社会建设。强化依法管水，制定出台了《无锡市水资源节约利用条例》。开展用水器具改造，在新建小区、宾馆等项目中建设净水、中水系统，继续推进节水型企业、单位、小区、家庭的创建工作，全市万元GDP取水量下降到46.7立方米。

（3）着重促进产业转型。一是促进产业集聚发展。推进国家现代农业示范区基础设施建设、重点园区培育、重点项目推进、体制机制创新。落实惠山区工业转型集聚区、宜兴市产业转型集聚区规划建设用地规模指标。编制《无锡中瑞低碳生态城建设规划》，开展中德未来城市等低碳领域国际合作项目。二是提升科技创新能力。围绕大气综合污染监测和预警、水质快速监测及防治、城市智能交通、建筑节能等方面组织关键技术的应用示范。推动光伏、物联网等优势战略性新兴产业项目的应用、示范和推广。

（4）着重保护生态环境。一是大力推进水环境综合治理。积极实施安全饮用水工程，落实生态清淤，加强调水引流。"安全供水高速通道"顺利建成并投入运行，真正形成长江、太湖"双源供水、双重保险"的供水格局。积极完善排污权、碳排放权等有偿使用和交易制度。二是大力加强大气污染防治。强力推进能源结构调整、脱硫脱硝工程、锅炉烟尘治理、VOCs 污染防治、油气回收治理、机动车尾气污染防治等重点工作。加强大气污染防治基础性研究，推动大气污染源清单编制工作，积极开展空气污染成因分析。三是积极开展机动车尾气专项整治工作。加快淘汰"黄标车"和老旧机动车，落实老旧机动车提前淘汰报废补贴政策。严格执行机动车排放标准，将小型汽车尾气达到国 IV 标准作为新车上牌和外地车辆转入无锡市的前提条件。落实高污染排放机动车区域限行管理。

（5）着重实施节能减排。一是实施能源结构调整。积极推进燃气电厂建设，实现了无锡市燃机发展零的突破。加快推进光伏项目建设，将高新区建设成国家分布式光伏发电应用示范区。鼓励利用天然气等清洁能源，有序推进 LNG 加气站的规划建设。二是抓好主要污染物减排。实施污染物排放减量替代计划，对新建排放二氧化硫、氮氧化物、挥发性有机物、工业烟粉尘的项目严格审核。推进工业废气治理，保证电力、钢铁、水泥等重点行业脱硫脱硝工程项目落到实处；完善污水收集、处理体系建设，做好排水设施的运行监管工作，提高污水处理厂运行效率，实施重点污染源总量监测制度。

（6）着重深化示范创建。一是深入推进"两型"单位创建。将公共机构节能管理和"两型"示范机关创建列入市政府目标管理，组织全市公共机构开展低碳日能源紧缺体验活动，发挥机关公务人员节能减排表率作用。二是大力倡导绿色消费。提出"低碳环保，绿色健康，天然有机"饮食理念，开展"绿色饭店""绿色餐饮企业"创建工作。强化绿色采购执行机制，对环保标志产品实行优先采购。三是积极开展"两型"宣传工作。利用报刊、电台开设"节能潜力在哪里""生活节能小常识""美丽无锡行"等节能专栏，推出世界水日、世界环境日、节能宣传周专版，对"两型社会"发展理念和具体实践进行宣传解读。

### 3. 目标愿景

**构筑生态产业体系**

（1）大力发展生态农业。①提升农业产业化水平。深化农业结构调整，加快农业机械化、标准化建设，加快发展规模化高效农业，提升农业生态化水平。加快农业科技创新载体建设，发挥高科技农业园区的示范和辐射效应，发展规模化高效农业，提升农业产业的科技水平，强化农村合作经济组织功能，培育建设具有地方特色的农产品品牌，增强农业科技创新能力。②推动农业标准化生产。大力发展无公害、绿色、有机农产品，引进选育抗虫、抗病新品种，减少农药使用量，推广使用生物有机肥料和低毒低残留农药及生物农药。科学使用化肥，平衡施肥，通过精确施肥和利用节水灌溉等技术来提高化肥利用率，减少化肥使用量，降低养分流失的危险。扶持、培育农村废物、秸秆、畜禽粪便等资源化综合利用产业，推广使用小型收割和秸秆粉碎一体机械，提倡秸秆粉碎直接还田和过腹还田。加强农产品质量安全和动植物免疫防治工作，恢复病虫害天敌生物的栖息地，发展农林牧渔业病虫害生物防治技术，逐步建成全市农林牧渔业生态安全预警体系。③大力发展农业生态技术。加快有机食品和绿色食品生产基地建设，积极推进种植业和养殖业的产业链结合，扶持、培育、发展集散型龙头企业及无公害、绿色、有机农产品加工、销售企业。

（2）重点发展生态工业。①优先发展新兴产业。依托国家微电子高技术产业基地的优势，加快"硅谷"和"液晶谷"建设，进一步扩大规模、提升档次，把无锡建设成为国际微电子重要基地和国家液晶产业重要基地。以建设国际先进制造技术中心为目标，围绕机械装备、电子信息、汽车及关键零部件等重点领域，以高新化为导向，进一步提升企业自主创新能力和产业竞争力。②提升改造传统产业。逐步淘汰生产工艺落后、排污与耗能较高的企业，加快发展其下游污染少、附加值高的产业，实现资源消耗型向技术密集型的转型。③大力发展循环经济。以实现低碳生产与服务为目标，以推动企业全面实现清洁生产审核为抓手，积极实施循环技术项目，培育循环经济示范区、企业。按生态工业原理和循环经济理论对已有的工业园区进行改造。加快实施一批节能重点工程，推广工业用水重复利用、中水回用和雨水利用等节水工程。

（3）优先发展生态服务业。①大力发展低碳型服务业。推进电子政务、电子商务等数字化服务，推广应用生产、管理信息系统，提升社会服务信息化水平。②着力发展生态型旅游。以推进服务业实现生态化发展为目标，以打造世界级的知名旅游品牌和旅游产业园为着眼点，全面推进无锡服业的改造升级，形成绿色服务业发展模式。构筑无锡旅游"七区一体、一体两翼"的发展格局，科学整合旅游资源，发展新兴业态，精心培育太湖山水、灵山胜境、惠山古镇、清明桥古运河、吴文化、徐霞客、宜兴陶都、江阴华西等品牌。积极促进相关产业与旅游业联动。③加快发展绿色物流业。重点在保税、港口、仓储、配送等方面发展专业性特色物流。建立并完善不同物流区之间的无缝对接服务体系。加强江阴港口物流区域、宜兴生产性物流区域、锡山制造业物流区域、惠山运输配送物流区域、新区口岸物流区域、中心城区商贸物流区域等物流区域与经济开发区、工业园区、商贸中心的物流沟通，在港口、码头、仓储方面建立物流服务系统。加强运输汽车的噪声和尾气管理，在现代物流业相对集中的区域严格限制运输车辆的行驶路线。合理配置配送中心，尽量选择铁路、水运等环保运输方式。

**倡导绿色行为方式**

（1）激励绿色消费模式。大力实施绿色消费倡导战略，提高公众的绿色消费意识，逐步形成政府引导、企业主导、公众崇尚的绿色消费体系。①推行绿色采购制度。科学制定绿色消费产品采购指南，提倡公众优先采购经过生态设计或通过环境标志认证的产品。政府机构率先进行绿色采购，将绿色采购纳入政府采购管理办法，指导政府机构采购节能环保产品。②推广绿色经营和服务。由工商、质检部门制定绿色商场准入标准，创建一批绿色消费示范点，促进商家有效落实各项节能措施，鼓励公众购买带有中国环保标识的商品，鼓励电子商务发展，建立绿色高效的服务模式；大力推动绿色销售，转变企业传统经营方式，建立精益销售体系，达到节约资源的目的。③提倡简约生活。鼓励和支持使用符合环保纺织标准或绿色服装标准的纺织品和服装，大力推动高科技环保材料服装产品发展，加快生态农业发展，推广绿色无公害食品，提倡资源节约型消费观念，在全社会培养良好的穿衣饮食方面的绿色习惯。

（2）提倡低碳生活方式。以建设资源节约型社会为核心，通过各种方式引导公众调整传统的生活方式，鼓励公众选择环境友好的高质量现代生活方式，倡导良好的生活风尚。①打造生态环保建筑。大力推进绿色小区标识创建工作。推广建筑外墙采用保温隔热层，充分利用自然通风和采光，减少空调和电灯使用；推广建筑垂直绿化和屋顶花园，有效增加城市绿化面积，降低城市噪声；推广使用高科技环保型建材，提倡适度装修。②推进社会节约用水。加强农业节水工作，大力发展设施农业、现代农业，创建"高效农业示范园""节能灌溉示范园"。大力发展中水回用，提高再生水利用率，形成全社会节约用水的良好氛围。③倡导绿色节能办公。推动办公建筑节能监管体系建设，实行能耗统计与能源审计制度。提倡无纸化办公，严格控制文件印刷数量，注重纸张的回收再利用。④提倡绿色生活习惯。加快推广社区共用供热系统和太阳能热水系统；重点推进社区垃圾分类回收处理，建立资源回收利用体系；通过政策引导和鼓励公众优先选购绿色节能家电；严格执行"限塑令"，倡导消费者自觉减少或不使用塑料购物袋倡导消费者减少使用一次性用品。

（3）推行绿色出行方式。大力倡导公众优先选择节能环保、有益健康、兼顾效率的出行方式和交通工具，促进交通运输领域的能源节约。①深入发展城市公交战略。改善公交网络，倡导市民选择节能环保的出行方式。②建设和完善城市路网。改善道路质量，及时进行市域内公路路面整修。科学设计市区道路交通组织方式，改善交通微循环。充分发挥铁路、水路运输节能环保优势，推动交通运输节能降耗。③建立完善的自行车交通系统。在全市主要道路配套建设完善、便捷、安全的自行车通道；在各类公共场地配套建设自行车停车场；在清名桥、惠山古镇等重点历史文化街区和环蠡湖风景旅游区、惠山、青龙山森林公园，规划建设一批自行车交通示范通道；大力推广自行车租赁服务，完善自行车租赁体系，在轨道交通站点和公交枢纽、重要商业街区和旅游景点设置自行车租赁点，方便市民和外来游客采用清洁、便捷的方式出行。④促进交通运输节能减排。优化运输组织结构，减少单车单放空驶，适度鼓励市民拼车出行，提高运输效率。加速淘汰高耗能的老旧汽车，倡导选择燃油经济性较高和符合排放标准的车辆。加快推进环保汽车开发和使用，限制高污染排放车辆使用。大力开展"每周少开一天车"等环保活动，减少汽车的日常使用；加强政府机关、企事业单位公务用车管理，逐步改变专车使用方式，提高公务车使用效率。

**健全环境支撑体系**

（1）持续改善水环境。①加强饮用水源保护。加快横山水库水源地的改造和水源地保护区建设工程、无锡水源地水质改善及保护示范工程、无锡—江阴沿江地下水备用水源地工程、锡山区山区塘坝应急备用水源建设工程的推进。②控制工业点源污染。控制新增污染源，坚持在审批新建、改建、扩建项目时全程管理，严格执行环境影响评价（环评）制度，禁止新上污染物排放总量超过核定指标或新增废水排放的化工、冶金、印刷、制革、制浆造纸等"五小"企业；加强对"三高两低"企业的治理、整顿，通过产业准入、安全生产、环境保护、质量技术监督、土地审批、节能降耗、工商登记、综合效益等方面对工业企业进行全面排查，对"三高两低"企业实行关停、淘汰与整改等分类整治；加强重点工业企业的监管，实行实时监控与动态管理，促使工业污染源做到达标排放。③加快污水处理厂和污水管网建设。实现污水管网全覆盖，实现所有污水全面接管。各市（县）区大力开展污水处理厂除磷脱氮工程改造。按照厂网配套并提高污水处理厂利用效率的要求，科学合理建设配套污水管网。各市（县）区在充分满足污水处理厂日处理能力的基础上，完成相应的配套管网建设。各市（县）区对辖区内住宅小区和企事业单位污水接管情况进行全面排查，结合污水管网建设，划分排水达标区，开展排水达标评比活动，做到排水设施、养护和管理全到位。④强化农村生活污水处理。按照建设社会主义新农村的要求，优化镇、村布局，完善污水处理基础设施，对农村生活污水处理采取分类指导、因地制宜的方式，合理推进城镇污水收集管网的延伸与覆盖；对纳入规划保留点的村建立污水集中处理设施，对生活污水进行集中处理后排放；对未纳入规划保留点的分散村庄采取建设生物净化池或生物净化前置库等措施来进行污水处理。太湖一级保护区内全面建成农村污水处理设施。⑤生态防护林和湿地建设。通过加快建设生态防护林和生态湿地，重建无锡全市太湖流域内水生态系统，消除或减轻水体污染，恢复水体自净能力，创造城市优美的水生态景观。结合太湖保护区建设，在河道两侧一定范围内建设生态防护林，构建较为完整的生态防护隔离带，重点建设环太湖一级保护区缓冲林带工程，在主要入湖河道及河口等地建设通湖水质净化林，重点建设直湖港、大浦港、乌溪港、小溪港、洪巷港、武进港等主要入太湖河道的通湖水质净化林工程。重点实施太湖湖滨湿地修复工程以及亮河湾、贡湖湾等湿地保护与恢复工程，建设漕桥河、官渎港等入湖河流湿地保护与恢复工程，建设东氿、阳山荡等上游关键湖泊湿地保护与恢复工程。

（2）全面提升空气质量。以改善无锡市域内大气环境质量为重点，制定大气环境综合整治方案，加强大气污染排放控制和管理，以使全年城市空气质量达到功能区标准。①加强大气污染源控制。实施全市二氧化硫排放总量控制。禁止新建燃煤热（火）电厂，严格控制燃煤锅炉的使用；制定和实施燃煤电厂氮氧化物治理整体规划，加快现有热（火）电厂的脱硫工程建设，稳定脱硫设施运行，电力行业、非电工业全面推行低氮燃烧技术，配套烟气脱硝设施，按照国家、省和市有关节能减排的规定，关停能耗高、污染重的小火电机组。②加快集中供热和能源改造。逐步淘汰热电厂供热范围内的燃煤锅炉，减少用煤量。同时，加快建设市域内天然气管道覆盖工程，提高天然气用户比例。③加强汽车尾气控制。全面实施国家三阶段机动车尾气排放标准，逐步提高机动车尾气排准，提高机动车环保准入标准，开展机动车专项整治，制定《无锡市机动车排气污染检测场站布局规划》。实施汽车尾气监控示范工程，在全市主要道路口和汽车修理站配套建设尾气监控设施，与交通管理部门建立联动机制，开展汽车尾气达标排放整治工作。④提升植被空气净化能力。提高特定区域内的林木覆盖率，充分发挥植被正常的固碳和释氧功能，改善区域碳氧平衡状况，提高植被空气净化能力。

（3）完善环境监测执法体系。以生态文明为理念，以"科技化、常规化、快速化"为原则，运用高科技建立完备的环境监测预警体系，建立健全条块联动的环保执法体系，建立健全与新时期生态环境文明相适应的环保能力体系。①加强环保监测体系建设。建立水陆空"三位一体"的城乡环境监控体系，依托国家环境资源遥感卫星、水质自动监测站和监测船等设备，建立全覆盖、多方式、全天候的太湖水质应急监测网络和交界断面水质监控体系；以物联网试点运用为重点，加强重点工业污染源的在线监控，完善以水、气、放射源、声和危险废物为对象的在线联网环保监测体系。②加强环境执法体系建设。综合运用立法、行政审批和行政执法等手段，推动社会力量参与，建立企业环保理念，建设完备的环境执法体系。加快立法进程，制定出台相关环保法规；严格环境准入，严格执行无锡市产业政策和太湖流域新的环保准入门槛，否决不符合环保要求的项目；条块联动，加大对开发区（工业集中区）的环境专项整治力度，加快推进园区环境规划、环评和治污基础设施建设；加大执法力度，集中开展各类环保专项活动，对国家、省、市执法检查中发现的违法违规问题实行挂牌督办；加强舆论宣传，使环保宣传逐步实现经常化、基地化和常态化；建立企业环境行为信息公开制度，对排污企业实行环境行为公开评级，推行环保有奖举报制度，实行环保公开道歉和承诺制度，提高企业环保理念。

**营造良好宜居环境**

（1）加强生态功能区建设和保护。实现生物多样性保护、河流污染控制和美化生态景观等多种生态功能，构筑起全市的生态安全屏障。①加强生态功能区建设和保护。按照全市划定的自然保护区、风景名胜区、森林公园、饮用水源保护区、重要水源涵养区、重要湿地、生态公益林、特殊生态产业区八大类24个重要生态功能保护区，严格实施重要生态功能区的建设与保护。②积极开展生态廊道建设。生态廊道建设以河流水系和道路交通体系为框架，以促进生态信息交流为目的，以公园、人工湿地、绿化带等形式将全市重要生态节点连接起来，形成覆盖全市的生态网络廊道体系。道路生态廊道以市域内的交通网络为基础，在高速公路、铁路、不同等级公路两侧布置宽度不等的绿化带。水系廊道建设以无锡市的河流、湖泊为切入点，通过建设人工湿地、加强河流湖泊沿岸的绿化和美化，保证水生生态系统的完整性。实施太湖沿岸及五级以上航道沿岸两侧防护林带建设。结合新农村建设及河道整治工作，全面推进江、河、湖以及工业与居住区之间的防护林建设。

（2）完善人居基础设施。以建设宜居环境为重点，突出城市绿地建设，完善配套基础设施，提高城市居住适宜性，建设国家生态园林城市群。①完善城市绿化设施。以自然山体、水体、公园、交通走廊、开敞空间等为依托，调整优化各中心城区绿地系统空间布局。重视公共绿地建设，在城镇规划建设中预留一定比例的绿化空间。扩建、增建大型生态绿地，形成城市的多点"绿心"，提高绿地总量。提高城市及工业区周边自然绿地面积和绿化覆盖率，建设集中绿地和连通各集中绿地的廊道，保护自然物种栖息环境，合理进行树种规划配置，保护城市森林系统的生物多样性，增加城市生态系统中的自然成分。无锡中心城区生态绿地建设以惠山森林公园等大型绿地空间为核心，重点加强河道绿化和道路绿化，形成网状的绿地廊道系统，系统科学安排街头绿地和小游园建设，形成综合公园、社区公园与带状公园等均匀分布格局。江阴市重点构建包括山体自然景观、河道路网、城镇组团间的绿色隔离带、含农田在内的生态开敞空间四部分组成的城镇生态防护林体系。宜兴以绿色通道建设为廊道，以城镇绿地系统建设为斑块，构建宜兴生态绿地系统。②完善生态交通设施建设。加快建设完善轨道交通线网络，不断更新公共交通车辆，使公共交通车辆环保水平达到国内最高标准。③完善医疗服务设施。加快建立以市级医疗卫生保健机构为龙头、以农村社区卫生服务中心为枢纽、以社区卫生服务站为基础、以个体私营医疗机构为补充的医疗保健服务体系。完善城乡医疗设施网络，健全城乡公共卫生服务体系。合理调整全市的医疗卫生设施布局。加快推进部分功能重复或相近的医疗机构合并或重组，形成以现代化大型综合医院为核心的分级医疗卫生网络。建立健全现代化医疗卫生服务网络体系。④加强文化教育机构设施建设。加快文化体育设施建设，加大对各镇（街道）、村（社区）文化事业的投入，重点建设文化中心、文化室等综合性文化活动场所，引导社会力量广泛参与，投资兴办农村文化产业。调整教育机构布局和资源整合，进一步优化施教半径，合理规划就学范围；小学、初中、普高和中等职校基本建成数字化校园，实现网络化管理和资源共享。加快发展职业和高等教育；全力发展高等教育，鼓励和吸引国内一流大学来无锡合作开办分校、研究生院或研究院。

（3）城乡人居环境建设。根据"集中、集聚、集约"的原则，构筑多中心、开敞式的市域空间发展格局，广泛开展生态城、绿色街道、生态乡镇和生态村系列生态创建活动，共同创建无锡山水和谐人居环境。①探索生态城建设。以新城开发建设为契机，开展生态城指标体系研究，以生态文明理念引领、规划设计和建设，突出发展低碳经济、循环经济，重点在太湖新城和锡东新城实施生态城建设示范工程。②推进绿色街道建设。顺应全市撤镇建街道的行政区划调整趋势，借鉴深圳推进生态街道建设的经验，结合无锡市的实际，制定生态街道建设指标体系，建立组织领导体系，扎实开展生态街道建设试点工作，积累经验，待成熟后在全市现有街道中推广，以完善无锡市的生态创建体系。③积极推进国家级生态乡镇和生态村建设。以创建生态乡镇和生态村为抓手，全面推进以造林绿化、污水治理、河道整治、垃圾处理、村庄整合等为重点的农村生态环境综合治理，努力建设生态型现代化新农村。创建生态乡镇，以改善农村人居环境为目标，加强中心镇、村的规划和建设，在保留传统村镇风貌的基础上，因地制宜地实施农村生态环境整治，加快农村基础设施建设和景观规划建设，动员全市乡镇积极开展创建活动，制订创建计划，研究具体措施，开展创建行动。各乡镇在完善基础设施建设的基础上，应根据生态乡镇的要求，进一步完善乡镇的各项建设规划，争取达到生态乡镇的创建标准。

基于以上四个方面的目标，加速推进"两型社会"建设综合配套措施，构建生态保护与建设空间新格局，力争到 2020 年基本建成资源节约、环境友好、特色鲜明的"两型社会"发展模式，将无锡打造成为江苏省乃至全国的生态示范强市。

## 第三节　无锡"两型社会"建设的实践路径与优先领域

全面贯彻落实国家"十三五"规划、江苏省"十三五"规划纲要精神，坚持科学发展、先行先试，全面推进无锡市"两型社会"建设综合配套改革试点，着力在促进自主创新、优化产业结构、统筹城乡发展、促进资源节约、提升生态水平等重点领域和关键环节取得有效突破。着力构建有利于节约资源和保护环境的绿色、高端的生态经济体系、系统高效的生态治理体系、国内领先的生态制度体系、全民参与的生态文化体系。利用体制机制创新、生态文化培育和协调治理有重点有层次地推动生态与社会的共同发展，推动"两型社会"建设稳步前进。

### 一　无锡"两型社会"建设的实践路径

#### 1. 资源集约的机制创新

党的十八届五中全会强调要"树立集约利用理念。这是实现全面节约和高效利用资源的内在要求。要坚持注重内涵的资源利用模式，摒弃外延扩张的粗放利用模式。在全面节约基础上，更加注重产出效率，更加注重集约效益，更加注重体制机制创新。创新资源利用政策，加强与投资、财税、信贷、环保等政策的配套联动，努力减少单位产出的能源、水、土地、矿产等消耗，切实提高资源利用的综合效益"。[①] 如今，无锡市"两型社会"建设综合配套改革试点由整体推进向纵深发展。继续巩固、完善已

---

① 姜大明：《全面节约和高效利用资源——学习贯彻党的十八届五中全会精神》，《人民日报》2015 年 12 月 8 日，第 7 版。

经出台的改革措施，全面推进重点领域的改革试验，尽快形成有利于资源节约和环境保护的体制机制。

（1）发展循环经济。加强节能、节水技术改造，加强废渣、废水、废气综合利用管理，开发利用可再生能源，推行清洁生产、废弃物资源化利用，推行重点节能和循环经济示范项目，完成重点企业的强制性清洁生产审核任务。全面推进国家级、省级开发区（园区）循环化改造工作，推进循环经济试点示范工作，组织实施一批节能与循环经济项目，在省内率先培育一批循环经济企业和园区。

（2）调整能源结构。推进电力工业结构调整，加快发展热电联产，推进清洁能源区建设；结合望亭电厂供热工程建设，完成关停协联热电厂；加大热电行业整合、整治力度，加快实施热电联产规划，推进燃气热电项目建设，适时启动黄巷热电厂关停工作；加快推进西区、南区燃气热电厂项目前期工作；推进太阳能热水系统和太阳能光伏发电应用，实施光伏太阳能屋顶、建筑一体化和地面光伏电站工程示范项目；促进再生资源回收利用，建立和完善废旧电池、废旧电器有偿回收网络；制定和落实再生水利用、中水回用、各类再生资源回用等政策，加大生活污水、雨水的收集处理和循环使用力度，推进再生水利用工程。

（3）健全土地节约机制。提高节约集约用地水平。开展农村集体建设用地流转市场建设试点，建立规范的市场运作机制，促进集体建设用地有序流转。落实集约用地的各项政策措施，推行新增指标与盘活存量用地挂钩使用办法，提升全市节约集约用地水平。严格按规划用途安排供地计划，全面实施新增产业项目建设用地评审制度，提高土地集约利用水平。落实盘活存量和使用增量挂钩制度，建立节约集约用地保证金制度。

（4）推进节水型社会建设。大力推进节水型企业、学校、灌区、社区、示范项目等建设，新建一批规模化、高水平的节水载体。在全市范围开展用水器具改造工作，推广节水型器具。在新建小区、宾馆等项目中建设净水、中水系统。继续推进节水型企业、单位、小区、家庭的创建工作。严格实行用水总量控制和用水效率控制。

（5）促进产业绿色发展。围绕"三地三中心"建设目标，按照主体功能区实施规划，优化产业发展空间布局，加快推进国家现代农业示范区、惠山工业转型集聚区、宜兴环保科技工业园建设，打造"两型"产业示范园区。全面推进绿色建筑发展。加快推进太湖新城国家级绿色生态城区示范区建设，提高公园广场、生态园林等项目建设比例，提高可再生能源在建筑用能中的比例，促进可再生能源建筑应用产业发展。

（6）加强资源综合利用和无害化处理。完善再生资源回收体系，推进再生资源利用体系建设。大力推动生活垃圾分类回收体系和综合利用体系的协同建设，继续抓好生活垃圾分类收集试点和逐步推广工作，加快推进有害垃圾单独回收和科学处理。推进餐厨废弃物资源化利用和无害化处理设施建设工作。推进太湖淤泥、污水处理厂污泥、藻水分离站藻泥、芦苇等资源化利用。

（7）倡导公共机构节能。推进机关既有办公建筑节能改造和合同能源管理，落实《无锡市公共机构节能管理办法》，促进公共机构节能工作规范化、制度化、常态化。组织开展"绿色办公，反对浪费"大讨论，继续推进"两型"机关、学校、医院、体育场馆、科技场馆、文化场所、金融机构、驻锡军营八大示范工程建设，充分发挥党政机关在"两型社会"建设中的示范引领作用。

**2. 生态文化的培育践行**

（1）培育生态文明意识。采用多种宣传教育措施，引导企业和人民群众了解、接受生态文明理念，形成自觉的生态文明意识，主动履行生态环境责任，使每个企业、单位、个人成为建设生态文明的责任主体。

（2）大力倡导绿色消费。开展绿色饭店、绿色餐饮、绿色超市创建工作，积极倡导宾馆、酒店等公共场所取消免费提供一次性用品。建立绿色产品标识制度，进一步扩大综合节能和具有环保标识产品的政府采购范围，增扩列入政府采购目录的绿色产品。

（3）大力发展公共交通。提倡使用节能环保型公共交通车辆，引导消费者选择低碳产品，加强环保标识产品、有机食品、节能产品的认证，推广实施能效标准，规范节能产品市场。开展反食品浪费行动，减少过度包装和一次性用品的使用。积极倡导节约简朴的餐饮消费习惯。

（4）建立健全生态宣传教育长效机制，合理保障生态宣传教育工作的资金投入。积极探索建立协调联运的宣教工作机制，充分利用文化、广播电视、新闻出版和教育等媒介，通过生态公益宣传活动、生态教育培训活动、媒体宣传等形式，加强生态意识教育，普及生态科学知识，营造全民参与生态文明建设的良好氛围。

**3. 协同治理的系统格局**

（1）建立"政府主导、多方参与"的多元化投入机制。为保障示范区建设工程的顺利实施，各级政府必须加大投入引导资金，国家和省级财政部门已制定了适度倾斜的财政支出管理制度，无锡市及所辖区（市）要在年度投资计划中列出生态建设专项资金，优先保障重点生态建设工程顺利实施。建立多渠道融资机制，制定积极有效的市场机制，定期公布鼓励发展的生态产业、生态建设项目目录，对鼓励发展的项目给予适当的政策优惠，鼓励和引导集体、企业、个人以各种形式参与生态保护与建设事业，采用发行彩票、债券等形式来筹集资金，形成政府、企业、社会多元化投入机制，充分调动广大群众参与生态保护与建设工程的积极性。

（2）构建跨部门、跨行业的协调机制。由市政府组织各相关部门建立生态保护与建设的综合决策机制和部门信息共享联动机制，进一步完善政府主导、市场推进、公众参与的环境保护新机制，完善领导干部环保政绩考核制度和官员环境责任追究机制，并及时编制专项预算规划，与中期财政规划统筹衔接，经市政府批准后执行。各相关地区和部门要严格按照规划要求制定本辖区和本部门的具体实施计划，各司其职，精心组织实施，实行年度考核和问责制度。建立示范区建设工作领导小组，由市领导任组长，市发改、财政、科技、国土、环保、市政园林、住建、规划、水利、农委、农机、统计、气象、太湖办等部门组成无锡市推进生态保护与示范区建设工作领导小组，领导小组办公室设在市发改委。领导小组加强对示范区建设的组织领导，统筹、协调解决示范区建设过程中的重大问题。领导小组办公室具体负责组织规划编制，拟订工作计划，逐级分解任务，组织实施和落实各项工作部署；及时上报有关示范区建设的动态情况、单项工作成果，总结示范区建设成果和经验，完成总结报告并报省发改委及相关部门。各地区成立相应的领导机构，负责本地区的相关工作。各级各部门要把生态保护与示范区创建工作摆到突出位置，列入重要议事日程，建立健全上下联动、协调配合的工作机制，精心组织，强化措施，狠抓落实，取得实效。

## 二　无锡"两型社会"建设的优先领域

《江苏省生态文明建设规划》指出："根据江苏区域和城乡发展不同特征，强化分类指导，实施差别化政策，统筹推进区域和城乡生态文明建设。紧紧抓住苏南现代化建设上升为国家战略的机遇，把苏南地区率先打造成生态文明建设示范区，为全国生态文明建设探索经验、做出表率。"①依据无锡市的基本市情，从生态、社会、机关三方面实施重点优先发展战略，建设以太湖为重点的水环境综合治理体系，增强生态文化宣传力度，提高公众参与度，构建"两型"单位及低碳经济示范点。

### 1. 推进以太湖为重点的水环境综合治理体系建设

2007 年太湖蓝藻水污染事件发生后，无锡市政府深刻反思、吸取教训，提出"铁腕治污、科学治太"，制定实施太湖水污染治理工作方案，集中各方力量狠抓调水引流、生态清淤、蓝藻打捞、河道治理等各项工作，加大有效投入，为太湖水环境的持续好转奠定坚实基础。一是科学组织调水引流。"引江济太"工程累计调引长江水 8.1 亿立方米，其中调入太湖 3 亿立方米，梅梁湖泵站调水 4.5 亿立方米，大渲河泵站调水 3 亿立方米，城区河道调水 1.8 亿立方米。通过引清释污，有效改善了太湖水源地及周边河道水环境。二是有序推进生态清淤。积极推动淤泥资源化利用，梅梁湖生态清淤工程完成 200 万立方米清淤量。三是持续开展蓝藻打捞处理。出台《无锡市蓝藻打捞与处理管理办法》，加强沿湖 142 公里湖岸线的湖泛巡查和蓝藻打捞，落实长效管理机制。建成 8 座藻水分离站，日处理藻浆能力达 14000 吨，打捞处理蓝藻 120 万吨。四是加快实施治太重点工程。完成走马塘工程无锡境内 39 公里河道拓浚工程。通过持续有效的综合治理，太湖无锡水域水质总体稳中趋好，水质藻情体现为"一个稳定、三个改善"：6 个集中式饮用水源地水质稳定达标；太湖无锡水域水质、藻类集聚情况、入湖入河水质持续改善。在保持现有成绩的基础上，深入推进以下三个方面的水环境生态修复工作。

（1）落实治理太湖的总体方案。全面落实修编后的国家治太总体方案

①《江苏省生态文明建设规划（2013～2022）》，http://www.jiangsu.gov.cn/jsgov/tj/bgt/201308/t20130807_391925.html。

和省实施方案，深入推进治太工程，研究制定并出台治太工程运行管理、农村生活污水处理设施运营及监管等办法，继续实施太湖新城、望虞河西岸、直湖港、宜兴太湖西岸重点片区环境综合整治，加快提高水源地水质预警监测特别是突发事件的应急监测能力和水平，完善"河长制"管理制度。

（2）开展水环境综合整治。总结、推广无锡太湖治理的经验，坚持综合治理、项目推进、规范考核，加快推进河道环境综合整治，建立长效工作机制，创建示范样板河道和湖泊治理典范。着力推进太湖无锡水域水质持续改善，完善从水源地到水龙头的安全保障机制，继续实施太湖新城、望虞河西岸、直湖港、宜兴太湖西岸重点片区环境综合整治，在重点河道实施"断面长制"管理。继续推进环境污染责任保险试点，建立环境风险高且规模大的企业参保工作机制。全面落实"河（湖、库、荡、氿）长制"管理，落实责任主体，加强河道水质监测和执法管理，严格封堵排污口，将主要入湖河道全面建成示范样板河道。加快推进蠡湖深度治理和生态修复试点，使蠡湖水生植物自净能力得到最大限度的提高，基本恢复良性湖泊生态系统，成为内湖湖泊治理的典范。

（3）实施调水引流和生态清淤。在全面控制外源污染的基础上，充分利用水利工程，合理调集水质较好的水并将其导入特定的水域，清理特定水域内污染较为严重的底泥，进一步消除水体内生污染，改善特定水域水质，扩大水体环境容量。合理调水引流。在保证市域内防洪排涝水利安全的基础上进行常年持续、适量调水，主要是调长江水进入锡澄片河网和太湖，调太湖水入湖湾和河网，使水质较好的水定向有序流动，与特定水域的水体扩散、混合，增加原有水域的环境容量。加大生态清淤力度。继续对重点水源地、主要风景旅游区、河道入湖口、全部供水水源地进行全面彻底清淤，消除或减少底泥中的污染物、营养物，为改善水环境和生态修复、恢复生态系统良性循环打下基础。

**2. 全方位加大科普宣传力度和完善公众参与监督机制**

（1）加大科普宣传力度。①以科技普及与宣传为重要手段，提高公众依靠科技推进生态保护与建设的意识。利用科普基地、科技活动周等各种载体，加大对生态知识、生态保护与建设先进经验和成功典型的宣传力度，大力宣传生态保护领域科技新知识、新成果、新成效和新典型，提高生态保护与建设工作的群众参与度，倡导形成良好的生态保护习惯，营造全民共推共建美好环境、美好生活的氛围。②通过报纸、广播、电视、网络等新闻媒体，深入宣传建设"两型社会"的重大意义和相关政策，及时宣传工作新进展、新成果、新经验，组织各级、各类媒体宣传"两型社会"建设改革经验与成效，运用理论宣传、新闻宣传、文艺宣传、社会宣传四种形式做好"两型"宣传工作。组织开展好节能宣传周、城市节水宣传周、世界环境日、地球日、世界水日、无车日、无烟日等活动。

（2）建立生态系统信息网络。①加强生态环境资料数据的收集和分析，建设生态资源数据库，完善动态监测网络，及时跟踪监测，实现信息资源共享和监测资料综合集成。②通过信息网络定期向社会发布生态保护与建设相关信息，定期发布评估报告。开展网络信息服务，为城市居民、农户及其他社会公众提供有用的生态信息。

（3）健全公众参与监督机制。①在机关、学校、企业、乡村大力倡导节水、节能、节电、节地等低碳消费方式，建设"两型社会"环保志愿者队伍，积极组织洁净家园、绿化植树、整治河藻等公益活动，并开展"环太湖生态文明志愿服务大行动"。②发挥各类社会团体的作用，推动环境公益诉讼，强化社会评议，接受舆论监督。积极引导广大公众自觉履行保护资源环境的法定义务。③充分发挥各新闻媒体的作用，广泛动员市民为"两型社会"建设献计献策，营造全社会支持"两型社会"建设的良好氛围。

**3. 推进"两型"单位创建以及低碳经济示范试点**

（1）推进"两型"单位创建。推动公共机构特别是党政机关示范创建，在全市大力开展"两型"示范系列创建活动，通报表彰先进单位和个人，加大"两型"街道（镇）、社区（村）、学校、家庭、机关创建力度，完善推进机制，规范创建标准，丰富创建内容，营造"两型社会"共建共享的良好氛围。

（2）开展低碳经济示范试点。创新生态城市管理模式，从地区、园区、企业、小城镇四个层面开展市级低碳经济示范试点工作，推进低碳城市建设"十大工程"。加快推进中瑞低碳生态城建设，创建国家低碳示范城，争取将中瑞低碳生态城列入国家低碳发展示范城试点。大力发展低碳技术和绿色产业，突出抓好产业、能源、建筑、交通、消费等领域的低碳化。规划建设无锡太湖低碳示范区。积极推进低碳试点等相关工作，对全市工业、交通、建筑三个重点领域的低碳建设工作进行重点推进，编制了《无锡市国家生态文明先行示范区实施方案》。积极推进"双百工程"和城市矿产示范试点工作，部分项目列入国家和省试点。

在"十三五"期间重点抓好以下三项工作，将示范创建活动落到实处：一是制定改革规划。围绕《无锡市资源节约型和环境友好型社会建设综合配套改革试点总体方案》确定的目标任务，根据改革试点工作实际情况，会同相关部门，制定中长期"两型社会"建设工作要点，明确"十三五"期间改革试点工作的主要思路、重点区域和重大项目。同时，确定技术支撑单位，提出无锡市"十三五"期间"两型社会"建设改革试点工作方案建议，编制相关改革行动计划和专项方案。二是破解重点问题。按照改革试点要求，在科学决策管理、资源节约利用、环境保护建设、产业优化升级、城乡统筹发展、促进公众参与等重点领域和关键领域重点研究、着力推进，力求取得突破性成效。加强与国家、省有关部门的沟通和衔接，及时跟踪上级出台的重大改革举措，积极争取有关国家、省重大改革试点在无锡市先行先试。三是营造试点氛围。强化两型办对"两型社会"建设改革试点统领作用，及时研究并解决工作中出现的新情况、新问题，加强对"两型社会"改革试点配套政策制定与落实等的统筹协调和组织推进。建立健全"两型社会"改革试点的目标任务分解、督查考核、运行评估等考评机制，把"两型社会"改革试点工作纳入基本实现现代化的目标考核。充分发挥各新闻媒体的作用，突出"两型社会"建设的重大意义、重大设想、重点区域、重大项目、重大活动等方面的宣传，注重提炼全市各地区、各领域、各行业建设"两型社会"的好案例、好做法、好经验、好模式，凝聚社会各界关心、支持"两型社会"改革试点的共识和合力。

# 第五章
# 无锡"两型社会"建设的政策举措

近年来，无锡"两型社会"建设中采取了一些非常规的创新政策和举措，其中很多政策措施开创了全国之先。无锡在转变发展方式方面，制定战略性新兴产业发展规划，瞄准新型产业的最前沿，明确战略重点，实现产业转型和优化发展。无锡在打造人才特区方面，构建具有无锡特色的政产学研联盟，在全国率先启动了引进领军型海外留学归国创业人才的"530"计划，完善了科技人才集聚与保障体系。无锡在资源集约方面，强化规划导向作用，引导和鼓励企业和项目向园区聚集，项目向各地区重点园区集中，进一步促进产业集聚、企业集群、土地集约发展，形成特色鲜明、错位发展、集聚集约、协调推进的发展格局。无锡在推进环境综合治理方面，通过专项规划、科学治太，大力推进湖滨湿地修复、绿色城市建设、废弃土地的生态重建、生态农业和特色乡镇建设等。另外，无锡还采取了有力措施，努力建设"政府引导推动、市场和企业主导推进、社会组织和市民积极参与"的多中心协同治理机制。这些措施在全国"两型社会"建设中起到了引领和示范作用，具有借鉴意义。

## 第一节　构建"两型"产业体系

### 一　力促产业转型升级

#### 1. 制定战略性新兴产业发展规划

近年来，无锡在转变发展方式的过程中，一方面淘汰落后产能，整治"五小"企业和"三高两低"企业，腾出土地空间、环境容量，缓解环境、资源、能源的压力；另一方面，促进新型产业发展，瞄准新型产业的最前沿，明确战略重点，加快无锡产业从劳动密集型、资本密集型产业向知识密集型、技术密集型产业跨越，实现产业转型和优化发展。

根据国家和省大力推进战略性新兴产业的总体要求，结合无锡产业基础和发展需要，确定了重点发展物联网和云计算产业、新能源、新材料、节能环保、微电子、高端装备制造与工业设计、生物技术和新医药、软件和服务外包八大战略性新兴产业的实施方案。①

其中，物联网产业处于重中之重的战略地位。无锡高新技术产业开发区 2010 年正式获批为国家物联网示范基地，2011 年无锡出台了物联网应用示范项目认定扶持实施办法，着力培育结构合理、重点突出的物联网科研体系、产业体系、应用推广体系，推进物联网在生产领域、基础设施和市民生活中的应用示范，通过应用示范带动技术突破和产业发展，使无锡成为物联网广泛应用的先导示范城市。②

在无锡智慧城市的体系架构下，充分整合利用现有的信息化系统和网络基础设施资源，围绕管理模式和服务模式创新，逐步建立部门、行业之间的协同推进机制，实施物联网典型应用示范工程，探索运营服务模式和商业模式，促进产业升级。

### 2. 搭建新型产业载体

一是加强规划引导，完善新兴产业平台功能。强化规划导向作用，引导和鼓励企业与项目向园区聚集，项目向各地区重点园区集中，形成特色鲜明、错位发展、集聚集约、协调推进的发展格局，进一步促进产业集聚、企业集群、土地集约发展。近年来，无锡市重点建设了江阴沿江新材料产业带、江阴临港新能源产业园、宜兴环保科技工业园、宜兴非金属材料产业基地、锡山新材料产业园、锡山轨道交通装备产业园、江苏数字信息产业园、惠山软件外包园、滨湖工业设计园、滨湖山水城科教产业园、无锡（国家）传感网示范基地、无锡（国家）软件园、国家集成电路设计（无锡）产业化基地、无锡光伏产业园（中新太阳城）、崇安家居创意设计

① 《关于进一步推进战略性新兴产业发展的实施意见》（锡政发〔2014〕43 号），http://www.wuxi.gov.cn/web101/wxqk/gazette/gov_file/6771749.shtml。
② 《无锡财政：全力支持物联网产业创新发展》，http://www.iotun.com/news/news_detail/2011070813834.html。

园、无锡（南长）国家传感信息中心、北塘北创科技创业园等重点产业园区。

二是创新公共技术和服务平台建设与管理体制机制，引入民营企业以提供园区公共技术和服务，完善新兴产业创新网络，促进载体形成自身良性循环的生态环境，提升无锡新兴产业区域竞争力。

三是建立和完善战略性新兴产业项目库，着力推进一批对地方经济拉动作用强、有示范效应的新兴产业重点项目建设，建立健全重点项目评估把关、分层管理与协调服务机制，为投入大、水平高、特色鲜明、带动能力强的新兴产业重点项目提供绿色服务通道，促进项目早开工、早投运、早见效，成为战略性新兴产业发展的新增长点。同时，以大型龙头企业为基础，完善产业链配套，进一步提升企业带动和辐射作用。

**3. 实施产业发展"高端链"计划**

无锡以转变经济发展方式为主线，以促进经济结构战略性调整、构建现代产业体系为战略目标，着眼技术含量高、附加值高的关键环节，创建一批有自主知识产权的知名品牌，培育一批大企业、大集团，打造一批千亿元级新兴产业集群。

2013 年，无锡市启动了企业创新能力提升行动计划，在开展核心技术攻关方面，实施科技产业"高端链"计划，充分发挥无锡国家集成电路设计基地优势，以物联网、汽车电子、新能源等新兴应用领域发展为契机，在芯片架构和开发模式等方面实现创新，生产若干重大标志性产品，带动产业向高端化攀升。以大力培育创新型领军企业、高新技术企业和科技型中小企业为重点，形成一批掌握关键核心技术、引领行业发展、有较强国际竞争力的科技领军企业集群。通过实施重大项目，加快推进微电子产业特色化进程，着力加快"节能驱动与汽车电子芯片工艺开发与产业化""高端封装工艺技术开发与产业化"等新项目的落实，逐步形成特色。同时，针对企业创新存在的现实问题，将从完善企业创新体系、建设企业研发机构、开展核心技术攻关、加大科技创新投入、构建产业技术创新联盟、实施企业知识产权战略六个方面着力解决。[①]

---

① 过国忠：《加快打造"无锡产业转型升级版"》，《科技日报》2013 年 4 月 16 日，第 1 版。

### 4. 政产学研合作联盟

构建包括"官产学研中介"等多方参与的技术创新机制,支持和引导科研机构、研究人员围绕"两型社会"建设中的共性技术、关键技术进行研究开发,构建产学研相结合的"两型"技术创新体系。无锡市积极推进产学研合作,构建具有无锡特色的"7 + 1"政产学研联盟,先后与中科院、北大、清华等国内知名的"一院七校"签订全面合作协议。国家传感网创新示范区组建了7个重大研究机构,集聚了17家大院大所,为物联网的核心技术突破、产业推进提供了支撑平台。另外,无锡市还先后承办、组织参与了江苏省首届产学研合作展示洽谈会等大型成果展示洽谈会,举办各种大型高新技术洽谈活动。[①]

在此基础上,无锡市还深化了政产学研合作的形式和内容,使产学研活动主要由领导高层互访来推动向主要由企业负责人和科技创新人员组成的实务对接转变,从以营造社会氛围为主向以具体合作对接洽谈为主转变,由全方位的综合对接向全市急需解决关键技术的产业领域的专业对接转变,由政府充当所有大型产学研活动的组织者向政府、企业和社会组织共同参与重大产学研活动组织工作转变,逐步推动产学研工作由政府主动向企业主动转变。[②]

通过鼓励企业加大产学研合作,通过产业技术创新联盟等多种形式,广泛开展协作配套,实现产业上下游的有机衔接。创新联盟聚集创新资源共同攻关,聚集资源联合推广市场,填补产业链中各环节技术、产品和企业的空缺,不断完善全市产业链,提升产业整体竞争力水平。政产学研结合,增强了政府对产业、高校、科研院所的了解,有利于政府进一步完善产业政策,不断优化产业发展环境。针对无锡地区高校较少、科研机构不强的现状,在政产学研进一步结合的基础上,积极携手全国乃至全球在战略性新兴产业研发方面有实力的知名高校和科研机构,向全方位、多层次、集成化方向发展。[③]

---

① 无锡市社科联:《无锡经济转型发展的经验与启示》,《江南论坛》2010 年第 1 期,第 22 ~ 25 页。

② 无锡市社科联:《无锡经济转型发展的经验与启示》,《江南论坛》2010 年第 1 期,第 22 ~ 25 页。

③ 无锡市社科联:《无锡经济转型发展的经验与启示》,《江南论坛》2010 年第 1 期,第 22 ~ 25 页。

### 5. 实施人才战略

无锡为打造"人才特区",以实施人才战略作为产业发展的第一动力,以高端人才创业引领无锡的高新技术产业发展,最终实现产业结构调整。为此,无锡针对本地的人才结构特点,出台了一系列的招贤纳士的政策措施。

2006 年,无锡在全国率先启动了引进领军型海外留学归国创业人才的"530"计划。该计划的目标是,通过大力度、广范围、宽领域地引进海外高层次人才,计划在 5 年内引进 30 名领军型海外留学归国创业人才。为进一步推进"530"项目的产业化,无锡市于 2008 年 10 月颁布了《关于领军型海外留学归国人才创业项目产业化推进计划的实施意见》(简称"后530 计划"),重点实施 30 项"530"项目产业化推进计划,在企业融资、研发机构建设和创业者管理能力培育方面进一步予以扶持。

为进一步推进科技创新和人才国际化的进程,集聚国际高端人才资源,促进科技创新,无锡市还推出了引进外籍科技领军型创业人才的"泛530 计划"。2009 年,无锡市启动"千人计划",用 5 年时间引进并重点支持 1000 名以上海外高层次人才到无锡创业,集聚一批海外高层次创新创业人才和团队,重点引进一批能够突破关键技术、发展高新产业、区域发展急需和紧缺的科技领军型创业人才和创新人才。2012 年,无锡在整合各类人才政策的基础上,推出《关于深化"530"计划 建设"东方硅谷"的意见》,即通过深化实施"530"计划,大力引进国际国内顶尖人才,尤其是科技创业、科技创新、中介服务、社会事业等领域的领军人才,同时营造人才集群的社会环境,充分会聚海内外优秀大学毕业生,支撑科技创新和产业转型升级。[①]

为加快培育一大批具有自主知识产权和自主品牌的科技创新型企业,无锡积极打造升级版"530"企业,2014 年无锡市出台了《关于深化科技体制改革加快人才引领创新驱动发展的实施意见》,明确提出完善"东方硅谷"聚才机制,吸引科研院所专家为企业服务,推进企业研发机构建设,完善科技人才集聚与保障体系等,形成"国际化、高成长性、高技术

①　《从"530"计划到建设"东方硅谷"——无锡实施人才引进战略纪实》,《人民日报》（海外版）2011 年 9 月 14 日,第 8 版。

含量、高附加值、高带动性"企业集群。

除了出台优惠政策，无锡市还为"530"企业的产品销售提供支持，对达到一定销售额的企业给予奖励；同时，提供专业化、系统化的创业服务体系，营造宽松的创业环境。无锡创立了"创业导师""创业保姆"等帮扶机制，根据"530"企业运营碰到的实际困难，每年选送一批创业者到国外进行创业综合能力提升培训，引入知名咨询公司，为企业提供发展战略咨询服务，不仅为企业规范科学管理、科学规划提供决策参考，而且鼓励担任"创业导师"的传统企业利用自己的销售渠道帮助"530"企业的产品迅速推向市场，推动企业快速跨越创业初的高风险期。[①]

## 二 引导产业集聚发展

2011 年以来，无锡市强化规划导向作用，引导和鼓励企业和项目向园区聚集，项目向各地区重点园区集中，进一步促进产业集聚、企业集群、土地集约发展，形成特色鲜明、错位发展、集聚集约、协调推进的发展格局。

### 1. 发展园区经济

充分发挥新兴产业在引领产业转型、提升区域性中心城市核心竞争力和集聚高层次科技创新创业人才方面的关键作用，积极引导物联网、微电子、节能环保、新材料、软件和服务外包、生物医药、工业设计和文化创意等产业在中心城市和副中心城市的产业园区集中集聚，走专业化、特色化发展的道路。无锡把各类产业园区纳入城镇统一规划，在提升园区产业集聚功能的同时，引入更多城市发展要素，成为全市集约发展示范区、新兴产业集聚区、科技创新先导区以及城市功能融合区。

重点建设江阴沿江新材料产业带、江阴临港新能源产业园、宜兴环保科技工业园、宜兴非金属材料产业基地、锡山新材料产业园、锡山轨道交通装备产业园、江苏数字信息产业园、惠山软件外包园、滨湖工业设计园、滨湖山水城科教产业园、无锡（国家）传感网示范基地、无锡（国家）软件园、国家集成电路设计（无锡）产业化基地、无锡光伏产业园

---

① 《从"530"计划到建设"东方硅谷"——无锡实施人才引进战略纪实》，《人民日报》
（海外版）2011 年 9 月 14 日，第 8 版。

（中新太阳城）、崇安家居创意设计园、无锡（南长）国家传感信息中心、北塘北创科技创业园等重点产业园区。创新公共技术和服务平台建设与管理体制机制，引入民营企业提供园区公共技术和服务，完善新兴产业创新网络，促进载体形成自身良性循环的生态环境，提升无锡新兴产业区域竞争力。建立和完善战略性新兴产业项目库，着力推进一批对地方经济拉动作用强、有示范效应的新兴产业重点项目建设，建立健全重点项目评估把关、分层管理与协调服务机制，为投入大、水平高、特色鲜明、带动能力强的新兴产业重点项目提供绿色服务通道，促进项目早开工、早投运、早见效，成为战略性新兴产业发展的新增长点。

**2. 促进产业集聚**

无锡围绕"三地三中心"建设目标，按照主体功能区实施规划，优化产业发展空间布局，实施《金融支持无锡市国家现代农业示范区建设若干意见》，推动国家现代农业示范区基础设施建设、重点园区培育、重点项目推进、体制机制创新。落实惠山区工业转型集聚区、宜兴市产业转型集聚区规划建设用地规模指标。编制《无锡中瑞低碳生态城建设规划》，开展中德未来城市等低碳领域国际合作项目。

# 第二节 推进环境综合治理

## 一 太湖水环境治理

**1. 专项规划、科学治太**

2007 年以后，太湖治理成为无锡市生态建设的头号工程。无锡市举全市之力展开太湖治理和生态重建行动，先后投入数百亿元资金，实施了制定保护规划、生态修复、"河长制"管理、控源截污、监测监控等一系列措施，坚持污染防治和生态建设并重，组织全市上下开展科学治太行动。

（1）建设太湖流域"两进三出"的循环系统

一方面，组织清淤调水。组织实施梅梁湖、月亮湾、竺山湖生态清淤工程，加强调水引流以保持太湖生态水位，保障饮用水水源地水质。梅梁湖泵站和大渲河泵站相继建成投运，对改善贡湖水源地、梅梁湖和城区河道水质起到了重要作用。走马塘拓浚延伸工程、新沟河延伸拓浚工程改善了太湖无锡水域换水周期长的状况。

另一方面，加强蓝藻处置。无锡市在蓝藻打捞处理方面形成了"科学化监测、机械化打捞、专业化队伍、工厂化处理、资源化利用、市场化运作"的技术路线和工作机制。全市已累计建成 8 座固定式、4 座移动式藻水分离站，日处理能力达到 1.3 万吨。全市还建成 2 个蓝藻沼气发电和 1 个蓝藻生物有机肥项目，形成了"蓝藻打捞—藻水分离—藻泥收集—沼气发电"的产业链，为治理太湖、保护水源提供了有力保障。[①]

（2）控源截污

全市已建成覆盖所有城镇的 73 座污水处理厂，全部达到一级 A 排放标准，日处理能力超过 200 万吨。建成 4172 个排水达标区，基本实现城乡全覆盖。全市城镇污水集中处理率达到 90%，其中主城区达 95%，形成了"排水用户全接管、污水管网全覆盖、污水处理厂全提标"的国内一流的污水收集和处理体系。

（3）监测监控

强化执法监管，在各级设立专门的环境监测管理办公室。同时在全市共建成 86 个水质自动监测站（含湖体 15 个浮动站），在太湖湖体布设了 21 个蓝藻巡视点，沿岸建设了 13 个蓝藻分布视频监视系统，配备了太湖水环境应急监测船，利用遥控飞机和水下机器人加强蓝藻监测，同时利用环境卫星加强遥感监测，形成了立体式、全天候的监测体系。每年从 4 月 10 日起对太湖实施湖泛巡查，做到第一时间发现、第一时间处置。对 339 家国控、省控和市控重点污染源安装了 360 台（套）在线监控仪，全市 COD 排放总量 95% 以上的重点污染源都实现了在线监控。[②]

**2. "河长制"**

无锡在全国率先建立入湖河道污染治理的"河长制"。针对河流水质直接影响太湖的实际，无锡市决定全面推行水功能区达标"河长制"，

① 沈建荣、严飞、彭宇：《无锡太湖治理工作回顾和加强基础性研究的建议》，《环境监控与预警》2014 年第 2 期。
② 蔡莹、陈振：《智慧水务守望太湖——助力无锡新区污水收集系统优化运行》，《信息让生活更美好——江苏省通信行业信息化案例选编》，2010。

全市所有党政"一把手"分别担任 64 条河流的"河长"。"河长制"分为四级：市委、市政府主要领导分别担任主要河流的一级"河长"，有关部门的主要领导分别担任二级"河长"，相关镇的主要领导担任三级"河长"，所在行政村的村干部担任四级"河长"。①"河长"的主要职责是督办河流水质的改善工作，负责辖区内河流的水环境治理，承担限期改变面貌的职责，召开现场会，督促有关部门加快落实梁溪河的各项治污措施。目前，各级政府主要负责人分别担任 1284 条河道的"河长"。

实行严格的环境目标责任制，做到责任到边，责任有底。2013 年，无锡继续更新"河长"名录，建立"河长"约谈制度，落实"河长"水环境治理责任。"河长"办按照"一河一策"，加强水环境治理，并组织开展"河长制"志愿者活动。同时，无锡市还配套出台了《无锡市治理太湖保护水源工作问责办法》，强化监督和绩效问责，确保建立领导责任长效机制，以责任状的形式将生态建设任务逐级分解落实到各单位和各部门。"河长"是第一责任人，对所属水环境的持续改善和水质达标负领导责任。水环境质量的考核得分是干部选拔任用的重要依据，对水环境质量考核得分靠后的干部严格实行一票否决。②

建立由市分管领导负责、多部门参加的考核监督协调机制。围绕治理太湖、保护水源的工作重点、工作对策和主要任务，明确各单位、各部门工作任务，制定考核细则，硬化考核措施，加大对党政领导干部特别是"一把手"的考核力度，形成领导工作责任制、目标责任制和责任追究制有机联动的监督考核体系。科学确定考核内容，明晰考核依据，确定考核主体，建立健全各项工作标准、规范、程序和制度，并按规定进行公布，事关公众利益的应向全社会做出公开承诺。严格执行首问负责制、一次性告知制、岗位"AB 角制"和限时办结制，强化责任的落实机制。充分发挥各类监督力量的作用，促进建立全方位、全过程的责任监督体系，确保工作责任有效落实。

---

① 《无锡：沿太湖地区建立治污"河长制"》，http://news.xinhuanet.com/newscenter/2007 - 11/09/content_7040283.htm.

② 孙彬：《"河长制"从太湖走向全国》，《中国改革报》2009 年 9 月 17 日。

## 二 环境综合治理

### 1. 湖滨湿地修复

针对蓝藻暴发频繁及容易富集的特点，在十八湾至马山沿湖外侧 200～300 米范围内广泛种植能有效隔阻蓝藻和增强水体自净能力的水生生态植物，建设太湖湖滨湿地，逐步改善水域自然生态环境。以太湖湖岸两侧为重心，保护并修复自然湿地，建设人工湿地，加快长广溪湿地公园、贡湖湖滨湿地建设，构建湿地扩散廊道体系，把湿地与江、河、塘、溪、滩涂、水稻农田的保护结合起来，通过减少湿地排水、扩大水面、增加适生植物、减少农田化肥污染、减少城市居民影响等措施，为水生和陆地生物资源的繁殖与生存创造良好的生态条件，促进湖沼湿地自然生态和陆生生态系统恢复。到 2010 年完成退渔还湿地 0.8 万亩，恢复湖滨湿地 4 万亩。[①]

### 2. 建设绿色城市

一是中心城区增绿，严格执行绿线管理制度，加强绿地保护，加快城区小游园和社区公园建设，增强城市绿化的生态效应。

二是生态公园建设。加快惠山、青龙山保护建设，完成梅园透绿环境工程和十八湾环太湖公路沿青龙山一侧环境整治工程。全面完成鑫湖 36 公里沿岸的环境整治，建设森庄湿地公园、宝界湖畔山林公园。建设长广溪湿地公园、梁塘河湿地公园、北兴塘生态绿地、锡惠广场绿地等一批公共绿地，形成系统的城市公园体系。

三是城市绿道体系建设，加快实施道路、河道绿化，完成新建道路绿化配套建设，以公园、绿地等形式将全市绿道连接起来，形成全市范围内的绿色生态廊道。[②]

### 3. 废弃土地的生态重建

继续将矿山环境综合整治重点项目列入市政府重点工作目标考核内容。引入市场机制，严格废弃土地生态重建项目操作管理，通过改变地

---

① 孙华丹、吴红梅：《碧波五里湖　提供"防蓝"样本》，《新华日报》2007 年 7 月 20 日，第 A02 版。

② 中共无锡市委、无锡市人民政府：《关于全社会动员全民动手开展环保优先"八大"行动的决定》（锡委发〔2007〕51 号），《无锡日报》2007 年 6 月 12 日，第 1～2 版。

形、改善土壤结构、控制 pH 酸碱度、增加土壤肥力、调节水分涵养、使用本地树草种等途径，在废弃地上修复自然生态环境。

### 4. 生态农村建设

从城乡一体化规划入手解决布局性和结构性污染问题，继续大力推进"三个集中"（农业向规模经营和现代都市农业发展区集中、乡镇工业向开发园区和工业集中区集中、农民向乡镇和农村新型社区集中）。完善土地总体利用规划，加强农村环境基础设施建设。以发展生态农业为抓手，调整优化种植结构，普及应用标准化生产技术，限制使用农药、化肥、激素等人工合成物质，从源头上控制农业面源污染。开展河塘整治，大力发展沼气，实施河坡退耕还林，扩大环境容量。加强农村环境管理队伍建设，建立健全长效管理机制，对农村生态环境实施定期、定点监测，实行严格的考核奖惩制度。[①]

## 第三节　促进资源集约

### 一　土地集约利用

多年来，无锡还连续出台了一系列提高土地利用效率的政策文件，如《进一步加强土地资源配置工作的意见》和《关于建立无锡市重大产业项目评估机制的意见》等，引导工业向园区集中、农业向规模集中、农民向城镇集中，以提升节约集约用地水平。为进一步促进资源节约型和环境友好型社会建设综合配套改革，2014 年，无锡市出台了《关于全面提升土地节约集约利用水平的实施意见》，启动新一轮节约集约用地战略。围绕"用地规模严格控制、国土空间布局优化、用地效益显著提升"三大目标，提出了"强化规划约束控制总量、完善用地政策优化增量、创新市场机制盘活存量、优化结构布局用好流量、强化绩效管控提升质量、构建长效机制科学考量"六大举措。

### 1. 强化规划约束控制总量

一是充分发挥规划引领的管控作用。按照数量平衡型规划向结构优化

---

① 中共无锡市委、无锡市人民政府：《关于全社会动员全民动手开展环保优先"八大"行动的决定》（锡委发〔2007〕51 号），《无锡日报》2007 年 6 月 12 日，第 1~2 版。

型规划转变，增量规划向减量规划转变的规划思路，编制实施苏南现代化建设示范区土地利用总体规划，控制城乡建设空间扩张，逐步减少新增建设用地，加大农村建设用地整治挖潜力度，建立节约集约用地先导示范区。统筹各类用地布局，扩大绿色生态空间，合理减少农民居住空间，优化城镇用地空间，形成经济集中和生态开敞的国土空间格局。

二是积极探索"多规融合"的统一空间布局。为划定城市发展边界，优化城乡空间结构，积极探索国民经济和社会发展规划、城乡建设规划、土地利用总体规划、生态保护规划等"多规融合"的途径，按照城乡一体、全域管控、部门协作的要求，依托数字无锡地理空间框架建设的基础地理信息公共服务平台，建立可供各个规划共同遵循的战略目标、管控方向和标准规范，统一各类规划空间布局，形成一幅管控蓝图。

三是从严实施土地利用规划管理。建立土地利用总体规划评估修改制度，严格限定条件，规范修改程序，鼓励公众参与，稳妥有序地开展土地利用总体规划评估和修改，优化城乡建设用地结构和布局，提高规划的现势性和可操作性。将土地利用总体规划确定的管制分区以及地块所在区域的规划用途作为土地审批、土地利用规划审查的依据，增强规划实施的规范性和可操作性。

四是切实保护耕地和生态空间。加强耕地保护和高标准基本农田建设，加强各级政府耕地保护责任目标履行情况考核，将耕地和基本农田保护纳入政府年度考核目标任务。建立基本农田生态补偿机制，划定永久基本农田和生态保护红线。加强耕地质量建设，开展污染耕地生态防治修复工作，对因环太湖环境治理不适宜种植粮食的耕地，将其生产功能逐步转变为生态防护功能。重视耕地占补平衡质量，坚持统筹规划、先建备补、占优补优。

**2. 完善用地政策优化增量**

一是合理配置新增用地计划。分类制定建设项目用地保障方案，针对项目类型及项目建设轻重缓急，科学拟定土地资源配置方案。土地利用年度计划优先保障基础设施和民生工程项目建设，确保保障性安居工程、文化教育、医疗卫生和公共服务用地落实到位。完善重大产业项目评估制度，重点保障战略性新兴产业、先进制造业和重大服务业项目用地。大力实施新增建设用地计划分配与盘活存量用地相挂钩，不断提高供地结构中使用存量用地的比例。经营性用地和一般工业项目用地原则上通过盘活存量用地来解决，对环评和可行性审批不能落实的项目一律不安排新增用地。

二是完善建设用地准入标准体系。严格执行《江苏省建设用地指标》。研究制定符合无锡实际的工业用地指南，明确鼓励、限制和禁止类发展行业，分类制定投资强度、产出水平、容积率等节约集约用地控制性指标，不再审查用地单位注册资本。标准体系外的建设项目，或因安全生产、特殊工艺等原因，确实需要超标准建设的项目，应当组织开展节地评价。

三是扩大土地有偿使用范围。深化土地有偿使用制度改革，扩大国有土地有偿使用范围，推进城市基础设施以及各类社会事业用地中的经营性用地有偿使用。符合《划拨用地目录》的，可采取协议出让方式办理用地手续。通过征收年租金等多种方式，将以划拨方式取得用于经营性项目的土地纳入有偿使用范围。根据土地取得和开发成本、增值收益等研究制定划拨权益指导价。

**3. 创新市场机制盘活存量**

一是全面摸清存量建设用地家底。开展城镇低效用地、可利用资源、工业用地利用效率等专项调查，全面查清城镇低效用地范围，明确可开发或可二次开发存量土地资源的规模、分布、利用方向、盘活时序等，掌握全市各开发区、工业集中区内工业、服务业及配套设施等用地结构，以及全市工业企业用地、产出和上缴税收等情况，通过建立数据库实现动态管理，为盘活利用存量土地奠定坚实基础。

二是促进存量建设用地优化利用。加大闲置土地处置力度，严格执行依法收回闲置土地或征收土地闲置费的规定，按照"提质增效、分类处置"的原则，对已查清的批而未供、供而未用、用而不足的存量建设用地，由项目所在地市（县）、区政府分类提出处置方案，着力释放存量建设用地空间，加快存量建设用地的消化利用。建立完善低效用地认定办法，对未充分利用土地采取限期开发、企业自行升级或转让、政府回购或纳入政府储备等方式及时处置。

三是积极推进城镇低效用地再开发。按照"明晰产权、统筹规划、利益共享、规范运作"的原则，围绕使市场在资源配置中起决定性作用的要求，在符合规划的前提下，支持原国有土地使用权人充分利用自有未用土地或旧房屋拆旧建新，鼓励采取自主开发、联合开发等多种模式，分类开展旧城改造，积极引导企业以更少的土地创造更大的效益。允许市场主体在土地权属性质相同的前提下，收购相邻多宗地块。需要进行改造开发建设的，由市场主体编制改造方案，经市、县人民政府批准后，按照地块现状采取协议方式办理出让手续并缴纳政府收益；不需要开发建设的，可按程序将分散的土地合并登记。

四是稳步推进农村集体建设用地改革。在符合规划和用途管制的前提下，探索农村集体经营性建设用地入市政策，允许依法取得的农村集体经营性建设用地用于除商品住房以外的建设。

五是完善土地收购储备制度。编制土地储备规划和年度土地储备计划，加强对土地储备规模、融资规模和实施时序的审查监管，完善利益共享机制，探索建立市场调节性质的依申请收购储备和政府调控性质的依职权收购储备的土地储备管理新机制。

六是整合开发区和工业集中区土地资源。根据全市主体功能区实施计划、城乡规划、土地利用规划，以及开发区和工业集中区内企业的产出、销售、税收等情况，科学规划园区产业结构，合理确定园区发展方向，鼓励同类产业向开发区和工业集中区集聚，为全市节约集约用地创造示范效应。整合公共服务资源，鼓励开发区和工业集中区统筹建设污水处理、产品检测、仓储物流、商务信息的公共服务平台。

### 4. 优化结构布局用好流量

一是开展农村土地综合整治。认真贯彻执行《江苏省补充耕地质量评定规范》，努力实现耕地占补数量、质量双平衡。紧密围绕新型城镇化和城乡发展一体化，规范推进城乡建设用地增减挂钩，在同一乡镇范围内村庄建设用地布局调整的，在确保先垦后用、建设用地总量不增加的前提下，由省国土资源厅统筹安排、严格监管，纳入国土资源部农村土地综合整治监管平台。

二是推进工矿废弃地复垦利用。严格落实上级工矿废弃地复垦利用试点相关政策，规范推进工矿废弃地复垦利用试点。加大土地复垦的财政投入，在国土资源部批准的规模和范围内，有序推进工矿废弃地复垦利用，加快历史遗留、有合法权源的废弃矿山等的复垦利用，及时做好上图入库。

三是异地调整批而未用土地。开展批而未用土地的异地调整工作，全面梳理因城乡规划调整或者其他原因造成无法使用的批而未用土地，制定异地调整方案报原批准机关审批。对供地率较低的地区，适当核减下一年度新增建设用地计划指标。

**5. 强化绩效管控提升质量**

一是促进工业用地集约利用。鼓励先进工业实体经济发展，探索工业项目审批监管方式改革，建立完善工业用地预申请、预评估和考核验收制度，实现快速审批、快速建设、快速投产，促进土地的有效利用。鼓励土地使用者通过厂房加层、老厂改造、内部整理等措施，在符合规划、不改变用途的前提下提高土地利用率和增加容积率，不再增收土地价款。工业用地建筑高度不受限制，新增工业用地容积率一般不低于1.2，特殊行业用地不低于0.8。鼓励社会资本投资建设四层以上带工业电梯的高标准厂房，保障中小企业用地。设立高标准厂房专项扶持资金，对容积率超过2.0的高标准厂房予以补助。在不改变使用性质、符合规划条件和产业政策的前提下，多层标准厂房可以分割转让。

二是引导土地立体开发利用。鼓励充分利用地上地下空间，促进城镇土地复合利用、立体利用、综合利用。建设用地使用权在地上、地下分层设立的，取得方式和使用年期参照在地表设立的建设用地使用权使用规定执行，涉及出让的，可以根据当地基准地价和不动产实际交易情况，评估确定分层的出让最低价标准。因城市建设形成的边角地、夹花地等零星地块，按规划不能单独开发利用的，可以协议出让方式归并给相邻的大宗地使用，探索工业、商业、办公等综合用地复合开发的土地政策。

三是实行工业用地弹性年期出让制度。新增工业项目可以采取先租后让的形式供应，即先以招标拍卖挂牌方式租赁取得，租赁期按项目建设投产周期确定（一般不超过5年），租赁合同应明确正式投产后须达到转为出让建设用地的条件，正式投产后达到标准的，经批准后直接以协议方式办理出让手续，其使用年限按项目生命周期确定（一般为20年）；正式投产后未达到投入产出标准的，严格按照租赁合同约定处置。市以上重大产业项目、战略性新兴产业项目，经认定后出让年期可适当延长，但最长不超过50年。高标准厂房类工业用地最高使用年限为50年。其他产业用地可参照执行。

四是完善建设用地价格体系。逐步完善以"基准地价和标定地价"为核心的建设用地价格体系，实现基准地价动态监测成果全覆盖，建立"系统化、差别化、精细化"的地价管理模式，设立科技研发、办公用地、酒店用地等分类基准地价。探索有效调节工业用地和居住用地合理比价机制，独立研发用地出让起始价不低于相同地段工业用地价格的150%。

### 6. 构建长效机制科学考量

一是完善工业项目考核验收机制。建立节约集约用地水平与企业上缴税收挂钩制度，将工业项目上年度亩均税收作为衡量项目用地是否集约的标准。上年度亩均税收高于8万元的，按比例降低城镇土地使用税、水费、电费征收标准；低于8万元的，则提高城镇土地使用税、水费、电费征收标准。利用差别化经济杠杆促进企业有效利用土地资源。

二是加强土地市场动态监测与监管动态巡查制度。对建设用地供后开发情况实行全程监管，强化分析研究，引导土地市场健康平稳发展。继续推行履约保证金制度，推动产业结构调整和经济转型升级。充分利用现代信息技术，建立分工协作、资源共享的部门协同机制，构建由经信、规划、国土、房管、工商、税务、财政、统计等部门联动的土地利用效率共享平台，及时掌握企业用地、产出、税收等动态变化情况，提高土地资源配置水平。

三是建立节约集约用地综合考评制度。研究完善包括配套面积比例、土地产出效益、产业集聚程度、公共资源共享程度等指标的节约集约用地区域评价办法。每年组织开展开发区、工业集中区、先进制造业基地、特色产业集聚区的节约集约用地评价。将节约集约用地主要指标纳入全市经济社会发展综合评价体系，耕地保护、节约集约用地、依法用地列入地方人民政府年度责任目标和领导干部考核体系。市政府每年对市（县）、区上年度国土资源节约集约利用情况进行考核，将考核结果与新增建设用地计划分解下达、土地综合整治项目和资金安排等挂钩。

### 7. 具有无锡特色的节约集约用地模式

无锡通过多年的实践经验和理论探索，基本形成了具有无锡特色的节约集约用地模式，各市（县）、区在共性的基础上又构建了具有不同地方特色的模式。

一是以崇安区、南长区、北塘区为代表的"空间倒逼型"。无锡三城区（崇安区、南长区、北塘区）因开发程度较高、新增建设用地空间较小的实际情况，倒逼其着重发展楼宇经济，通过"向空中要地"调整经济结构、转变发展方式，节约集约用地水平较高，今后一个阶段的重点应倾向于发展服务业项目。

二是以江阴市、滨湖区、新区为代表的"产业带动型"。随着产业转型升级，一些开发区和工业园区逐步将过去低密度的工业厂房向高标准厂房转化，将传统手工产业向高科技、新兴产业转化，重点引进物联网、电子信息、生物医药、新能源、新材料等新兴产业，带动了全市产业转型升级。

三是以锡山区、惠山区为代表的"低效盘活型"。锡山区、惠山区是乡镇企业"苏南模式"发源地，建设用地内部结构不尽合理，存量的老工业企业较多，长期的发展形成了一部分可盘活利用的低效工业用地，应重点在调整盘活低效工业用地上下功夫，通过低效盘活提升城市功能形象、提高土地利用效率。

四是以宜兴市为代表"政策引导型"。宜兴市在无锡属于经济后发地区，近些年经济发展迅猛，用地需求较为旺盛，需要通过政策加以引导，确立新的节约集约用地模式，避免走先利用再盘活的老路。

## 二　建设节能低碳社会

### 1. 节能降耗减排

一是加强节能降耗工作。落实能源消费总量控制政策，严控原煤消费总量，继续淘汰落后产能，严控高耗能、高排放行业新增产能。深化电力、热电联产、交通等领域的能源结构调整，加快天然气、可再生能源、新能源利用和清洁能源区建设。加快实施电厂脱硫脱硝设施改造、钢铁企业烧结机脱硫、水泥厂脱硝改造，全面完成氮氧化物减排任务。贯彻实施《无锡市公共机构节能管理办法》，大力推进公共机构节能示范单位创建工作，扎实抓好各级行政中心的节能管理，构建引导行为节能、强化管理节能、推动科技节能的日常运行机制。

二是加强节水工作。严格控制用水总量，严守用水效率控制红线，将用水总量与新增取水许可审批紧密结合，加强用水效率控制指标情况的监督检查和考核，万元 GDP 水资源消耗量低于 50 立方米。深入推进更高水平节水型社会建设，继续大力推进节水型企业、单位、学校、灌区、社区、乡村、教育基地、示范项目等建设，全面完成年度载体建设任务，新建一批规模化、高水平的节水载体，扩大各类节水载体覆盖面。

三是加强节材工作。纵深推进绿色建筑行动，着力推进重点项目和绿色建筑示范区建设，积极促进可再生能源在建筑中的规模化应用，广泛推广绿色建材和绿色施工，加强建筑节能运营管理，新开工建设的绿色建筑面积达到 200 万平方米，太湖新城范围内可再生能源建筑应用比例超过 25%。

四是加强节地工作。坚持最严格的耕地保护政策，结合加强基本农田保护、实施基本农田生态补偿，完善耕地和基本农田保护长效管理机制，严防死守保红线，确保全市 164.82 万亩基本农田面积不减、质量提高、布局稳定。建立完善"1+13"节约集约用地制度体系，出台低效用地再开发、扩大土地有偿使用范围、土地立体复合利用等配套政策，扎实推进工业用地调查、建设用地价格体系构建等基础性工作，建立市、区二级涵盖用地、税收、用工等指标在内的多部门土地利用效率共享数据库。深入推进盘活存量土地专项行动，坚持已有的节约集约用地办法，进一步挖掘存量建设用地潜力，单位 GDP 建设用地占比下降 4.74%以上。

五是加强废弃物无害化处理工作。加强规划引导和政策扶持，以再生资源的集中回收、无害化处理和资源化利用为核心，推进再生资源回收利用体系建设。大力推动生活垃圾分类回收体系和综合利用体系的协同建设，继续抓好生活垃圾分类收集试点和逐步推广工作，加快推进有害垃圾单独回收和科学处理。推进餐厨废弃物资源化利用和无害化处理设施建设工作。促进太湖淤泥、污水处理厂污泥、藻水分离站藻泥、芦苇等资源化利用。

**2. 资源综合利用**

一是实施能源结构调整。无锡西区、南区两个燃机热电联产项目经由省发改委正式核准，实现了无锡市燃机发展零的突破。同时加快推进光伏项目建设，进行分布式电源项目 46 个，总容量 53 兆瓦，已完成并网项目 3 个，完成接入系统方案制定项目 25 个；高新区成功列为国家分布式光伏发电应用示范区。

二是抓好主要污染物减排。全面完成国家和省下达的印染 3000 万米（国家任务 3000 万米）、化纤 10 万吨淘汰任务及关停 166 家"三高两低"企业的任务。实施污染物排放减量替代计划，对新建排放二氧化硫、氮氧化物、挥发性有机物、工业烟粉尘的项目，实行区域内现役源 2 倍削减量替代。积极推进工业废气治理，推进电力、钢铁、水泥等重点行业脱硫脱硝工程项目 54 个，可实现二氧化硫减排量 760 吨、氮氧化物减排量 6794 吨；推进挥发性有机物治理试点，计划实施试点项目 46 个，目前已完成 25 个。无锡市高新技术产业开发区、惠山经济开发区，宜兴环保科技园入选省级园区循环化改造示范试点。完善污水收集、处理体系建设，做好排水设施的运行监管工作，提高污水处理厂运行效率。实施重点污染源总量监测制度，在全市 346 家重点污染源建成 360 台（套）在线监控仪，全市主要污染物排放总量 95% 以上的重点污染源都实现了在线监控。

三是推进低碳经济示范试点。无锡被列入全国首批绿色低碳交通运输体系区域性试点城市，新购油电混合动力公交车 130 辆、天然气公交车 20 辆，城市居民公共交通出行分担率达 26.52%。

# 第四节　建设生态城市

## 一　建设生态产业体系

### 1. 生态农业

（1）提升农业产业化水平

以加快农业科技创新载体建设，发挥高科技农业园区的示范和辐射效应，发展规模化高效农业，提升农业产业的科技水平，强化农村合作经济组织功能，建设培育具有地方特色的农产品品牌，积极拓展农业的生态、文化、旅游功能，全面提升无锡农业产业化水平。全面实施锡山、惠山、滨湖现代农业综合创新实验区建设，建设一批省级、市级农业标准化示范区。到 2015 年，建成 15 个现代农业科技创新中心。增强农业科技创新能力，每年组织实施一批重大科技示范项目，市及各市（县）、区科技三项经费用于农业科技的比例在 20% 以上。以"万顷良田"工程建设为抓手，以"两置换一转换"为动力，以农业园区建设为载体推进高效规模化农业发展。到 2015 年，全市农业适度规模经营面积比例达到 90%。鼓励引导农业及农产品加工企业实施科技创新工程，建立科技人员直接到户、良种良法直接到农、技术要领直接到人的农技推广机制。到 2015 年，农户参与合作组织的比例为 95% 以上，培育国家级、省级名牌农产品 25 个以上。充分挖掘太湖自然资源，结合时令特色果品产业，加快环太湖农业休闲旅游带整合提升，形成一大批各具特色、功能互补的农业休闲旅游园区。通过举办现代农博会和各种特色农业节会，创新发展农业博览园经济，形成农业多种形式的产业化发展模式，拓展农业多元化功能。①

（2）推动农业标准化生产

大力发展无公害、绿色、有机农产品，引进与选育抗虫、抗病新品种，减少农药使用量，严格控制高毒、高残留农药的使用，推广使用生物有机肥料、低毒低残留农药及生物农药。科学使用化肥，平衡施肥，并通过精确施肥和利用节水灌溉等技术来提高化肥利用率，减少化肥使用量，降低养分流失的危险。扶持、培育农村废物、秸秆、畜禽粪便等资源化综合利用产业，推广使用小型收割和秸秆粉碎一体机械，提倡采用秸秆粉碎直接还田和过腹还田。加强农产品质量安全和动植物免疫防治工作，恢复病虫害天敌生物的栖息地，发展农林牧渔业病虫害生物防治技术。全面推广机械秸秆还田，增加土壤有机质含量，改善土壤结构，培肥地力，提高农作物产量，建立高产稳产农业。建立健全与农产品质量和现代农业发展要求相适应的农业标准化体系，推进农业标准化示范区建设。加强地理标志产品认证，注重对区域特色农产品的保护。逐步建成全市农林牧渔业生态安全预警体系。

（3）大力发展农业生态技术

大力研究和开发节水农业耕作栽培技术、农田节水灌溉技术以及节水管理技术，实现水资源的高效与可持续利用。大力推进种植业和养殖业的产业链结合，加快有机食品和绿色食品生产基地建设，扶持、培育、发展集散型龙头企业及无公害、绿色、有机农产品加工、销售企业，建设农业

---

① 《无锡市"十二五"生态文明建设规划》，http：//govinfo. nlc. gov. cn/jssfz/xxgk/jssfzhggw-yh/201210/t20121009_2832662. shtml?classid＝416。

循环经济链。加强农业关键共性技术和高新技术的研究和开发，加快现代农业科技示范区建设。[1]

**2. 生态工业**

（1）优先发展新兴产业

加快培育传感网、新能源、新材料、环保、生物医药五大新兴产业，以规模化和高新化为核心，优化政策环境，集中资金扶优扶强，加强产学研合作，加大招商引资力度，抓好一批规模大、效益好、带动性强的产业化示范工程项目，建设一批创新能力强、机制灵活的研发平台，培育一批产业链条完整、产业集群优势突出的产业基地，促进五大产业集聚式发展，成长为综合效益好、增长速度快、带动效应强的战略性新兴产业。[2] 依托国家微电子高技术产业基地的优势，加快"硅谷"和"液晶谷"建设，进一步扩大规模、提升档次，把无锡建设成为国际微电子重要基地和国家液晶产业重要基地。以建设国际先进制造技术中心为目标，围绕机械装备、电子信息、汽车及关键零部件等重点领域，以高新化为导向，进一步提升企业自主创新力和产业竞争力。到2015年，高新技术产业增加值占规模以上工业增加值的比重提高为55%左右；按国家新标准认定高新技术企业累计1000家以上。

（2）着力提升、改造传统产业

重点改造冶金、纺织、轻工食品等传统优势产业，大力发展区域品牌，推广使用集体商标，创建区域国际品牌，推动传统产业从数量规模型向品牌效益型转变。[3] 到2015年，冶金和化工行业全部通过清洁生产审核。对于生产工艺落后、排污耗能较高的企业逐步淘汰，加快发展其下游污染少、附加值高的产业，实现由资源消耗型向技术密集型的转型。

（3）大力发展循环经济

以实现低碳生产与服务为目标，以推动企业全面实现清洁生产审核为抓手，以率先建立低碳交易市场为推动力，全面促进无锡发展低碳型工

① 《无锡市"十二五"生态文明建设规划》，http：//govinfo.nlc.gov.cn/jssfz/xxgk/jssfzhggw-yh/201210/t20121009_2832662.shtml?classid=416。
② 《无锡市"十二五"生态文明建设规划》，http：//govinfo.nlc.gov.cn/jssfz/xxgk/jssfzhggw-yh/201210/t20121009_2832662.shtml?classid=416。
③ 《无锡市"十二五"生态文明建设规划》，http：//govinfo.nlc.gov.cn/jssfz/xxgk/jssfzhggw-yh/201210/t20121009_2832662.shtml?classid=416。

业。加强低碳经济关键技术和共性技术的科技攻关，发展低碳技术和低碳产品，启动建设江阴亿元级低碳产业园，率先建立低碳交易市场，推进高耗能企业首先进入碳交易市场。① 积极实施一批循环技术项目，着力培育一批循环经济示范区、企业。已有的工业园区应按生态工业原理和循环经济理论进行改造；新建工业园区按照生态工业园区规划和建设。到 2015 年，每年完成清洁生产审核的企业不少于 150 家，实施强制性清洁生产的企业比例达到 100%，规模以上企业通过 ISO14000 认证率超过 30%。全市所有工业集中区全部通过 ISO14000 体系认证，成为全国清洁生产示范基地。加快实施一批节能重点工程，推广工业用水重复利用、中水回用和雨水利用等节水工程。

**3. 生态服务业**

（1）大力发展低碳型服务业

加快建设太湖新城金融集聚区，大力吸引境内外各类金融机构来锡设立分支机构，打造区域性金融中心。推进电子政务、电子商务等数字化服务，推广应用生产、管理信息系统，提升社会服务信息化水平。加快建设总部企业集聚区，大力发展总部经济。全力构筑中国服务外包高地和世界服务外包基地，打造具有全国影响力的工业设计和文化创意产业集聚区。②

（2）着力发展生态型旅游业

以推进服务业生态化发展为目标，以打造世界级的知名旅游品牌和旅游产业园为着眼点，全面推进无锡服务业的改造升级，形成绿色服务业发展模式。构筑无锡旅游"七区一体、一体两翼"发展格局，科学整合旅游资源，加快推进八大博览园、五大历史街区、徐霞客农业生态旅游区等一批旅游精品园区建设，推动休闲旅游、文化旅游、生态旅游以及商务会展、休闲度假、夜间利用、乡村旅游、康体保健旅游、创意产业旅游等新兴业态的发展，精心培育太湖山水、灵山胜境、惠山古镇、清明桥古运河、吴文化、徐霞客、宜兴陶都、江阴华西等品牌。积极促进相关产业与旅游业联动；加快城市旅游公共服务体系建设，实现从观光旅游向生态化

---

① 《无锡市"十二五"生态文明建设规划》，http：//govinfo. nlc. gov. cn/jssfz/xxgk/jssfzhggw-yh/201210/t20121009_2832662. shtml?classid＝416。
② 《无锡市"十二五"生态文明建设规划》，http：//govinfo. nlc. gov. cn/jssfz/xxgk/jssfzhggw-yh/201210/t20121009_2832662. shtml?classid＝416。

休闲度假旅游升级。①

（3）加快发展绿色物流业

以加快物流中心建设为载体，完善不同物流区域之间无缝衔接服务体系，实现绿色物流运输，建设无锡现代绿色物流业。加强仓储场地的选址和管理，严格限制仓储场地无序占用土地。重点建设江南商贸物流城和江阴长江港口、新区国际综合物流中心、通江物流、西站物流、新港物流、空港物流等物流集聚区。重点发展保税、港口、仓储、配送等6大专业性特色物流。建立完善不同物流区之间的无缝对接服务体系。加强江阴港口物流区域、宜兴生产性物流区域、锡山制造业物流区域、惠山运输配送物流区域、新区口岸物流区域、中心城区商贸物流区域等物流区间及与经济开发区、工业园区、商贸中心的物流沟通，在港口、码头、仓储方面建立物流服务系统。加强运输汽车的噪声和尾气管理，在现代物流业相对集中的区域严格限制运输车辆的行驶路线。合理配置配送中心，尽量选择铁路、水运等环保运输方式。

## 二　打造优质人居环境

以生态文明建设创新城市发展理念，以大力推进宜居城市建设为重点，优化城市生态空间，完善配套生态基础设施，将无锡建设成为生态空间合理、基础设施完备、居住环境优美的和谐、宜人、幸福、安康的首善城市。

### 1. 加强生态功能区建设和保护

根据主体功能区、重要生态功能区和太湖保护区建设规划，优化生态空间布局，建设适宜的生态廊道，完善生物多样性保护、河流污染控制和美化生态景观等多种生态功能，构筑起全市的生态安全屏障。主要举措如下。

一是加强生态功能区建设和保护。按照全市划定的自然保护区、风景名胜区、森林公园、饮用水源保护区、重要水源涵养区、重要湿地、生态公益林、特殊生态产业区8大类24个重要生态功能保护区，严格实施重要

---

① 《无锡市"十二五"生态文明建设规划》，http：//govinfo.nlc.gov.cn/jssfz/xxgk/jssfzhggw-yh/201210/t20121009_2832662.shtml?classid＝416。

生态功能区的保护和建设。

二是积极开展生态廊道建设。生态廊道建设以河流水系和道路交通体系为框架，以促进生态信息交流为目的，以公园、绿地、人工湿地等形式将全市重要生态节点连接起来，形成覆盖全市的网络型生态廊道体系。水系廊道建设以无锡市的河流、湖泊为切入点，通过建设人工湿地、加强河流湖泊沿岸的绿化和美化，保证水生生态系统的完整性。实施太湖沿岸及五级以上航道沿岸两侧防护林带建设。结合新农村建设及河道整治工作，全面推进江、河、湖以及工业与居住区之间防护林建设。道路生态廊道以市域内的交通网络为基础，在高速公路、铁路、不同等级公路两侧布置宽度不等的绿化带。继续建设以高速公路、快速干线和城市出入口为主要内容的市重点造林绿化工程，进一步加大绿化范围内拆迁力度，确保防护林带的全线贯通及宜林地段的绿化宽度。重点实施锡澄、沪宁、锡宜、宁杭和沿江高速公路以及新 312 国道、环太湖公路两侧 50～100 米的防护林体系建设，完成京杭大运河、锡北运河、锡澄运河等五级以上航道两侧 20～50 米林带建设，加快建设无锡与苏州、常州和江阴之间的市际生态隔离带。

**2. 完善人居基础设施**

以建设宜居环境为重点，突出城市绿地建设，完善配套基础设施，提高城市居住适宜性，建设国家生态园林城市群。主要举措如下。

一是完善城市绿化设施。以自然山体、水体、公园、交通走廊、开敞空间等为依托，调整优化各中心城区绿地系统空间布局。优化城区绿地系统布局。重视公共绿地建设，在城镇规划建设中预留一定比例的绿化空间，合理布局公共绿地，完善绿地类型，科学配置绿地植物群落，提高绿地养护水平。扩建、增建大型生态绿地，形成城市的多点"绿心"，提高绿地总量。提高城市及工业区周边自然绿地面积和绿化覆盖率，建设集中绿地和连通各集中绿地的廊道，保护自然物种栖息环境，合理进行树种规划配置，保护城市森林系统的生物多样性，提高城市生态系统中自然成分。无锡中心城区生态绿地建设以惠山森林公园等大型绿地空间为核心，重点加强河道绿化和道路绿化，形成网状的绿地廊道系统，系统科学安排街头绿地和小游园建设，形成综合公园、社区公园与带状公园等均匀分布格局。江阴市重点构建包括山体自然景观、河道路网、城镇组团间的绿色隔离带、含农田在内的生态开敞空间四部分组成的城镇生态防护林体系。宜兴市生态绿地建设以绿色通道建设为廊道，以城镇绿地系统建设为斑块。

二是完善生态交通设施建设。加快建设完善轨道交通线网络，建设城区快速公交系统，以公交站点为中心进行高强度混合开发，合理配置完善的服务设施，实现市内公交与周边镇区公交的衔接，构建方式多样、衔接紧密、转乘方便的生态公共交通体系。不断更新公共交通车辆，使公共交通车辆环保水平达到国内最高标准。对不同区域实施不同车位收费标准，鼓励市民采用公共交通方式进入市区。① 到 2015 年，市区公共交通分担率达到 30%。

三是完善医疗服务设施。加快建立以市级医疗卫生保健机构为龙头、以农村社区卫生服务中心为枢纽、以社区卫生服务站为基础、以个体私营医疗机构为补充的医疗保健服务体系。完善城乡医疗设施网络，健全城乡公共卫生服务体系。合理调整全市的医疗卫生设施布局。加快推进部分功能重复或相近的医疗机构合并或重组，形成以现代化大型综合医院为核心的分级医疗卫生网络。建立健全现代化医疗卫生服务网络体系。全市建成完善的卫生事业医疗保健服务、疾病预防控制、卫生监督执法三大体系；全面构建院前医疗救治、城乡社区卫生服务和卫生信息管理三大网络和突发公共卫生事件应急机制。

四是加强文化教育机构设施建设。加快文化体育设施建设，加大对各镇（街道）、村（社区）文化事业的投入，重点建设文化中心、文化室等综合性文化活动场所，引导社会力量广泛参与，投资兴办农村文化产业。调整教育机构布局和资源整合，进一步优化施教半径，合理规划就学范围；实现区域和校际办学条件、师资力量的相对均衡，统筹安排流动人口子女就学，提升高中教育规模化、集约化、综合化、优质化和品牌化水平；小学、初中、普高和中等职校基本建成数字化校园，实现网络化管理和资源共享。加快发展职业和高等教育。重点推进无锡（藕塘）职教园区和职业技能公共实训基地建设；大力发展高等教育，鼓励和吸引国内一流

---

① 《无锡市"十二五"生态文明建设规划》，http：//govinfo.nlc.gov.cn/jssfz/xxgk/jssfzhggw-yh/201210/t20121009_2832662.shtml?classid＝416。

大学来锡合作举办分校、研究生院或研究院。

### 3. 城乡人居环境建设

根据"集中、集聚、集约"的原则，构筑"多中心、开敞式"市域空间发展格局，形成"生态市—生态县（市、区）—生态乡镇—生态村和绿色社区"的四级生态体系，广泛开展"生态城"、绿色街道、生态乡镇和生态村系列生态创建活动，共同创建无锡山水和谐人居环境。主要举措如下。

一是探索生态城建设。以新城开发建设为契机，开展生态城指标体系研究，以生态文明理念引领规划设计和建设，突出发展低碳经济、循环经济，注重资源的节约利用和循环利用，开发和推广循环利用和治理污染的先进环保节能新技术，走在全市生态文明建设的前列，成为无锡市生态文明建设的集中成果展示中心。重点在太湖新城和锡东新城实施生态城建设示范工程。

二是推进绿色街道建设。顺应全市撤镇建街道的行政区划调整趋势，借鉴深圳推进生态街道建设经验，结合无锡市实际，构建生态街道创建指标体系，建立组织领导体系，扎实开展生态街道创建试点工作，积累经验，成熟后在全市现有街道中推广，完善无锡市生态创建体系。

三是促进绿色社区建设。根据《2001～2005 年全国环境宣传教育工作纲要》，建设并长期保持社区环境管理体系和公众参与保护环境机制的社区。2015 年，无锡建成绿色社区占全市社区比例达到 50%。第一，建设社区生态环境设施。通过增加社区绿化面积，提高绿地率，优化植物配置，增加单位面积绿地乔木量等手段提高社区绿化水平。社区内建立雨水利用系统和中水回用系统，将社区排放的生活污水处理成中水，建立完善的社区节水系统。推广废弃物再生生态工程建设，对社区产生的固体废弃物采取分类收集、分类运输、分类处理的措施，干垃圾由物业管理人员进行循环回收后外运卫生填埋，湿垃圾就地堆肥用于小区绿化，使外运垃圾总量最小化。第二，推广生态住宅设计。以建设新社区、改造旧社区为原则，选择计划建设的新社区和基础较好的老社区进行示范生态社区创建工程（包括绿色社区、低碳社区和安静小区等），作为无锡市社区建设范本。住宅的建材和室内装修选用绿色环保材料；住宅内部采用高效而且节能的通风方式；住宅具备良好的门窗密封性能和隔音、隔热性能，减少采暖和空调的使用；进行居室内部的美化、绿化、自然性的体现、废弃物处理设施的优化设计，包括建筑内部的光、温、湿、气的控制，内环境及设施的舒适性、无害性、方便性、经济性及生态合理性等；绿色建筑外部强调与周边环境相融合，以保护自然生态环境。

四是积极推进国家级生态乡镇和生态村建设。以创建生态乡镇和生态村为抓手，全面推进以造林绿化、污水治理、河道整治、垃圾处理、村庄整合等为重点的农村生态环境综合治理，努力建设生态型现代化新农村。2015 年，全市 100% 的乡镇建成国家级生态乡镇，全市 90% 的村建成生态村。以改善农村人居环境为目标，加强中心镇、村的规划和建设，在保留传统村镇风貌的基础上，因地制宜实施农村生态环境整治，加快农村基础设施建设和景观规划建设，动员全市乡镇积极开展创建活动，制订创建计划，研究具体措施，开展创建行动。各乡镇在完善基础设施建设的基础上，应根据生态乡镇的要求，进一步完善乡镇的各项建设规划，争取达到生态乡镇的创建标准。

## 第五节　多中心协同治理机制

### 一　政府引导推动

无锡政府倡导多元主体参与"两型社会"建设，经过多年努力，"政府引导推动、市场和企业主导推进、社会组织和市民积极参与"的多中心协同治理机制已经初步形成。

1. 创新"两型社会"建设工作推进机制

（1）无锡市建立健全市、市（县）区"两型社会"建设综合配套改革领导工作体系

建立市"两型社会"建设综合配套改革工作领导小组议事制度，及时协调解决改革推进中的重大问题。建立两型办工作推进机制，加强对全市"两型社会"建设综合配套改革工作的统筹协调和组织推进。各市（县）区相应成立两型办，明确工作职能和责任人，加强统筹协调和指导服务，及时研究并解决"两型社会"建设工作中的问题和矛盾，健全推进机制，建立相关部门及各地区改革联络员网络，形成领导小组、两型办及联络员

三级纵横推进机制。

（2）科学规划、分类指导

深入实施太湖治理国家总体方案、省实施方案和市太湖水环境治理专项规划，无锡市在太湖流域率先出台《关于高起点规划高标准建设无锡太湖保护区的决定》，将全市市域划为一、二、三级保护区：市域内太湖湖体、沿湖岸5公里区域、入湖河道上溯10公里及沿岸两侧各1公里范围为一级保护区；市域内主要入湖河道上溯10~50公里及沿岸两侧各1公里范围为二级保护区；市域范围内一、二级保护区以外的其他区域为三级保护。对不同级别保护区域分别制定梯次明确、相互衔接的保护要求，实施分类指导、分级保护、统筹建设、错位发展。其中，将一、二级保护区建成绿色生态功能区和生态旅游示范区，全市范围为三级保护区，规划高新技术产业集群区、高端服务业集聚区、绿色能源示范区和中国服务外包示范区。①

（3）积极完善"两型"制度政策体系

无锡制定出台了《无锡市2014年资源节约型和环境友好型社会建设综合配套改革试点工作要点》（锡政办发〔2014〕132号），提出大力发展循环经济、促进资源节约、推进新能源应用和主要污染物减排、加强生态环境保护、开展示范创建活动五个方面18项"两型社会"改革试点工作任务，下发各地区、各部门推进实施。

**2. 改造建设高品质环保工业园区**

无锡制定实施《无锡市工业园区发展循环经济促进办法》，积极抓好国家级和省级循环经济试点单位、循环经济示范区、生态工业示范园区的创建工作。实施支持循环经济发展的投资、价格、财政、收费和绿色采购等政策，支持工业园区循环经济示范工程建设。从工业布局上控制污染源，指导企业加快向特色工业园集中。

依法开展工业园区清洁生产审核。不断完善清洁生产标准，优化清洁生产技术、工艺和设备，对污染物排放超过国家、地方标准或污染物排放总量超过地方政府核定限额的工业园区，实施并完成强制性清洁生产审核。开发区（工业集中区）建立并完善环保管理机构，落实专职环保人

---

① 《无锡市"十二五"生态文明建设规划》，http：//govinfo. nlc. gov. cn/jssfz/xxgk/jssfzhggw-yh/201210/t20121009_2832662. shtml?classid=416。

员，建立健全环境管理制度及考核责任制。

推动工业园区循环经济技术创新。开辟专门的实验研究区域，产学研等机构共同加强对废弃物处理技术、再利用技术和环境污染物合理控制技术的研究，鼓励科研机构和企业重点开发具有普遍推广意义的资源节约技术、能量梯级利用技术、相关产业链接技术和资源再生利用技术，为园区开展废弃物再生、循环利用提供技术支持。①

**3. 发挥政府在环境监管中的主体作用**

政府是"两型社会"建设的责任主体，具有提供制度供给、公共政策、公共产品、公共服务，并依法进行环境监管和执法的基本职能。环境监管主体的制度构建应包括监管内容、监管体制、监管责任追究等。

（1）修订、完善循环经济的社会和行业技术标准

修订无锡绿色社区、绿色学校、绿色企业、绿色家庭等"建我绿色家园"品牌系列的评定标准，制定废弃物再循环利用的系列环境保护标准，编制全市各级各类循环经济的评价指标体系，制定重点行业清洁生产地方标准推行计划，建立废弃物再循环利用的环境保护体系，加强废旧电池、包装材料的回收、处置工作，实现资源最佳利用和减少废弃物的产生。②

（2）加强环境准入监管

一是健全和完善空间、总量、项目"三位一体"，专家评价和公众评议"两评结合"的新型环境准入制度。深化环评审批制度改革，坚持环评审批属地管理和分类管理，探索以备案监督制代替审批制，加快培育环评中介服务市场，实行环评承诺与责任追究制，建立环评中介机构信用评价体系和环评审批全流程信息管理体系。③

二是加强环境执法监管。完善环境执法监督网络，理顺环境监管体制，形成环保系统内部、部门之间、全社会三个层面的联动执法格局。整合执法监管力量，建立健全部门联动执法、边界联动监管、网格化执法等

---

① 《无锡市"十二五"循环经济规划》，http://www.wuxi.gov.cn/doc/2011/11/16/420640.shtml。

② 《无锡市"十二五"循环经济规划》，http://www.wuxi.gov.cn/doc/2011/11/16/420640.shtml。

③ 《无锡市"十二五"循环经济规划》，http://www.wuxi.gov.cn/doc/2011/11/16/420640.shtml。

机制，推进环境监管网格化和精细化。[①]

（3）完善环保司法模式

进一步发挥司法保护环境建设的作用，完善以司法审判为中心、以协助和支持环境行政执法为重点、以引领全社会和公众参与为基础的环保审判工作机制。加强环保行政执法与环保司法的有效衔接，强化行政机关与司法部门联动配合，依法支持、鼓励环保行政部门主动担当追究行政相对人承担环境修复民事责任的职责，最大限度地提高环保行政执法的实质效率。对环境问题突出的地区和企业实施限批机制。加强环保审判理论研究和典型案例宣传，增强民众的环境保护意识和对破坏环境的司法惩治的敬畏意识。

（4）建立"减废行动"奖励基金

各级政府在每年的环境保护、节能降耗等相关专项资金中优先安排"减废行动"奖励基金，同时通过企业赞助和社会募捐等途径募集资金以充实奖励基金。对较好完成当年节能减排任务的地区给予表彰奖励，对提高能源利用效率、减少污染排放的企业给予政策扶持或资金补贴，并在企业环境行为评级、环境标识等方面给予支持和鼓励。

## 二　市场和企业主导推进

### 1. 排污权交易

排污权有偿使用，建立和完善交易平台，积极开展排污权交易试点，逐步将排污权有偿使用收费范围扩大到所有重污染行业。提高排污收费标准，加强排污费收支管理，加大对超额减排企业的奖励力度。[②] 进一步完善使用者付费制度，探索污水处理企业由事业型向企业经营型转换机制，探索按污水中污染物含量收取污水处理费的措施，完善垃圾处理收费制度，探索政府购买服务、市场化模式开展垃圾收运和清扫保洁等举措。推进自然资源价格政策改革，探索与可再生能源使用和脱硫措施相结合的电价，研究促进再生水利用的水价。

---

① 《无锡市"十二五"循环经济规划》，http://www.wuxi.gov.cn/doc/2011/11/16/420640. shtml。

② 《无锡市"十二五"循环经济规划》，http://www.wuxi.gov.cn/doc/2011/11/16/420640. shtml。

创新环境财税政策。建立制度化的财政投入预算保障机制，确保环保支出与 GDP、财政收入联动增长，确保新增财力更多地用于环境保护，逐步增加环境保护专项资金的投入。完善监管、评估和激励机制，建立区域发展和考核指标，完善生态环增补偿制度，引导区域间建立环境保护和治理协作机制。探索建立促进重污染企业退出市场的激励和约束机制，促进产业结构调整。建立资源综合利用与治污企业财政补贴制度，鼓励发展循环经济和污染治理。

创新绿色金融与资本市场制度。实施促进可持续发展的绿色信贷政策，鼓励或引导银行对高污染、高环境风险行业进行信贷控制。建立绿色信贷责任追究制度和环境风险评估制度，加强环保信贷政策对产业结构调整的引导作用。积极配合国家开展上市公司环境绩效评估试点工作，逐步建立和完善上市公司环境绩效评估制度。[①]

## 2. 环境责任保险

无锡自 2009 年 6 月开展环境污染责任保险试行工作，同年 10 月被环保部列为全国试点城市。选择部分重点企业开展环境污染责任保险的试点工作，健全地方配套法规，明确投保主体行为，建立环境污染事故认定机制和理赔程序。在有关地方环保立法中增加"环境污染责任保险"条款，制定环境污染责任保险的企业投保目录并适时调整，环保部门通过监测、执法等手段为保险的责任认定提供支持，保险监管部门指导保险公司建立规范的理赔程序认定标准，赔付过程公开透明且信息通畅，最大限度地保障环境污染受害人的合法权益。[②]

## 3. 企业自愿协议管理

### （1）推行自愿协议环境管理方式

鼓励企业自愿产生比现行环保法规标准更高的环境表现。由企业自己制定以清洁生产为主要内容、经企业与政府环境保护部门商定并明确规定双方责任和义务的环境管理协议，把废物管理、污染物减排和土壤污染控制作为自愿协议的重点，企业通过改进生产工艺、改造生产设备、更新技

---

① 《无锡市"十二五"循环经济规划》，http://www.wuxi.gov.cn/doc/2011/11/16/420640.shtml。

② 《无锡市"十二五"循环经济规划》，http://www.wuxi.gov.cn/doc/2011/11/16/420640.shtml。

术装备等手段，降耗节能，减少生产过程中污染物的产生和排放，对达到比现行环保法规标准更高标准的企业予以奖励。①

（2）推行 ISO 14000 环境管理体系认证

增强企业环境管理意识，积极开展环境管理活动，努力提高企业产品环保品质。积极推广《卓越绩效评价准则》等先进环境管理方法，加快企业环境管理体系认证步伐，科学合理地开发利用原材料、能源和资源，全面提高企业环境管理水平，做强做大环境友好型企业。

### 4. 环境治理代理人

打造新型环境治理代理人平台，创新环境治理资源产权制度。2007年，组建成立无锡市环境资源集团公司，特许代表市政府履行环境治理代理人职责；环境治理代理人由市政府授权，根据环境外部性特征，对各类在一定范围内消费环境资源的主体（法人和自然人），从环境保护的角度，按照国家法律及地方性法规，代理环境资源治理和保护职能，代理行使排污权交易，代表政府购买与水资源保护相关的服务。代理人同时按约定比例享有一定范围内的环境改善和特许经营取得的收益。政府加强对代理人的运行监督和经济审计，发挥社会各界和新闻媒体的监督作用，加强对代理人环境治理行为的监督。②

### 5. 企业环保公开道歉和承诺

对不能达到排放标准的企业一律实行限期治理，整改不达标的企业一律关闭；违法排污企业必须在一定期限内积极采取有力措施改过自新，自费在无锡的新闻媒体上刊登致社会公众的道歉书并做出环保承诺后，经申请恢复生产。不公开道歉并超过期限规定的企业必须停止生产。③

## 三　社会组织和市民积极参与

### 1. "两型社会"宣传教育

健全常规性宣传和舆论引导，加大媒体宣传力度，充分发挥新闻、出

---

① 《无锡市"十二五"循环经济规划》，http：//www.wuxi.gov.cn/doc/2011/11/16/420640.shtml。

② 《无锡市"十二五"循环经济规划》，http：//www.wuxi.gov.cn/doc/2011/11/16/420640.shtml。

③ 《无锡市"十二五"循环经济规划》，http：//www.wuxi.gov.cn/doc/2011/11/16/420640.shtml。

版、广播、影视、文化等部门和社会团体的作用，大力宣传发展循环经济、建设节约型社会的重大意义，增强全民可持续发展观念、绿色消费观念，为循环经济发展营造良好的生态文化氛围。建立经常性的培训教育制度，积极开展循环经济建设公共教育，举办循环经济技术推广会、经验交流会、成果展示会，开展"绿色学校""绿色社区"等绿色系列创建活动。①

### 2. 引导公众参与循环经济建设

引导和鼓励社会公众投身资源节约型社会建设，在机关、学校、企业、乡村大力倡导节水、节能、节电、节地等低碳消费方式，建成1000名"两型社会"建设环保志愿者队伍，积极组织洁净家园、绿化植树、整治河藻等公益活动，并倡导开展"环太湖生态文明志愿服务大行动"。以全民节能减排为重点，积极倡导节约、健康、文明的生活方式，把资源节约、回收利用废弃物、保护环境变成全民的自觉行为，逐步形成有利于循环经济发展的生活方式和消费模式。②

### 3. 社会监督环境保护

一是丰富公众监督形式。健全和完善环保听证、社会公示、环境信访、环境举报、市民检查团、环保义务监督员和"12369"环保热线等制度，鼓励社会各界依法有序监督环保工作。建立公众参与的环境后督察和后评估机制，加强企业环保监督员、农村（社区）环保监管员队伍建设。

二是完善舆论监督制度。明确舆论监督的范围和内容，开设新闻媒体环境违法行为曝光栏目。健全舆论回应机制，认真、及时处理新闻媒体披露出来的问题。

三是完善环境信访制度。建立环境信访预警机制和隐患排查制度，完善信访查处制度和积案化解制度。完善重大信访案件联席会议制度、重大信访案件督办检查制度和领导包案责任制度，加大重大案件督办力度。

### 4. 环保公益诉讼

拓展环境公益诉讼的主体，逐步将国家机关、企事业单位、环保公益

---

① 《无锡市"十二五"循环经济规划》，http：//www. wuxi. gov. cn/doc/2011/11/16/420640. shtml。

② 《无锡市"十二五"循环经济规划》，http：//www. wuxi. gov. cn/doc/2011/11/16/420640. shtml。

团体和个人纳入原告范围。制定环保公益诉讼费用承担办法、防止环保公益"滥诉"行为的办法等。完善环保公益诉讼具体操作程序，合理分配举证责任，研究举证责任倒置在环保公益诉讼中的具体应用。制定责任界定和损失评估制度，科学界定环境污染原因、责任主体、损害程度、弥补措施和赔偿数额等。在环境公益诉讼时效方面进行弹性规定，有效解决部分环境侵害潜伏期长、短时间内难以发现的问题。[1]

---

① 徐震：《围绕三大责任主体，构建完善环境保护制度体系》，《中国环境报》2014 年 7 月 1 日，第 5 版。

# 第六章

# 无锡"两型社会"建设的支撑体系

　　"两型社会"建设是一个庞大的系统工程，涉及基础设施、技术、人才、制度、政策、组织等多个方面。要建成"两型社会"，必须形成一套符合"两型社会"要求的支撑体系。作为江苏省唯一的"两型社会"建设试点城市，无锡市深入贯彻党的十八大精神，大力推进生态文明建设，努力做到经济建设与生态建设一起抓，经济和生态协调发展，已初步建立节约资源能源和保护生态环境的技术创新体系、制度保障体系、政策法规体系和组织领导体系，形成以政府为主导、以企业为主体、社会广泛参与的工作格局，从而为建设"两型社会"提供了坚实的支撑。

## 第一节　支撑无锡"两型社会"建设的技术创新体系

### 一　"两型技术"的含义和特征

　　科学技术是第一生产力，是发展资源节约型、环境友好型社会的首要支撑条件和核心推动力。无论是节能减排、发展循环经济，还是倡导绿色消费、发展环保产业，都离不开相应的技术支持。在建设"两型社会"的过程中，无锡市将科学技术摆在优先发展的战略地位，大力推进"两型技术"创新，建立了以服务"两型社会"为目标的技术创新体系。

　　所谓"两型技术"，就是合理开发各种资源、资源替代、节约高效利用资源、防止和治理污染、保护和优化环境的技术。[①] 根据这个定义，"两

---

　　① 简新华、叶林：《论中国的"两型社会"建设》，《学术月刊》2009 年第 3 期。

型技术"具有以下几个方面的含义：①"两型技术"能够高效利用资源，最大限度地减少资源浪费，实现低排放、低消耗。②"两型技术"是防止污染和保护环境的技术，具有环境友好的性质，也就是说，通过运用这种技术，产品的生产、销售、使用、回收乃至废弃都能够实现对环境的零危害或危害最小化。③"两型技术"具有替代性，通过开发和使用新能源、新工艺、新材料，可以在一定程度上替代日益耗竭的旧能源、旧材料、不可再生资源，从而缓解现代社会的生产生活对传统能源资源的依赖，减轻经济增长中的资源环境压力。④"两型技术"为发展循环经济提供技术条件。发展循环经济是建设"两型社会"的必经之路。借助"两型技术"，能够对生产和消费中的排放物和废弃品进行回收利用，从而变废为宝、化害为利，在促进清洁生产和消费的同时，提高经济效益。

和传统技术相比，"两型技术"具有以下特征：①"两型技术"具有明显的外部经济性，它为生产者和消费者个人取得一定的经济效益的同时，给社会带来了环境效益，有助于经济社会协调发展。②"两型技术"创新的动力主要来自社会环境伦理和政府推动。传统技术创新以服务消费者个体、满足个体需求为取向，主要由市场来驱动。企业为了扩大市场占有份额、追求高额利润，必然有强烈的动机去完善生产技术，进行技术创新。而"两型技术"以节约资源和保护环境为目标，具有鲜明的社会取向。发展和推广"两型技术"，要求政府扮演关键角色，建立激励机制，并通过制定相关政策引导消费者的消费观念。只有当消费者接受可持续发展的理念，形成资源环境意识，具有一定的社会责任感时，"两型技术"才有不断发展的动力。③"两型技术"创新是一个复杂的系统工程。"两型技术"创新活动不仅仅是一个技术问题，它涉及经济社会的各个环节和各个领域，需要企业、政府、个人协同完成。既要解决技术问题、攻克技术难关，又必须确立相应的观念、制度、政策和文化。光靠科研工作者的努力，"两型技术"无法长期持续发展。

"两型技术"的研究和推广，有力地支撑了"两型社会"的建设，对社会经济发展产生了不可忽视的影响，主要体现在这样几个方面：①引领技术发展方向。当前人类面临的资源环境危机，部分是由技术的不完善造成的。而要减轻乃至解决危机，仍然有赖于技术的发展。随着可持续发展的理念深入人心，人们的资源环境意识逐步增强，"两型技术"必然成为未来技术的新形态。②促进经济增长方式的转变。传统技术没有将资源、环境因素纳入考虑，导致资源、能源利用效率低下，并造成严重的环境污染。在这种情况下，经济呈现粗放式的增长态势。而"两型技术"的发展将有助于改变这种以"高消耗、高排放、高污染"为特征的经济增长方式。"两型技术"的运用在提高生产效率的同时，有效地节约资源，避免对环境的过度破坏，从而实现经济的集约式、内涵式增长。③形成新的产业增长点。从产业发展的历史看，产业革命往往是由技术革命催生的，新的技术变革会加速新兴产业的形成。"两型技术"的研究和推广势必带动"两型"产业的兴起和发展，从而进一步优化产业结构。④促进经济、社会、环境和谐发展。以往人们只关注技术的经济功能，片面强调技术对GDP增长的作用。这导致对自然界的过度索取，造成资源滥用、环境污染。这种以牺牲环境为代价的经济发展模式是不可持续的。虽然带来了居民收入水平的提高，但降低了居民生活的环境质量。"两型技术"既追求经济效益，又追求生态效益和社会效益，使得经济、社会、环境协调发展成为可能。①

## 二 无锡"两型技术"创新体系的对象

近年来，无锡市以国家创新型城市试点建设为动力，加大自主创新的力度，以重点领域为突破口，坚持以产业化、应用性为导向，建成国内领先的"两型技术"创新体系。"两型技术"创新涵盖对象、主体、机制三个方面，涉及"创新什么"、"谁来创新"以及"创新动力"的问题。

无锡市高度重视科技在"两型社会"建设中的基础性作用，不断加强节能环保技术的自主创新。在节约性技术方面，大力研发和推广资源节约、替代和循环利用技术，促进循环经济的发展，依靠技术创新提高节约能力，提高资源利用效率。大力推广直流水改循环水，以及空冷、中水、凝结水回用等节水措施。大力发展污水再生利用和雨水利用，新建建筑物占地面积2万平方米以上都建成雨水利用设施，在有条件的地区实行分质供水，推广使用能够节约水资源的技术、工艺和设备。鼓励企业研发和生

① 彭炳忠、易先忠：《"两型技术"的概念、特征与功能》，《企业技术开发》2013年第1期。

产节能电机、节能照明、风力发电、阳光电池等产品和设备。推行建筑节能，在新建筑中积极推广区域供冷或水冷式空调系统、建筑外墙保温隔热、屋顶绿化等先进节能技术。积极推广环保型建材，倡导适度装潢。2012 年年底，无锡市新建民用建筑分地区、分类型已达到相应的建筑节能标准。

在环保科技创新方面，无锡市组织实施国家水体污染控制与治理等科技重大专项，积极发展传感信息技术，加强传感网络与环保领域的研究与推广，推进环保物联网示范应用。努力开发烟气脱硫、垃圾处理等生产设备。在农业生态技术方面，无锡市大力研究与开发节水农业耕作栽培技术、农田节水灌溉技术以及节水管理技术，实现水资源的高效与可持续利用。大力推进种植业和养殖业的产业链结合，加快有机食品和绿色食品生产基地建设，扶持、培育、发展集散型龙头企业及无公害、绿色、有机农产品加工、销售企业，建设农业循环经济链。组织科技人员展开对农业关键共性技术的研发工作，对于引进与选育新品种、农副产品加工、农产品质量管理、病虫害防治、农业生态环境保护等重点环节，整合资源、集中力量组织科技攻关，达到了技术提升和完善的效果。不断促进农业品种和技术的更新，大力进行新品种、新技术的示范和推广，为广大农户提供了最优质的服务。建立激励机制，鼓励科研院所和农业企业积极参与农业技术的推广，从而建立起完善的农业科技推广服务体系，促进现代农业科技示范区的建设和发展。

在"两型技术"创新方面，无锡源泉节油技术有限公司是一个很好的范例。该公司研制的润滑油是由使用过的旧机油通过创新的滤清工艺和添加剂技术加工而成的，其原材料的 80％ 来源于旧机油。为了提高旧机油的润滑性能，公司技术人员在原先遗留细小微粒的基础上再添加由石墨烯纳米材料制成的微小颗粒。这种纳米添加剂配方使得整个机油的性能得到显著提升。通过对同一款车型添加不同机油做反复对比试验，这款机油的摩擦系数已小于"美孚"和"壳牌"等国际著名品牌。这种油品回收再利用的技术达到了节能和环保的双重要求，不但实现了变废为宝，节省了宝贵的原油资源，而且延长了汽车发动机的寿命，减少了污染的排放。

## 三 无锡"两型技术"创新体系的主体

技术创新的本质是技术与经济的结合，技术创新体系主要包括企业、高等院校、科研院所、中介机构、政府部门等。其中，企业是技术创新的主体，是创新体系的核心部门。无锡在建设创新型城市的过程中，始终突出企业创新主体的地位，引导和鼓励企业加大研发投入，提升企业在全社会研发经费支出中的比重。一方面，支持现有重点企业进行"两型技术"的研发活动；另一方面，创造条件培育"两型技术"企业。此外，无锡市的部分高校、科研院所研发能力较强，在人才、信息、科研成果方面拥有明显优势。因此，积极推进产学研相结合，是无锡市构建"两型技术"创新体系的必然选择。这就要求各创新部门既要充分利用自身优势，又要加强相互联系、通力合作。

基于这个思路，无锡市在高校和企业现有各类重点实验室、工程中心和企业技术中心的基础上，新建了一批国家级和省级创新基地和研发中心。鼓励高校和科研院所充分发挥自身的研发优势、人才优势和成果优势，围绕"两型社会"建设中的共性技术、关键技术进行研究和开发，建立优势产业领域的技术创新战略联盟。鼓励物联网、集成电路、新能源、云计算、生物医药、工业设计等优势领域和前沿产业的大中型骨干企业和龙头企业与省内外知名大学、科研机构联合组建产学研一体化联盟，对重点领域组织联合攻关，从而促进高校和企业的互动，实现产学研的人才、信息、资源共享，形成有利于"两型技术"创新的良好合作关系。

人是技术的发明者和使用者，技术创新归根结底要依靠人才。在"两型技术"创新体系的建立和完善中，人是关键的一环。人才资源是提升技术创新能力，推动"两型社会"建设的第一资源。与"两型社会"要求相适应的"两型人才"包括科学研究人才、工程技术人才、职业技能人才和管理服务人才。

无锡市充分发挥经济实力雄厚、人文底蕴浓厚、自然环境宜居的优势，不断加强技术人才的开发和引进，培养了"两型技术"发展急需的技术创新团队。发挥人才资源的引领作用，促进经济结构的合理调整，不断提高人才投入，开发出丰富的人才资源，完善关于人才的制度安排，建设"人才特区"，最大限度地激发人才的创业热情和创新活力。加强"两型技术"相关专业的学科建设，吸引一批在国内外具有学术声望的专家学者来锡任教。鼓励企业参与高校人才培养，建立校企合作培养人才的机制，促进技术创新人才的培养。实施"无锡千人计划"和"530"计划，执行配套人才政策，推动物联网人才引进等七大人才工程，重点引进并支持海外高层次技术创新领军人才来锡创业。优化人才发展环境，充分发挥市场配置人才资源的基础性作用，加大技术、资本、管理等生产要素参与分配的力度。建立健全人才管理、评价、分配、激励、流动和保障机制，营造良好的人才发展环境。同时，建立更加灵活的人才引进机制，把引进人才和引进项目、成果、资金结合起来。设立工作室、博士后流动站、兼职教授、访问学者等柔性引才方式，最大限度地提高人才资源的使用效益。

### 四 无锡"两型技术"创新体系的机制

要建成"两型技术"创新体系，离不开政策机制的推动。发展"两型技术"需要配套的政策体系作为支撑。适当的政策倾斜是在全社会推广"两型技术"的助推器。发展"两型技术"的企业研发和设备成本高，社会效益高于企业效益，其市场前景具有不确定性和高风险性。因此，政府有关部门必须制定政策，对从事"两型技术"创新的企业予以扶持，以提高企业研发和应用"两型技术"的热情和积极性。在"两型社会"建设的大背景下，无锡市建立了比较完善的"两型技术"创新激励机制，出台了一系列促进"两型技术"创新的政策。

无锡市加大对"两型技术"创新的财政投入。财政和环保部门设立了专项资金，为研发和应用"两型技术"的企业提供财政补贴或贷款贴息，加大对节能减排和污染防治项目的投入力度，对在发展"两型技术"方面表现优异的企业给予一定的物质奖励或资金奖励。

实施税收优惠政策。税收优惠措施是无锡激励"两型技术"创新的一个重要手段。对于积极研发和应用"两型技术"的企业，减免固定资产税、设备销售税、企业所得税和财产税等，使这些企业获得经济上的实惠，鼓励其继续投入研发和应用"两型技术"，并吸引其他企业加入这个行列，从而促进"两型技术"的整体发展。

实施有利于"两型技术"创新的金融政策。鼓励金融机构对致力于发展"两型技术"的高科技企业实行优先贷款和优惠利率。推动科技金融创新示范区的发展，有意识地培育天使基金、种子基金、风险投资、私募股权投资，扩大产业基金规模，积极开展各类股权投资、科技小额贷款、科技担保、股权与知识产权质押等业务，建立完善投、保、贷、中介服务"四位一体"的科技金融服务体系，为"两型技术"的发展提供金融支持。

加大对"两型技术"创新成果的公共采购力度。"两型技术"具有明显的公益性特征，虽然能够带来巨大的资源环境效益，但市场需求不足。为此，无锡市采取了政府采购的政策。对于那些能够有效缓解资源环境压力的"两型技术"创新成果，政府以高于成本的价格将其购买下来，并且将购买到的"两型技术"以比较低廉的价格甚至免费让渡给其他相关企业使用，使其在全社会中得到广泛应用。在政府的努力下，无锡市形成了研发和应用"两型技术"的良好氛围。

保护知识产权，加大对"两型技术"创新成果的保护力度。知识产权是技术创新成果的重要形式，是人才不断开展创新活动的动力，是提高技术创新能力的推动力。"两型技术"创新成果是企业投入大量人力、物力、财力的产物，倾注了科研人员的心血。如果知识产权得不到有效保护，会极大地影响企业和人才进行技术创新的热情。无锡市高度重视知识产权保护，加强行政执法和市场监管，建立并完善知识产权保护平台；建立跨地区跨部门的协调机制，依法打击侵权行为，营造有助于"两型技术"创新的社会环境。

## 第二节　支撑无锡"两型社会"建设的制度保障体系

在努力实现江苏"两个率先"的目标背景下建设"两型社会"，不仅需要科学技术的支撑、各级政府的重视、人民群众的支持和实践，而且需要一系列与资源、环境相关的制度予以保障。新制度经济学家对制度有一个被广泛认可的定义："制度是在一个特定群体内部得以确立并实施的行为规则，这套行为规则抑制着个人可能出现的机会主义行为，使人的行为变得较可预见。"[①] 制度具有强制性，能够在比较短的时间里改变人们滥用资源、污染环境的积习和惯性，从而保障"两型"观念和规范的有效执行。只有不断完善和创新与"两型社会"建设客观要求相适应的制度安

---

① 王颖：《"两型社会"与制度创新》，《湖北社会科学》2008 年第 11 期。

排，才能顺利推进"两型社会"的发展。因此，无锡市非常重视资源、环境相关制度的完善和创新，目前已初步建成了科学决策管理、资源节约利用、环境保护建设、公众监督参与这四大制度保障体系。

## 一 科学决策管理制度体系

关于如何矫正市场的负外部性问题，著名经济学家萨缪尔森认为最常见的方法是政府的反污染计划，他指出："对于几乎所有的污染和其他影响健康及安全的外部效应，政府均依靠直接的管制加以控制。"[①] 要有效应对当前的资源、环境危机，政府必须扮演关键角色，积极承担节约资源和保护环境的责任，成为"两型社会"建设的领导核心。无锡市在反思传统粗放式经济发展路径的基础上，树立资源、环境无小事的生态价值理念，在政府工作中不断提高"两型社会"建设的地位，并通过科学合理的制度设计，确保重大经济社会决策符合"两型社会"的要求。

### 1. 完善战略资源和环境评估体系

无锡市科学测算全市的资源总量和环境容量，将经济、社会、环境建设视为一个有机整体，进行综合考虑，建立对资源总量和环境容量进行全局性优化配置的定期评估制度。建立规划环评与项目环评联动机制，对项目开发、环境资源配置提出更加合理的战略安排，认真研究环境风险管理和危机控制。强化对政府政策措施及各项重点工作环境影响的评估工作，为政府决策提供重要环境信息依据，使决策更具科学性、合理性。在进行资源开发、城区扩建、基础设施建设等重大项目的决策前，就相关活动对资源和环境可能造成的影响进行评估和论证，并在此基础上提出缓解不良影响的措施和方案，从而避免可能造成资源滥用和环境污染的决策。

### 2. 建立资源、环境统一监管机制

建立联席会议制度，协调做出重大经济建设决策，解决重大资源环境问题，确保经济社会发展政策与环境保护、资源节约法规政策的协调统一。实施资源和环境的规划、开发、利用和保护等各种监督管理制度，建立健全部门协调机制，加强相关行政执法监督和管理。

---

① 保罗·萨缪尔森、威廉·诺德豪斯：《微观经济学》，萧琛等译，人民邮电出版社，2008，第324页。

### 3. 建立资源、环境专家咨询制度

无锡市充分发挥本地区的人才优势，建立了由高校和科研机构专家学者组成的咨询委员会，对有关经济、社会、环境发展的重大决策进行预先咨询和评估论证。在进行有关资源、环境的重大决策前，认真听取专家的合理化意见和建议。完善决策信息和智力支持系统，推进决策科学化、民主化，以提出更加合理可行的资源节约和环境保护方案，最大限度地缓解经济发展给资源、环境带来的压力。建立健全专家结构选择机制、被遴选专家评价机制、绩效考核机制和责任追究机制，规范决策咨询程序，完善专家咨询制度。制定资源、环境法律法规和公共政策公开听取意见制度，增强决策透明度和公众参与度。

### 4. 建立科学发展考核制度

健全完善的考核评价制度，是推动政府工作的有力杠杆，节能环保工作也不例外。无锡市研究制定了市"两型社会"建设标准和评价体系，明确各类指标要求，建立考核评价机制。通过设立"两型"政绩考核制度，引导各级政府走出片面追求 GDP 的误区，开始关注自然资源和生态环境，努力促进经济、资源、环境协调发展。对积极转变经济发展方式，在节约资源和保护环境基础上实现地区经济快速持续发展的政府官员予以奖励；对以牺牲资源和环境为代价来完成经济目标的政府官员进行处罚。研究制定了无锡市生态文明建设目标考核办法，半年度考核一次。将"两型社会"建设工作成绩作为评价各地区各部门领导班子和主要领导政绩、评定年度考核等级和选拔任用的重要依据之一，促使官员在促进本地区经济发展的同时，将节能环保工作提上日程。

## 二 资源节约利用制度体系

### 1. 建立土地节约利用机制

无锡市发挥城乡规划和土地利用总体规划的整体管控作用，落实最严格的耕地保护制度和节约用地制度，结合加强基本农田保护、实施基本农田生态补偿，完善耕地和基本农田保护长效管理机制，确保全市 164.82 万亩基本农田面积不减、质量提高、布局稳定。高效使用土地资源，进行适度有序开发，保证环境品质，推动城市走精明增长、组团布局、紧凑型的发展道路。提高工业用地准入门槛，明确落户工业集中区和省级以上开发

区的项目亩均投资强度分别不得低于 350 万元和 450 万元。严格审查供地准入门槛,实行项目差别化供地,建立节约集约用地履约保证金制度,盘活存量土地。以地块开工作为存量土地盘活的标准,建立存量土地盘活数据库,按月动态巡查,实时跟踪盘活情况。严格按规划用途安排供地计划,全面实施新增产业项目建设用地评审制度,提高土地集约利用水平。落实盘活存量和使用增量挂钩制度,推行工业用地分期供地制度,提高工业用地容积率,建立节约集约用地保证金制度。建立并完善"1 + 13"节约集约用地制度体系,出台低效用地再开放、扩大土地有偿使用范围、土地立体复合利用等配套政策。经争取,无锡市在 2013 年被确定为国土部城镇低效用地再开发试点城市。

**2. 建立能源节约利用机制**

无锡市积极探索建立区域能源消费总量控制的机制体制,加强能源定额、限额管理和对固定资产投资项目的规范管理,建立节能信息发布制度、节能产品认证和能效标识管理制度,继续完善合同能源管理制度、节能投资担保机制、节能自愿协议等市场化的节能新机制。对年耗能 3000 吨标准煤以上的重点用能单位进行有针对性的监督。强化重点用能单位的能源管理,创新节能工作责任制,开展能效对标和达标活动,健全能源计量管理、能源统计和能源利用状况分析制度,积极推广节能新产品、新技术、新工艺。建立并实施超能耗限额标准的惩处制度,对超能耗限额和使用国家明令禁止的落后用能设备的企业实施惩罚性电价或差别电价。完善节能减排激励约束机制。严格实行固定资产投资项目节能评估审查制度,实施严格的高耗能行业准入标准,限制高耗能行业的低水平重复建设和盲目发展,建立健全对节能评估审查项目的验收检查机制。加强公共机构节能,推进机关事业单位既有办公建筑节能改造和合同能源管理,制定《无锡市公共机构节能管理办法》,促进公共机构节能工作规范化、制度化、常态化。组织开展"绿色办公 反对浪费"大讨论,推进"两型"机关、学校、医院、体育场馆、科技场馆、文化场所、金融机构、驻锡军营八大示范工程建设,充分发挥党政机关在"两型社会"建设中的示范引领作用。分类制定各类公共机构能耗定额标准,使全市公共机构人均用能明显下降。

### 3. 水资源节约利用机制

无锡市大力推进节水型社会建设，完善节水监督检查机制。市政府出台了《无锡市实施最严格水资源管理制度考核办法》，建立了比较完善的水资源管理责任与考核制度。严格落实用水总量控制和用水效率控制红线，将用水总量与新增取水许可审批紧密结合，加强对用水效率控制指标情况的监督检查和考核，全市万元 GDP 水资源消耗量低于 50 立方米。无锡命名了一批省市级节水载体，其中宜兴市节水成绩显著，被定位为省级节水型社会示范市。严格管理城乡水资源，实行取水总量控制和用水定额管理，建立完善用水阶梯式计价制度和水资源有偿使用制度。节水工作业已取得成效，无锡市目前已通过水利部全国节水型社会建设试点的验收，被评为"全国节水型社会建设示范区"。

## 三 环境保护建设制度体系

### 1. 建立排污权有偿使用和交易制度

无锡市依法实施排污许可制度，全面推行排污权有偿使用和交易的制度化、规范化、市场化。按照《无锡市主要污染物排污权有偿使用和交易管理暂行办法》及其实施细则，有序开展排污权有偿使用和交易工作。企业要想获取排污许可证，必须先支付有偿使用的费用。如果 COD 排放量低于环保部门核定数量，企业就可以出售余下的指标。这就意味着，只要减少污染物的排放，就能获得可观的经济效益。建立由环境资源使用价格、环境恢复价格、污染物处置价格、环保服务价格等组成的环境价格体系，完善反映环境资源供求关系、稀缺程度和污染治理成本的价格形成机制，对新扩改建单位和重点污染源、接纳工业废水大于 80% （含 80%） 的污水处理厂全面征收排污指标有偿使用费，在全省率先建立排污权交易市场。区别于政府强制征收排污费，排污权交易制度使得企业成为排污和治污的主体，不得不将排污行为的后果纳入考虑。在此种制度设计下，政府不参与交易过程，也就放弃了可能获得的不正当利益，权钱交易的空间被极大地压缩了。企业有机会获得排污权交易的利益，就有动力、有意愿积极参与排污权交易，减少环境污染。这样，治污就从一种政府的强制行为转变成企业自主的市场行为，企业投身"两型社会"建设的积极性大为提高。

试点实施排污权有偿使用和交易，是近年来无锡市改革资源环境管理体制的重要突破。少排污就能少花钱、多盈利，成为企业的共识。提标改造、加强内部管理成为企业的一项重点工作。以江苏红柳床单有限公司为例，2008 年该公司支付了百万元的费用，获得环保部门核定的 COD 排放指标近 350 吨。一年后，当公司再次申购排污权时，环保部门核定的 COD 排放量变成了 240 多吨。由此可以看出，减排 1/3 左右，企业成本就能减少几十万元。显然，这对企业是很大的促动和激励。企业负责人表示，为了更多地节约成本，必须持之以恒、坚定不移地减少污染物的排放。[①] 这表明，通过市场手段控制污染排放，能够进一步地挖掘环保潜力。一旦控制污染与经济成本直接挂钩，企业的环保意识会大大增强。

**2. 建立区域环境资源补偿制度**

目前，无锡业已修改完善了《无锡市环境资源区域补偿办法（试行）》，编制完成了《无锡市环境资源区域补偿实施方案》。"谁污染谁付费、谁破坏谁补偿"，已经成为无锡市政府治理水环境、提高河流水质的主要途径。在无锡市深化资源环境体制改革的过程中，区域环境资源补偿是落实得比较成功的一项制度。简单来讲，对流经某区域的河道水质来说，如果出水水质比进水水质差，则区域必须在经济上给予下游区域补偿。无锡市为了平衡地区利益，促进公平发展，近年来不断加大对环境资源补偿的财政转移支付力度。先行在京杭运河无锡段、主要入湖河流及其上游、望虞河西岸及其支流等河流开展补偿试点，对 33 个断面实施区域补偿，并不断扩大试点范围，逐步实现市内区域补偿全覆盖。建立水质监测、补偿金额测算、补偿支付监督等运行机制。严格兑现区域补偿资金，市环保局定期将核定的补偿资金通报市财政局和各县、区政府。实施每周一次与省同步的水质水量监测，整理汇总 33 个断面水量水质监测数据，对监测断面加强研究分析，进行补偿资金测算。

在市级区域补偿工作的基础上，江阴市、宜兴市、锡山区、新区等地分别开展补偿工作，将张家港河、锡北运河等辖区内的环境资源区域补偿责任落实到各街道、乡镇。根据地区经济社会发展实际和"两型社会"建

---

① 黄蓉：《无锡成功实践区域环境补偿 创新资源管理保护生态》，新华网，2010。http://www.js.xinhuanet.com/xin_wen_zhong_xin/2010-03/14/content_19247701.htm，最后访问日期：2016 年 7 月 6 日。

设要求，适时调整生态补偿范围、生态补偿标准，以生态保护区域内有关组织的经济发展和经济利益是否受到制约为主要考虑因素，在先期确定的补偿范围、标准的基础上，逐步向全部基本农田、自然保护区、森林公园、水源涵养区、清水通道维护区、太湖风景区等重点生态保护区域拓展，加大生态转移支付力度，并启动生态补偿立法工作。

### 3. 建立环境污染责任保险制度

环境污染责任保险，是企业通过市场手段发现和减少环境污染风险的主要方式，也是维护污染受害者合法权益的重要途径。无锡市有条不紊地进行了环境污染责任保险的试点工作，制定地方配套法规，明确规定投保主体行为，建立环境污染事故认定机制，规范理赔程序。在有关地方环保立法中增加"环境污染责任保险"条款，制定企业环境污染责任保险投保指导目录，并在合适的时机加以调整。环保部门为企业环境风险评价及环境损害的认定提供技术保障，监管部门指导保险公司建立规范合理的认定标准和理赔程序，保证赔付过程公开透明，促进企业提高环境风险管理水平，维护公众环境权益。为了鼓励广大企业参加环境责任保险，无锡市政府积极帮助企业提高对环境风险的认知水平并实施有效防范。每家企业在投保前，无锡市都会组织环保专家进入企业内部，对其进行环境风险的检查评估，并做出详尽的文字说明，提交《环境风险现场勘查报告》或者《环境风险评估报告》。经过这样一番检查评估之后，企业的投保意愿显著加强了。[①] 无锡市企业参保数量连续多年在全国名列前茅。人民网曾以"无锡市'绿色保险'参保企业数全国第一"为题，对无锡市开展环境污染责任保险（简称"绿色保险"）情况进行专门报道。目前，环境污染责任保险的好处已经深入人心。一些企业在出现环境问题后很快得到经济补偿，一些企业在专家现场勘查后，解决了环境隐患，降低了环境风险。

### 4. 建立特定条件下的告知承诺制度

按照无锡市政府印发的《无锡市企业设立告知承诺制实施办法（试行）》，告知承诺制度包括具有审批职能的行政机关的"告知"和申请人的"承诺"两个方面。具体而言，"告知"是指行政审批机关将法律、法规、

---

① 郭寅枫：《无锡市"绿色保险"参保企业数全国第一》，新华网，2014。http://wx.xin-huanet.com/2014 - 12/08/c_1113555142.htm，最后访问日期：2016 年 7 月 6 日。

规章以及相关技术规范所规定的条件、标准、要求，以书面形式告知申请人的告示行为。"承诺"是指申请人向行政审批机关做出的对该告知的事项已经知晓和理解，并保证按法律、法规、规章以及相关技术规范所规定的条件、标准、要求设立企业、开业经营的真实意思表示。具体实施过程是，各类相关企业提出申请，由工商部门一门式受理，在核定经营范围的同时，出具申请人所从事生产经营活动的书面告知承诺书，在申请人书面承诺达到生产经营活动所涉及的法律、法规规定等事项，并表示同意、书面承诺后，在 10 个工作日内由相关审批机关和工商部门分别颁发许可证和营业执照。

无锡市大力实施项目行政许可"告知承诺制"，对按照《建设项目环境影响评价分类管理名录》要求编制登记表的项目、所在区域已通过区域环评的高新技术项目，对投资总额在 3000 万美元或 1 亿元以上的国家鼓励类重大建设项目，建立行政许可"快速通道"，实施告知承诺。由于实施了环保行政许可告知承诺，无锡市的行政审批效率明显提高了。以配合城市建设的无锡市少年宫过渡房项目为例，由于这一项目不会造成明显的环境污染后果，所以按照告知承诺方式进行审批操作。少年宫负责人签下承诺书的当天，环保审批手续就完结了，少年宫搬迁得以快速启动。而按照以往的审批手续，开工前的环保行政许可审批可能需要 1 ~ 2 周的时间。[①]

**5. 建立环境监测预警和应急处置制度**

在全市合理布局环境质量监测点位，开展"感知环境，智慧环保"物联网示范工程，建设在线监测数据控制中心，建立环境质量监测、污染源监测、环境应急监测"三位一体"的环境预警体系。突出饮用水水源保护，全面实现"双源供水、双重保障"的目标，以蓝藻打捞处理和防治大面积水质恶化为重点，建立相应的应急指挥和协调机构，实施突发环保事件的分级和应急处理方案。在江南大学设立大学城环境空气质量自动监测站点，每天向社会发布空气质量指数（该指数涵盖 6 项空气指标）。完善环境污染突发事件应急预案，建立环境应急专家库和方案库，加强环境应急演练，建立素质全面、装备精良、反应敏捷的环境应急处理队伍。

---

① 黄蓉：《无锡成功实践区域环境补偿 创新资源管理保护生态》，新华网，2010。http://www.js.xinhuanet.com/xin_wen_zhong_xin/2010-03/14/content_19247701.htm，最后访问日期：2016 年 7 月 6 日。

### 6. 建立环保执法监督制度

加强环保执法监察力量，充实乡镇村环保队伍，提高现场执法和处理突发性事件的能力。开展"铁腕治污"专项行动，严肃查处环境违法行为，责令违法排污的企业公开道歉，并做出保护环境的承诺。对造成严重环境污染的企业，一律停产整顿并吊销排污许可证，涉嫌犯罪的移交司法机关处理，借助法律手段予以制裁。为了适应新《环境保护法》，无锡市调整了环保监察机构，划分板块进行区域管理。无锡市还制定了《无锡市环境保护局约谈暂行办法》，将约谈工作规范化，督促地方政府行使环保责任。此外，无锡重新制定了《无锡市环境保护行政处罚实施办法》，细化了《无锡市环境行政处罚一般程序图》，使案件查处更加规范化、程序化，体现依法治污的要求。

完善环保司法模式。进一步发挥司法保护环境建设的作用，建立环保审批工作机制，以司法审判为中心，重点协助和支持环境行政执法，推动全社会和公众参与。促进环保行政执法与环保司法的有效衔接，行政机关与司法部门联动配合，依法支持、鼓励环保行政部门主动担当追究行政相对人承担环境修复民事责任的职责，最大限度地提高环保行政执法的实质效率。建立对环境问题突出的地区和企业实施限批的机制。加强环保审判理论研究和典型案例宣传，增强民众环境保护意识和对破坏环境司法惩治的敬畏意识。

### 7. 建立环境治理代理人制度

无锡市不断完善、创新资源产权制度，以政府特许经营为主，重点治理太湖水环境，对环境治理各类权限进行有针对性的挑战，建立并实施环境代理人制度。无锡市成立环境资源集团公司，由它代表市政府承担环境治理代理人的责任。代理人的授权范围逐步延伸，一开始是以治理水环境为重点，后来扩展到全市生态环境的保护和开发。

### 8. 建立排污费征收使用管理制度

在过去相当长一段时间内，由于企业环保意识不强，政府只征收很少的排污费用。企业感受不到经济压力，可以毫无顾忌地排放污染物，对环境造成了严重的危害。近年来，无锡市逐步提高排污收费标准，向排污的单位和个人征收较高的费用，从而提高了排污的成本，达到了减少污染排放的效果。

### 9. 完善建设工程文明施工管理制度

编制《无锡市建设工程文明施工标准化图集行为指南》，加强建设工地文明施工联动执法和交叉检查力度，确保工地出入口硬化率在95%以上，建筑工地围挡基本到位，工地内有保洁人员洒水和清扫，有效降低建设工地的扬尘污染。

### 10. 完善危险废物转移审批、资质许可等管理制度

编制实施全市工业固废处置利用规划，规范工业固体废物处置。加强危险废物处置监管，确保危险废物依法安全处置。加强核与辐射安全监管，实现放射源实时在线监控，建设城市低放射性废渣处置场。目前，无锡市危险废物的无害化处置率、工业固体废物处置利用率均达到100%。

## 四　公众监督参与制度体系

### 1. 建立资源环境信息公开制度

所谓资源环境信息公开，就是指政府行政机关通过一定的途径和方式，向社会成员、企业法人以及其他的社会团体和组织主动披露或根据他们相应的要求提供给他们想要获得的，且只有政府和相关部门掌握的自然资源的成本、资源的消费和使用信息、环境现状、环境保护和环境危害行为的信息，并利用监督制度对资源浪费和环境破坏行为施加压力，从而提高自然资源的利用率并改善环境质量。[1] 资源环境信息公开，是公众参与"两型社会"建设的重要前提。无锡市在建设"两型社会"的进程中，有步骤地公开了政府资源环境信息，让市民了解本市资源环境方面的基本情况；完善了资源环境信息公开工作考核制度，强化了社会评议和责任追究机制，增强了政府促进资源环境信息公开的意识；实现了政府与民众之间信息的有效沟通，对资源环境信息的公开范围界定明确。无锡对涉及资源环境利用、对资源环境产生深度影响的发展规划和重大项目，确保其决策的公开透明，广泛听取市民和人大代表的意见和建议。这样一来，在保障公众资源环境方面基本权利（主要是知情权和

---

[1] 陈纯仁、王迪：《论"两型社会"建设的行政制度创新》，《邵阳学院学报》2014年第2期。

监督权）的同时，使得政府决策趋向民主化、科学化，进一步接近节约资源和保护环境的目标。

## 2. 建立"两型社会"建设宣传教育制度

无锡市以每年"地球水日""地球日""全国土地日""水安全活动日""能源紧缺体验日""节能宣传月""环境月"等为契机，定期开展以"两型社会"为主题的宣传教育活动，使得广大市民不仅感受了节能环保的重要性，而且学会了相关的知识和技能。在机关、学校、企业、乡村倡导节能、节水、节电、节地等低碳消费方式。借助报纸、广播、电视、网络等新闻媒体，开设"节能潜力在哪里""生活节能小常识""美丽无锡行"等节能专栏。向全社会大力宣传"两型社会"建设的重要性，解读"两型社会"发展理念和具体实践，传播"两型社会"建设的新观念、新知识，着力提升宣传教育的针对性、实践性、群众性和实效性，从而培育广大市民节约资源、环境友好、循环发展的价值理念，增强全民节能环保意识和自觉行动意识，凝聚社会各界关心、支持"两型社会"改革试点的共识和合力，形成全社会积极参与、密切配合、齐心协力建设"两型社会"的良好局面。

## 3. 开展"两型社会"建设示范单位创建活动

无锡市引导各级组织、社会各界和广大群众积极参与，创建了一批"两型社会"建设综合配套改革试点示范单位。通过营造浓厚热烈的创建氛围，创建活动成为全体市民建设"两型社会"的动力机制。以"两型"企业创建工作为例，无锡市经信委会同市财政局、市科技局印发了《关于组织开展资源节约型和环境友好型企业创建工作的通知》，明确了"两型"企业创建工作的总体思路、创建目标、创建标准、工作程序及申报要求；同时，还印发了《无锡市"两型社会"建设示范企业创建实施方案》，公布了"两型"企业考核评分标准，从制定创建方案、建立管理制度、节能减排任务、企业环境整洁、独立法人资格、行业代表性、清洁生产审核、资源综合利用、完善管理体系、符合政策法规、产品行业领先、污染物排放达标、节能环保投入、技术创新体系14个方面对申报企业严格评分，对已列入循环经济试点的企业、资源综合利用企业和节能减排先进企业给予加分和优先申报。在企业申报、各地推荐的基础上，组织节能、环保、科技、财政等方面的专家进行评审，对部分企业进行现场考察，对通过评审和现场检查的企业进行网上公示并征求市节能减排领导小组成员单位的意见。此外，无锡市将公共机构节能管理和"两型"示范机关创建列入市政府目标管理，组织全市公共机构开展低碳日能源紧缺体验活动，发挥机关公务人员节能减排表率作用。无锡市市民中心、市第二人民医院、无锡国税局、江阴行政中心、江南大学5家单位荣获国家机关事务管理局和国家发改委、财政部授予的"节约型公共机构示范单位"称号和奖牌。

**4. 健全公众参与制度**

无锡市引导广大市民积极参加洁净家园、绿化植树、整治河藻等环保公益活动，争当环保志愿者，倡导开展"环太湖生态文明志愿服务大行动"。建立环保监督员制度，切实保障群众的监督权利。激励群众运用监督权利揭露各种破坏生态环境的违法行为，鼓励群众敢于与违法行为做斗争，对内容属实的举报行为给予一定的物质奖励。要求广大党员干部以身作则，在节能减排过程中发挥模范带头作用，真正践行"两型社会"的理念，倡导生态文明，引领道德风尚。树立"两型社会"建设工作典型，表彰先进单位和个人，宣传先进事迹，鼓励社会各界人士争做环境保护宣传员、义务监督员，争当优秀环保卫士。发挥各类社会团体的作用，推动环境公益诉讼，为公众参与资源节约、环境保护搭建平台，通过听证会、论证会或社会参与等形式听取群众意见，尊重群众的资源环境诉求，切实发挥舆论监督的作用。广大市民也必须认识到权利和义务的对等，在被赋予资源环境权利的同时，也要承担起保护资源环境的义务。只有这样，才能形成全民参与"两型社会"建设的局面。

**5. 建立环保社会团体的培育机制**

无锡市建立了环保NGO（非营利性民间组织）基金，有计划地培育发展一批环保NGO典型，每季度定期举办环保NGO人员培训，提高环保NGO人员的专业素养。改革现有民间组织登记注册和管理制度，简化环保NGO登记流程，促进环保NGO的蓬勃发展。建立公众激励机制，激励公众投身环保NGO的发展，在节能环保事务中发挥积极作用。对于在经济上扶持环保NGO的个人和单位，给予表彰和鼓励。争取得到国内外有良好声誉的环保组织的支持，提高无锡市环保NGO的专业能力，使其进入可持续发展的轨道，成为建设"两型社会"的一支重要力量。

## 第三节 支撑无锡"两型社会"建设的政策法规体系

在建设"两型社会"的进程中，政府承担了双重角色。一方面，作为普通市场主体，政府需要在购买和消费资源的过程中践行"两型社会"的理念，发挥示范带头作用。另一方面，政府是社会公共利益的代表和守护者，是"两型社会"的主要推动者，有责任制定公共政策来引导全社会节约资源和保护环境。为此，无锡市政府建立了支撑"两型社会"建设的政策法规体系，其中包括财税政策、金融政策、产业政策、价格政策、投资政策、消费政策等。

### 一 财税政策

资源环境属于公共物品，具有不可分割性。要实现资源环境的优化配置，光靠市场是不够的。如果纯粹由市场调节，滥用资源和污染环境的成本完全由社会承担，污染者无须承担相应的责任；而节约资源、保护环境产生的收益由社会整体享受，这将导致"搭便车"问题，无人愿意为环境保护买单。解决市场失灵问题，需要政府发挥调控作用。和政府传统的行政干预手段相比，财税政策具有柔性和低成本的优势。财税政策通过改变影响个体经济行为的条件（主要是成本和收益），来促使个体自觉地改变自己的行为。一方面，通过提高税收的方式，加大制污排污的成本，限制污染环境的行为；另一方面，对重视节能减排的企业给予财政补贴或税费优惠，鼓励其保护环境的行为。

无锡市积极抓好与国家、省相关财政政策的对接，制定促进节能减排和发展循环经济的财税政策。设立节能环保专项基金，加大对重大节能环保项目的财政支持力度。建立促进"两型社会"建设的财税引导机制。发挥公共财政的作用，加大对重点节能节水节地工程、环境监管能力建设以及太湖综合治理等方面的投入。从制度上保障对节能环保事业的财政投入，保证环保支出随着政府财政收入的增长而增长，确保地方新增财力的10%以上用于太湖治理和环境保护。继续完善资源综合利用和废旧物资回收利用政策，对利用可再生能源、资源及对废弃物进行无害化处理、资源化利用的企业，在一定时期给予财政补贴和税费优惠。

## 二  金融政策

无锡市建立促进能源资源节约和保护生态环境的金融、信贷政策体系，合理分配金融资源，努力形成以可再生资源为主导、以克制和节约利用耗竭性资源为补充的可持续发展模式。坚持政府主导，组建投融资平台，加快"两型社会"重大项目建设，积极引导金融机构加大对资源节约、环境保护项目的信贷支持。鼓励金融机构设立促进可持续发展的专项贷款，加大对改革试点企业和项目的金融服务支持力度。拓宽融资渠道，以 RT、BOT 等形式大力吸引社会资本、境外资本参与太湖保护区建设。引导社会资金投向"两型社会"建设重点产业和示范项目。加强对企业环境行为进行定期评价并向社会公布结果，与银行实行环境信息共享，对限制和淘汰类项目、高污染和高环境风险行业企业进行信贷控制。通过制定环保信贷政策，引导产业结构调整，促进"两型"产业的发展。稳步推进上市公司环境绩效评估试点工作，逐步建立和完善上市公司环境绩效评估制度。

## 三  产业政策

无锡市制定了"两型社会"建设综合配套改革试点的产业政策。重视发挥技术创新的驱动作用，重点促进产业优化升级，努力形成有利于构建"两型社会"的"两型"产业体系。

做大新兴产业规模。无锡市支持国家新能源基地、新能源应用示范城市建设，促进太阳能、风能等新能源产业化的发展。瞄准世界科技前沿，动态跟踪发展趋势，促进新兴产业发展。无锡市主要发展的新兴产业有物联网、新能源、生物技术、微电子、新材料、云计算等。全力组织实施新兴产业双倍增工程，扩大新兴产业规模，以特色产业园区为载体，着力培育产业群，完善产业链，促进物联网、云计算、环保等十大重点产业快速发展。

发展现代服务业。无锡市把发展现代服务业作为做大做强"两型"产业的重要举措，加大政策资金扶持力度，突破发展新兴服务业，加快发展优势服务业，提升发展传统服务业，努力实现服务业增速明显加快、比重明显提高、结构明显优化、竞争力明显增强。加快推进滨湖区省服务业综合改革试点，实施一系列促进服务业加快发展的重大措施，破除当前服务业发展中的瓶颈，改革创新，先行先试，为加快服务业发展提供有益经验。实施服务业超越计划，大力发展软件和服务外包、工业设计和文化创意、云计算服务、金融、旅游、物流、商务、信息和商贸（城市综合体）等服务业，突出发展旅游业和会展业，以及研发、设计、营销等高附加值环节，促进产业链向两端延伸。

发展现代农业。无锡市编制完成《无锡市国家现代农业示范区总体规划》，扎实推进国家现代农业示范区建设，加强环太湖一级保护区生态农业示范区建设，从经济、生态、服务三个方面提高无锡农业产业化水平。无锡市全面推进农田标准化改造，推动农业标准化生产。大力发展无公害、绿色、有机农产品，引进和选育抗虫、抗病新品种，减少农药使用量，严格控制高毒、高残留农药的使用，推广使用生物有机肥料、低毒低残留农药及生物农药。科学使用化肥，平衡施肥，并通过精确施肥和利用节水灌溉等技术来提高化肥利用率，减少化肥使用量，降低养分流失的危险。扶持、培育农村废物、秸秆、畜禽粪便等资源化综合利用产业，推广使用小型收割和秸秆粉碎一体机械，提倡采用秸秆粉碎直接还田和过腹还田。加强农产品质量安全和动植物免疫防治工作，恢复病虫害天敌生物的栖息地，发展农林牧渔业病虫害生物防治技术。全面推广机械秸秆还田，增加土壤肥沃度，提高农业产量，发展高效农业。建立并完善符合"两型社会"要求的现代农业生产体系，扎实建设农业标准化示范区。认证地理标志产品，保护具有区域特色的农产品，提升其竞争力。逐步建成全市农林牧渔业生态安全预警体系。

提升农业新兴产业发展水平。引进高端生物农业人才，构建生物农业创新创业体系，全力推进无锡太湖生物农业谷建设。以动物生物反应器产业为重点的南园，以组培、生物育种、生境控制为重点的北园，两个园区已有科捷诺生物、炫东生物、三阳植物、台湾第一种苗、虹越、亨田生物等25家企业入驻，全市生物农业产业规模在38亿元以上。无锡市推进现代农业园区建设，调整和优化现代农业园区布局，着力打造多层次、多种形式的现代农业园区，促进土地资源整合和集约规模经营。全市累计建成锡山、江阴（徐霞客）等省级现代农业园区5个，顺利完成"建成10个千亩以上市级现代农业园区"的目标任务。提高秸秆综合利用率。重点扶持江苏普阳环保能源科技有限公司和宜兴市新锦源生态菌业专业合作社,促进秸秆固化成型和秸秆基料化利用。继续加大对小麦、水稻秸秆综合利用和农机购置的补贴力度,提高市场主体的积极性。大力发展生态循环农业,积极推广"上农下渔"、"畜禽—沼气—菜果"及"农林牧渔复合"等种养结合、循环利用、废弃物资源化利用的循环经济模式,建设一批各具特色的示范基地,实现农业生产过程各种要素的有机循环。

无锡市还特别注重对传统制造业进行改造提升,用高新科技带动机械、纺织、冶金等传统制造业发展,打造地区品牌,促进"无锡制造"向"无锡创造"升级。对冶金和化工行业进行清洁生产审核。对于生产工艺落后、排污耗能较高的企业逐步淘汰,加快发展其下游污染少、附加值高的产业,实现资源消耗型向技术密集型的转变。

无锡市在调整和优化产业布局时,将保护生态环境放在优先考虑的位置。注重发挥比较优势,注重集聚产业特色。优化沿江产业发展,重点整合长江岸线,依托临港新城和靖江园区,重点发展新材料、装备制造、港口物流等高端制造业和新兴服务业,大力调整纺织、印染等重污染行业。优化沿路产业发展,促进产业向沪宁、宁杭、锡澄、锡宜等高速公路沿线地区优化集聚,依托科技新城(新区)、环科新城(宜兴)、锡山、惠山经济开发区等重要载体,重点发展物联网、电子信息、环保、新材料、生物制药、高端装备制造、现代物流等新兴产业和传统优势产业。促进沿湖产业发展,发挥环太湖地区的自然优势,在开发旅游资源的同时注重生态环境的保护,依托太湖新城、蠡湖新城、锡东新城、宜兴沿湖湿地及东氿新城等,主要发展高端商务、创意设计、科技研发、旅游度假等绿色产业。

## 四 价格政策

无锡市完善资源要素价格形成机制,积极发挥价格的杠杆作用,建立了促进"两型社会"建设的价格政策体系。深化环境资源价格改革,使资源环境的价格体现生态价值,反映资源稀缺程度、资源的供求关系、环境破坏带来的经济损失、治理污染的成本。推进收费体制改革,适时调整城市污水、垃圾处理费征收标准,合理确定再生水价格。探索建立阶梯型资源、能源使用价格机制，加大实施差别电价的力度。引导企业合理调节绿色产品的价格。执行排污权有偿使用政策，完善市场交易平台，不断推进排污权交易试点工作，逐步将排污权有偿使用范围扩展到所有可能造成严重污染的行业。提高排污收费标准，加强排污费收支管理，加大对超额节能减排企业的奖励力度。完善使用者付费制度，探索污水处理企业由事业型向企业经营型转换机制，按污水中的污染物含量收取污水处理费，对垃圾处理实施收费，借助市场手段开展垃圾收运和清扫保洁。探索与可再生能源使用和脱硫措施相结合的电价，研究促进再生水利用的水价。

## 五　投资政策

无锡市加大对资源节约型、环境友好型重点领域项目的投资，发挥政府投资对社会投资的引导作用。坚持政府主导、社会化参与、市场化运作，采取多种融资方式，积极引导和鼓励外资、民资和社会资金参与太湖治理和环境保护，鼓励和支持企业参与资源节约和环境保护等方面的投入，努力形成政府引导、企业带动、社会参与的多渠道、多层次、全方位的投融资机制。

## 六　消费政策

无锡市针对市民的"两型"消费政策已经细化到人们衣食住行的各个方面，督促人们从身边的小事做起，为"两型社会"建设做贡献。在服装方面，鼓励实现自然和谐，选择生态服饰。抵制珍稀动物皮毛制品。开展旧衣"零抛弃"活动，完善居民社区再生资源回收体系，有序推进二手服装再利用。在食品方面，开展"反食品浪费"行动，减少过度包装和一次性用品的使用，开展绿色酒店、医院、学校、社区、商场创建活动，提出"低碳环保、绿色健康、天然有机"的饮食理念，大幅度减少宾馆、饭店等使用一次性产品，积极倡导节约简朴的餐饮消费习惯。在住宅方面，以绿色建筑行动为抓手，大力推进建筑节能和绿色建筑示范区建设。结合旧城区综合改造、城市市容整治以及既有建筑抗震加固，以建筑门窗、外遮阳、自然通风等为重点，引导推进既有住宅建筑节能改造。在出行方面，大力发展公共交通，提倡使用节能环保型公共交通工具，限制私家车上路。加大能效标识产品、节水标识产品、环保标识产品和低碳标识产品的认证，推广实施能效标准和标志。

对于政府而言，不仅要制定引导市民和企业的"两型"消费政策，还要严于律己，完善针对自身的"两型"消费政策，彰显示范效应。随着中国经济的快速增长，政府采购规模不断扩大。政府绿色采购具有规模大、示范性强的特点，能带动整个社会绿色消费模式的形成。政府不仅是市场经济的调控者，本身也是市场主体，而且是一个潜力巨大的消费者。如果政府将环境因素纳入采购标准，加大对节能环保产品的购买力度，必定会带动"两型"产业的发展。企业为了获得政府订单，必然加大绿色技术创新力度，增加治理污染的投入，努力提供满足政府绿色采购要求的产品和服务。因此，政府实施绿色采购政策能够极大地促进资源节约和环境保护。比如，汽车尾气是造成大气污染的原因之一，如果政府大量采购具有环境标志的汽车，定会大大减轻汽车尾气造成的环境污染，从而显示"两型"消费的良好效果。近年来，以推动绿色生产和绿色消费为目标的绿色采购制度在我国取得长足发展。2004 年财政部和国家发改委联合发布了《节能产品政府采购实施意见》；2006 年财政部和国家环保总局联合发布了《关于环境标志产品政府采购实施意见》和首批环境标志产品政府采购清单；2007 年政府绿色采购在中央一级预算单位和省级预算单位首先实行，2008 年起全面实施。①

无锡市政府积极响应国家要求，强化绿色采购执行机制。加强对政府采购人员的宣传教育，提高采购人员的"两型"消费意识以及对节能环保产品的辨别能力，使其熟练掌握绿色采购的方法。对于节能环保产品，政府有意识地扩大采购范围，使得列入采购目录的产品有一半以上是绿色产品。根据绿色产品的研发和市场变化，适时调整绿色产品采购清单，扩大清单范围，以更好地满足政府采购的要求。在多方比较各种产品价格、性能的基础上，优先购买经国家认证的节能设备和产品。涉及大宗办公用品等方面的采购，进行以节约为主题的评估，并首先调查现有设备利用情况，避免重复采购。建立政府采购节能环保产品的评审和监督制度，加强采购监测和评估工作，确保绿色采购落到实处。

---

① 洪源、肖海翔：《推动"两型社会"建设的"绿色"财税政策体系研究》，《税务与经济》2010 年第 1 期。

## 第四节　支撑无锡"两型社会"建设的组织领导体系

"两型社会"的建设是一个复杂的系统工程，无法一蹴而就，而是需要持续、有序地推进的，不仅要有技术支持、制度保障、政策配套，而且要有坚强的领导核心和周密的组织工作。在建设"两型社会"的过程中，必须发挥人的主观能动性，激发广大党员干部的潜力和责任感。因此，强有力的组织领导对于实现"两型社会"的目标是不可缺少的。无锡市对组织领导环节高度重视，并建立了支撑"两型社会"建设的组织领导体系。

### 一　成立领导小组

首先，为了扎实推进"两型社会"建设工作，无锡市成立了由市委、市政府主要领导担任组长的市"两型社会"建设综合配套改革试点工作领导小组，市分管领导和有关部门也参与其中，从而加强了对改革试点工作的统一领导。在市发改委设领导小组办公室，负责统筹协调并组织推进"两型社会"建设综合配套改革各项工作。根据改革总体目标和要求，建立工作统筹协调机制，明确分工，加强协调，形成合力。

无锡市"两型社会"建设综合配套改革试点工作领导小组的基本职能如下：①围绕总体目标，研究提出"两型社会"建设重大政策和配套措施，组织起草有关综合性法规和文件。②组织编制无锡市"两型社会"建设综合配套改革总体方案，科学制定各类专项改革方案。③逐项制定年度工作计划，分步实施各类示范项目，有组织、有计划、有步骤地务实推进。研究提出"两型社会"建设综合配套改革试点项目，部分项目引入竞争机制，向社会公开征集实施单位。择优选定试点单位，先行进行试点，积累经验后在全市推广。④协同省直有关部门审查无锡市重大基础设施和重大产业项目，协调解决建设中的重大问题。协调确定区域内具有重大影响的建设项目，对其规划选址和实施情况进行监督管理。⑤协调指导无锡市土地资源的开发和利用，协调省直有关部门加强对无锡市土地的宏观调控。⑥筹集和管理市"两型社会"建设综合配套改革财政专项资金，和有关部门共同研究提出各类资源环境资金补偿方案，将生态补偿工作落到实处。

## 二　组织管理工作

"两型社会"建设对领导干部的素质提出了很高的要求。我国的党政主要领导干部在我国经济社会发展中起着极为重要的作用，特别是地方党政主要领导干部，主导着区域经济发展模式，主导着区域产业结构，主导着大量的社会经济资源配置。[①] 在"两型社会"建设的大背景下加强领导，必须完善领导干部的管理体制。无锡市注重对领导干部进行系统深入的教育，使他们真正接受"两型社会"的理念，掌握资源节约和环境保护的一般知识。把"两型社会"的一些要求加以量化、具体化，纳入对领导干部的考核体系中。无锡市将"两型社会"建设目标任务纳入全市率先基本实现现代化目标考核体系，编入《无锡市国民经济和社会发展第十二个五年规划纲要》和全市年度工作目标体系，把改革任务具体化、刚性化分解落实，明确责任，确定时限要求，强化监督考核，建立完善的综合评价考核体系。建立健全"两型社会"建设工作督办和考评机制，加强对各部门重点工作任务完成情况进行考核评估。在选拔任用领导干部的过程中，坚持正确的用人导向，重用节能环保意识强、具有"两型社会"相关知识和能力的人才。建立针对重大资源环境问题的完整、科学的追责制度，设立环境安全底线、资源利用上限，对触及资源环境红线的领导干部实行一票否决。

无锡市在省委、省政府的统一领导下，充分把握综合配套改革试点的机遇，积极争取省有关部门协调支持无锡"两型社会"建设的重大改革事项和举措，争取在无锡开展更多的改革试点，为无锡"两型社会"建设提供坚实的组织保障和政策支撑。无锡创新"两型社会"建设资金保障机制，积极争取省对无锡"两型社会"建设综合配套改革试点的政策支持。市、区两级财政加大对"两型社会"建设资金的投入，研究探索设立市级"两型"产业投资基金，采用"政府引导，社会参与"方式，吸引社会资本参与"两型"产业建设发展。

无锡市创新"两型社会"建设省市部门合作推进机制和工作推进机

---

① 黄志斌、张庆彩、张先锋：《中西部地区"两型社会"建设战略的支撑体系研究》，合肥工业大学出版社，2014，第 132 页。

制，更多地开展省市部门合作共建，在更多领域取得省各级各部门的指导与支持，争取在政策、资金、项目上给予倾斜支持。无锡进一步完善"两型社会"建设领导体制和推进机制，各市（县）区相应成立两型办，明确工作职能和责任人，加强对全市"两型社会"建设综合配套改革工作的统筹协调、指导服务和组织推进，及时研究解决"两型社会"建设工作中的问题和矛盾。

# 第七章
# 无锡"两型社会"建设的产业布局

城市自其产生之日起，便处在不断更新与改造的过程之中。近代产业革命的发生导致世界范围内的城市化，伴随着大工业的建立，大量农村人口涌向城市，城市规模不断扩大。由于缺乏科学规划，城市盲目发展，进而出现居住环境恶化、市中心区衰败、城市特色消失，以及社会治安混乱等诸多城市问题。与此同时，随着社会经济发展，城市结构与功能日趋复杂，城市结构分化日益明显。为了解决上述城市问题，各城市已逐渐由以前只满足于对城市局部进行改造，转而以大规模的更新和重新布局作为主要措施。[①]

无锡素有"小上海"之称。改革开放30多年来，无锡率先进行市场取向改革，大力发展区域经济，创造了著名的"苏南模式"，社会、经济发展均取得了巨大成绩，从一个相对封闭的、以传统农业和轻加工制造业为主体的经济体，转变成为一个开放的、以现代工业为主体的经济体。无锡制造业发达，经济实力强劲，综合实力明显增强（譬如在2006年，无锡市的GDP总量位居全国第九，工业产值位居全国第七），产业结构调整步伐加快，主要指标跻身全国大中城市前列，并早在20世纪90年代初期就被国家定位为全国15个经济中心城市之一。按照发展阶段理论，无锡正处于工业化后期加速向后工业化时期过渡阶段。不过，在很长一段时间里，无锡传统工业比重较大，城市功能和产业布局定位不是很清楚，加之无锡和大多数城市一样，片面追求大而全的产业布局，以及在乡镇建设上

---

① 曹大贵、杨山、李旭东：《空间布局演化与产业布局调整——兼论无锡市城市发展方略》，《城市问题》2002年第3期。

存在轻规划的"软肋"，整个城市的工业区、居住区和商业区等功能区布局不甚合理，而且普遍存在重复建设的现象。在经济发展过程中，受到的资源、生态约束日益强烈，产业结构调整面临的制约因素越来越多。随着经济全球化的不断深入发展、国际产业结构转移规模的不断扩大，出现了产业链的整体转移，无锡在维持经济快速发展步伐的同时，产业结构和产业布局也进入调整期，并在不断调整中总体趋于优化。

无锡被誉为"太湖明珠"，山水资源得天独厚，好山好水孕育了传承百年的工商业基因。不过，在工业飞速发展带动经济取得显著成效的同时，经济增长对资源的依存度越来越高，给生态环境带来了巨大压力，环境"隐疾"随之而来。在经历 2007 年供水危机后，无锡全市上下深刻认识到"问题在水里，表现在岸上，根子在产业"，"转型必先汰劣，治污必先治水"，率先迈出了用治水倒逼产业结构调整的步伐。至 2010 年，为了实现科学发展、可持续发展，无锡市委、市政府从无锡实际出发，适时地提出要在无锡实施建设资源节约型和环境友好型社会（"两型社会"）的发展战略。这一战略为无锡市社会经济发展和生态文明建设指明了一个新的方向。

在"两型社会"建设过程中，无锡根据资源节约型和环境友好型社会建设综合配套改革试验的具体要求，结合自身的实际情况，找准自身发展定位，全面推进各个领域的改革，并在重点领域和关键环节率先突破，合理进行产业布局，充分发挥自身优势，积极探索循环经济发展的路子，促进区域发展迈上新的台阶。无锡逐渐探索出一条独特的产业布局道路，即在产业结构不断调整的过程中，带动整个城市产业的布局优化。

## 第一节　无锡"两型社会"建设前产业布局的总体状况

解放前，无锡是一个以农业为主的城市。1949 年年底，无锡市三次产业占 GDP 的比重分别为 40.7%、28.1%、31.2%。新中国成立后，无锡和我国其他城市一样，在党中央和国家的"变消费性城市为生产性城市"方针指导下，城市布局的企业一直以生产性为主，城市的改造也是以轻消费重生产和"充分利用"为主要原则。在此背景下，无锡市经济发展迅速，第二产业的比重上升，无锡逐渐成为一个以第二产业为主，第一、第三产业比重下降，工业基础较为扎实的工业城市。

在"两型社会"建设前，无锡抓住开放型经济发展机遇，经济发展取得了巨大成果，但主要是依靠要素投入来实现经济增长，特别是依赖低附加值加工工业的增长。随着政策的逐步调整和修正，资源和要素价格逐步恢复正常水平，环境和资源成本不断提高，资源消耗型的加工工业也逐步失去国际竞争力，产能过剩不断暴露出来。而且城市中心区产业布局调整仍不够彻底，开发区及新城区的产业空间与城市空间的融合度偏低，多中心的城市格局尚未形成，进而影响无锡区域性中心城市功能的发挥。一言蔽之，无锡城市产业布局的调整和优化任重而道远。

## 一 产业结构亟须调整与优化

首先来看产业结构方面的特征。产业结构是指各产业的构成及各产业之间的联系和比例关系。各产业部门的构成及相互之间的联系、比例关系不尽相同，对经济增长的贡献大小也有差异。产业结构作为以往经济增长的结果和未来经济增长的基础，是影响经济发展的根本因素，它通常被作为判断区域经济发展的一项重要指标。[①] 产业结构调整、演进表现为不断地由低级向高级变动，向产业结构的高度化、合理化发展。

有关三次产业的划分，首先由英国著名的经济学家科林·克拉克（C. G. Clark）于 1940 年提出，威廉·配第继而揭示出劳动力在三次产业之间的转换规律（配第·克拉克定律），认为随着经济发展和人均国民收入水平提高，劳动力首先由第一产业向第二产业转移，进而向第三产业转移；从劳动力在三次产业之间的分布状况看，第一产业的劳动力比重逐渐下降，第二产业特别是第三产业劳动力的比重则呈现出增加的趋势。[②] 随后，美国著名经济学家西蒙·史密斯·库兹涅茨（Simon Smith Kuznets）又依据 50 多个国家的历史资料，从国民收入和劳动力两个方面对产业结构

---

[①] 参见刘伟、李绍荣《产业机构与经济增长》（《中国工业经济》2002 年第 5 期）、付凌晖《我国产业结构高级化与经济增长关系的实证研究》（《统计研究》2010 年第 8 期）、汪浩《产业结构与经济增长关系的实证检验》（《统计与决策》2010 年第 24 期）、翟翠霞《产业结构与经济增长关系的实证研究——基于辽宁产业结构 30 年变迁的阐释》（《社会科学辑刊》2013 年第 2 期）等，不过，上述研究多从三次产业的产值比例变动对国内生产总值的影响关系入手，且多从一省或全国的范围予以考察。

[②] 威廉·配第:《政治算术》，马妍译，社会科学出版社，2010。

演变规律进行实证分析研究，在 1955 年提出了收入分配状况随经济发展过程而变化的曲线——倒 U 曲线（Inverted U Curve）（库兹涅茨曲线）。他认为：随着国民经济的发展，区域内第一产业实现的国民收入在整个国民收入中的比重与第一产业劳动力在全部劳动力中的比重一样，不断下降；在工业化阶段，第二产业创造的国民收入比重及劳动力比重都会提高；在工业化后期，特别是后工业化时期，第二产业的国民收入比重和劳动力比重会出现不同程度的下降；第三产业成为国民经济发展的主体，其比重和劳动力比重呈现上升态势。[1]

世界各国的经济发展史表明，经济发展可以从两个方面进行衡量：一方面，国民生产总值、国民收入等经济总量不断增长；另一方面，与总量增长相伴随的产业结构不断由低级向高级演进。同时，中国的经济发展实践也证明，合理的产业机构可以使社会资源得到合理并有效的配置，使国民经济具备良好的结构效益，从而能够促进经济与社会的持续、快速、协调发展。一言蔽之，产业结构合理与否直接影响着一个城市的经济增长。事实上，近年来党和国家也注意到产业结构与经济增长之间的密切关系，一直把推进经济结构战略性调整、产业结构优化和促进区域协调作为工作重点。

无锡市从实施"十一五"规划开始，即着力于产业整体性调整，使得产业结构得到了一定的改善和优化。无锡在"两型社会"建设前，产业结构突出地表现为以下一些特征。

### 1. 第三产业发展缓慢，比重偏小，现代服务业占比仍然偏低

库兹涅茨定理表明，三次产业结构随着人均国民收入的增加而演变：随着人均国民收入的增加，第三产业在产业结构中所占比重将逐步上升，直至占有绝对比重。事实上，根据发达国家的经验，在保持国民经济持续增长的前提下，降低第二产业比重，发展第三产业并使之成为占支配地位的主导型产业，是实现资源节约和保护环境的根本措施。[2]

目前，无锡已进入后工业化时期，按照理论而言，三次产业结构应当由以前的"二三一"模式转变为"三二一"模式。然而，在"两型社会"

---

① 西蒙·史密斯·库兹涅茨：《各国的经济增长：总产值和经济结构》，商务印书馆，1985。
② 西方发达国家的第三产业比重占其国内生产总值的 70% 左右，远远高于无锡市的当前水平。

建设开始前，无锡产业结构的一个突出特点就是第三产业发展缓慢，所占比重偏小，需要做较大调整。2000 年，无锡市区三次产业产值和就业人数之比分别为 1∶54∶45、4.2∶52.4∶43.4，这与发达国家的"三二一"产业结构还存在很大差距。2007 年，无锡市的三次产业结构虽有所调整，三次产业产值之比变为 1.4∶58.5∶40.1，但仍旧维持"二三一"的产业结构格局，而且第一、第二产业，尤其是第二产业的比重反而有所增加，第三产业比重却有所下降。

虽然在随后数年里，第三产业的增速略高于第二产业，但第二产业在国民经济中仍占据着主导地位。而且旅游、交通、物流、科技等现代服务业尚未形成规模效应。例如，截止到 2009 年年底，各园区企业集中度从企业数量上看已达到 62%，其产值仍占全市总产值的 75%。尽管三个老城区的服务业占总产值的比重都超过了 70%，但就全市范围看，其比重则只有41.3%。2010 年，无锡市总产值为 5793.3 亿元，第一、第二、第三产业的产值分别为 104.94 亿元、3208.79 亿元和 2479.57 亿元，产业结构比例为 1.8∶55.4∶42.8。至 2011 年，三次产业产值之比为 1.79∶54.19∶44.03。三次产业产值增长量及比重略有变化，但产业结构格局仍维持原状。第三产业占 GDP 的比重仅为 44.03%，这一比例不仅低于世界的平均水平，而且低于发展中国家的水平。这种局面的形成，与三次产业和 GDP 的关联度密切相关。[①]

由图 7-1 可知，2005~2010 年无锡市三次产业结构变化不大，其中第一产业基本稳定，所占比重较小，且有所下降；第二产业在产业结构中占据主导地位，所占比重缓慢降低；第三产业所占比重逐渐稳步上升，但增速放缓。总体观之，原有的"二三一"产业结构正向"三二一"的产业结构目标迈进，但无锡产业结构与发达国家和地区相比，仍存在诸如第三产业发展缓慢、比重过低，三大产业内部结构不合理，以及城乡收入差距大等诸多问题。

此外，无锡的现代服务业不仅总量偏小，而且内部结构也不够合理。无锡服务业的主体依然是商贸餐饮、交通运输业、仓储和邮政业等传统服

---

① 戚蕾、张莉：《无锡经济增长与产业结构的实证分析——基于灰色关联模型》，《江南商论》2013 年第 6 期。

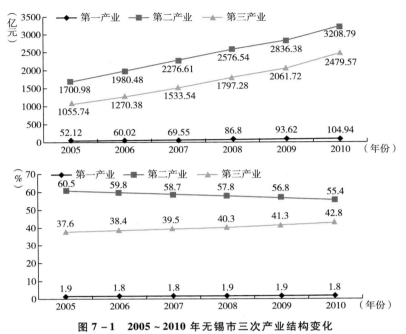

**图 7 - 1　2005 ~ 2010 年无锡市三次产业结构变化**

资料来源：无锡统计局《无锡统计年鉴》（2005 ~ 2010 年），方志出版社，2006 ~ 2011。

务行业，而诸如金融保险、现代物流、软件研发、商务服务、咨询管理等高端生产性服务业却比重偏低。

需要指出的是，无锡市在事实上已经具备了第三产业快速发展的基本条件：①到 2007 年年末，无锡市的城市化水平达到 75.4%，已经达到了发达国家的标准；②2007 年，无锡市人均国内生产总值（GDP）达到了 57719 元，超过了 6000 美元；③无锡市是国内重要的生产制造业基地，其销售额在中国大陆各城市中排第七位，这为服务业作为中间投入、融入制造业创造了条件。① 正是这些条件的存在，无锡市政府才能将第三产业作为调整无锡经济结构的着力点，充分发挥政府投资对第三产业的引导作用，集中力量在金融、旅游、商贸、文体等领域形成规模效应。

**2. 第二产业总量大，有待优化，新兴产业自主创新能力不强**

改革开放以来，无锡市依靠工业经济的快速增长，与苏州市、常州市

---

① 《2007 年无锡市国民经济和社会发展统计公报》，http://www.wuxi.gov.cn/doc/2012/06/12/555305.shtml，最后访问日期：2016 年 8 月 10 日。

共同创造了"苏南模式"。第二产业的持续高速增长，不仅带动了无锡经济的快速发展，而且形成了第二产业总量大、比重大的现实局面。经过多年的发展，无锡市已经形成了机械、纺织、冶金、化工、电子（家电）五大传统支柱产业。在"九五"期间，上述五大产业的工业增加值占到了全市规模企业总量的 70%，其中冶金、纺织、机械等行业在 2006 年更是占到制造业的 55.5%。[①] 即使到 2011 年年底，五大传统支柱产业拥有规模以上企业 4311 家，占无锡市规模以上企业总数的 85.2%，完成工业总产值 13653.2 亿元，同比增长 18.5%，产值占全市规模以上工业的 92.2%。[②]

需要指出的是，无锡作为一个以工业为主导的城市，势必存在高能源消耗和高污染排放的问题。虽然在工业经济发展过程中，无锡在产品档次、产业规模、技术设备、管理水平等方面得到不断发展和进步，但统计数据也表明，与 2001 年相比，2007 年无锡市第二产业与 GDP 分别增长了 1.62 倍和 1.42 倍，而工业固体废物产生量增长了 1.72 倍、废气排放量增长了 1.31 倍、废水排放量增长了 0.72 倍，其中工业固体废物产生量增长速度竟然高于第二产业的增长速度。而且，在 2007 年度无锡市十大主导行业中，黑色金属冶炼及压延加工业、纺织业、化学原料及化学产品制造业等高消耗、高污染行业的排污量分别排在第一、第三、第五位。此外，2007 年公布的无锡百强企业名单中，前 20 名的企业中有 50% 属于高消耗、高污染行业。由此可见，"两型社会"建设前，尽管无锡在节能、减排、降耗方面取得了一些成绩，为构建资源节约型、环境友好型城市打下了一定的基础，更为进一步降低能耗、减少污染和优化环境积累了不少经验，但无锡市工业经济的发展并没有从根本上摆脱高污染、高消耗的模式。

而且，无锡新兴产业自主创新能力不强。尽管 2000 年以来无锡战略性新兴产业的规模不断在扩大，内部结构亦不断得到优化，但无锡战略性新兴产业大多数企业存在以下几个特点：①规模仍然较小，且比重偏小；②产业不够配套、健全，管理水平相对滞后；③企业对科研的投入不足，自主研发创新能力较弱，缺乏核心技术和自主品牌，科技含量不高，产品附加值偏低，市场竞争能力不够强，缺乏一批拥有自主知识产权和知名品

---

① 黄小伟：《无锡：一个城市与污染的战争》，《南方周末》2007 年 8 月 2 日，第 13 版。
② 谭军：《探索传统产业转型升级之路——无锡传统制造业样本分析》，《群众》2012 年第 4 期。

牌、在国际上具有较强竞争力的现代服务业龙头企业。

与自主创新能力不强相关的因素就是无锡高端人才资源匮乏。构建现代产业体系，科技创新是核心驱动力。因为无论是现代服务业还是战略性新兴产业，都是建立在知识和技术基础上的产业，因此，需要高素质的人才做重要保证。尽管无锡劳动力资源比较丰富，特别是自2006年启动"530"计划以来，招引了大量海外创新创业领军人才来无锡落户，但是很多新兴产业对人才的需求增长十分迅猛，适应现代产业需要的高素质人才仍然短缺。再加上人才培训机构不足，导致人才队伍的建设远远跟不上产业发展的需要。

类此种种均表明，产业结构及其相关因素亟待调整与优化。

## 二　产业发展布局尚存进一步优化的空间

根据地理二元经济理论，产业集中地聚集规模经济效益并非无限扩大，超过一定限度往往就会出现规模报酬递减的现象。由于大量占地面积多、高消耗、重污染的传统企业被集中布局在无锡老城区内，造成中心城区土地资源利用率十分低下，从而制约了城市"CBD"这个经济发展增长极的功能完善和放大，并导致交通堵塞、环境污染等加剧，严重制约了无锡经济的可持续发展。

为此，无锡市政府在21世纪初期以老城改造和更新为契机，加快推进中心城区的产业合理布局，淘汰中心城区的低生产力产业，填充现代服务业。从2006年开始，无锡市政府在土地空间市场化利用机制的约束下，用了三年左右的时间进行市区工业布局调整：本着城市产业的空间布局应遵循土地优化配置理论的要求，将商业与服务业等对区位空间条件要求高，同时也能支付高昂空间租金的产业布置在市中心，而将工业迁到开发区；按照"区域集中、产业集聚、开发集约"的原则，对部分工业企业实施"退城入园"，将不少污染、能耗大的企业搬迁到规划好的各个工业园区和工业安置区，以便为城区发展高新技术产业和服务业腾出必要的空间。截止到2008年年底，无锡市区内78家工业企业、环太湖的1423家企业都已搬迁完毕，集中到各个工业园区或工业安置区。[①]

---

① 陆闵：《关于推动无锡产业机构及优化产业布局的浅析》，《教育教学论坛》2014年第3期。

不过，在"两型社会"建设展开前，无锡产业布局依然还有不少进一步优化的空间，概括起来看，主要存在以下两个主要问题。

### 1. 城市中心区产业布局调整时留下遗憾

在"两型社会"建设展开前，无锡市为加快老城区更新、改造和加大城市空间重组的力度，以市区工业布局调整、城中村危旧房屋改造等为手段。然而，无锡该轮市区工业布局调整和城中村改造规模大、行动迅速，本来可以成为无锡优化城市空间和产业布局的绝佳机会，却因为急于平衡城市拆迁、改造和建设资金，结果在城市土地有偿使用和土地财政的刺激下，将工业布局调整和城中村危旧房改造后腾挪的宝贵土地较多地推向土地市场，用于住宅开发建设。此举不仅背离了无锡老城区改造更新以求疏解中心城市的产业与人口的初衷，而且使无锡错失了城市空间重组与再造，以及中心城市产业布局优化、产业结构升级的契机，留下不小的遗憾。

### 2. 开发区与新城区产业空间与城市空间的融合度偏低

自从无锡在 1992 年设立首个开发区——无锡高新技术开发区以来，到现在无锡共有开发区 15 个。无锡的开发区从无到有、从小到大、从弱到强，逐步发展成为全市吸引外资的聚集区和经济社会发展的重要载体。15个省级以上开发区占全市 18% 的面积，创造了 35% 以上的经济总量，为无锡经济和城市综合实力的提升做出了重大贡献。

然而，由于无锡在开发区成立之时并未对其进行系统的城市空间规划，以致产业空间与城市空间之间存在割裂现象，综合功能不仅不突出，而且不健全，以致难以吸引市民居住，影响了产业空间与城市空间的有效融合，严重地制约了城市多核网络结构的形成。一些开发区成为纯粹的工厂聚集地，只有标准厂房，并没有商业和服务业，甚至缺乏直接为生产性企业服务的服务业。①

与此同时，尽管无锡的城镇化发展模式也在不断向大城市化演进，但是其城市功能定位和产业布局定位仍然不是很清楚，以致无锡的区域化同化现象有所显现。过去无锡片面追求大而全的产业格局，加上在乡镇建设上存在"轻规划"的"软肋"，造成整个城市的工业区、居住区

---

① 肖爱兵：《以城市空间优化推动无锡产业布局优化的思考》，《现代商业》2012 年第 5 期。

和商业区等功能区布局不尽合理，城市功能存在重复建设的现象。同时，城市中心区产业布局调整不够到位，新区和新城区的产业布局和城市空间布局融合度较低，最终影响到无锡整个产业结构和产业布局的进一步优化和完善。[①]

## 第二节　无锡"两型社会"建设的产业结构升级和优化

在一个城市的发展过程中，为了应对国际产业转移以及国内产业发展新政策的要求、保持自身经济强势增长，加快产业转型升级、优化产业结构是其必经之路。所谓产业转型升级，就是产业结构高级化，向更有利于经济、社会发展的方向发展，其核心就是要实现由低附加值向高附加值升级，由高能耗、高污染向低能耗、低污染升级，由粗放型向集约型升级三个方面的升级。所谓产业结构优化，是指通过产业调整，使各产业协调发展，并在满足社会不断增长的需求的过程中合理化和高级化。其主要依据产业技术经济关联的客观比例关系，遵循再生产过程比例性需求，促进国民经济各产业间的协调发展，使各产业发展与整个国民经济发展相适应。它遵循产业结构演化规律，通过技术进步，使产业结构整体素质和效率向更高层次不断演进，通过政府的有关产业政策调整，影响产业结构变化的供给结构和需求结构，实现资源优化配置，推进产业结构的合理化和高级化发展。

无锡不仅农业基础好，而且是中国民族工商业的发祥地和中国乡镇工业的发源地，以纺织、机械、冶金、石化为代表的传统制造业实力较为雄厚。不过，随着后工业时代的到来，无锡传统发展模式受到了严峻挑战，制约无锡经济可持续发展的结构性问题日益凸显。

近年来，无锡市政府积极响应党和中央以及江苏省政府的号召，立足无锡本地产业结构的特点，始终把产业转型升级和产业结构调整优化作为推动经济发展的主线，按照"十二五"规划，在"两型社会"建设的总体目标指引下，除了继续实施此前的"530"计划、引进外资、创办工业园

---

[①]　陆闵：《关于推动无锡产业结构调整及优化产业布局的浅析》，《教育教学论坛》2014年第3期。

区等一系列措施外，还积极采取措施，加快经济结构调整和转型步伐，通过创新不断提升传统产业的技术含量和产品附加值，依靠其雄厚的科技和人才实力，大力发展战略性新兴产业和现代服务业，迅速增强无锡的制造和服务能力，产业结构不断升级和优化，并取得了一定的成效。

## 一　调整和优化产业结构的政策举措

2010 年以来，无锡市委、市政府根据江苏省委、省政府《关于无锡市资源节约型和环境友好型社会建设综合配套改革试点方案的批复》以及市委、市政府《无锡市资源节约型和环境友好型社会建设综合配套改革试点总体方案》的要求，采取了一系列措施，调整和优化产业结构，力促产业转型升级。

### 1. 实施"腾笼换鸟"政策，淘汰落后产能

近年来，无锡市根据"两型社会"建设目标，积极采取措施实现发展方式的转变。一方面，加快产业结构调整。无锡市积极实施"腾笼换鸟"政策，整治"五小"企业和"三高两低"企业，淘汰落后产能，将产能过剩、经营粗放、低水平重复的项目和企业"笼子"腾出来，为发展占用资源少、创新能力强、附加值高的高端、高质、高效产业发展腾出土地空间和环境容量，大大缓解了社会经济发展过程中面临的环境、资源、能源压力。与此同时，还积极健全土地节约机制：严格按照规划用途安排供地计划，全面实施新增产业项目建设用地评审制度，提高土地集约利用水平；落实盘活存量和使用增量挂钩制度，推行工业用地分期供地制度，提高工业用地容积率，建立节约集约用地保证金制度。

另一方面，始终将调控能源结构作为一项重要工作来抓，压减高能耗行业，提高清洁能源比重。2011 年，无锡市发改委出台《无锡市能源结构调整方案》，有效抑制了企业原煤消费的快速增长。在此基础上，无锡市发改委始终围绕"两型社会"建设的目标，在能源上做文章。2012 年，将调整能源结构，推进电力工业结构调整，加快发展热电联产，推进清洁能源区建设作为本年度"两型社会"建设的工作重心之一，提出无锡市要在2012 年内，结合望亭电厂供热工程建设，完成关停协联热电厂；加快推进西区燃气热电厂项目，力争启动建设并适时推进黄巷、双河尖热电厂关停工作；加快推进南区燃气热电厂项目前期工作；2012 年全市用煤总量控制

在 2800 万吨以内；推进太阳能热水系统和太阳能光伏发电应用，实施光伏太阳能屋顶、建筑一体化和地面光伏电站工程示范项目等。2013 年，又确定实施节能减排的任务：①实施污染减排治理工作，除加大热电行业整合、整治力度，加快实施热电联产规划，推进燃气热电项目建设，适时启动黄巷热电厂关停工作外，还积极申报分布式光伏发电示范区，推进光伏太阳能、天然气等清洁能源利用等；②狠抓主要污染物减排工作，严格执行国家产业政策，积极淘汰落后产能，全市落后产能淘汰率达 100%，新建规模以上企业 100% 采用清洁能源生产。此外，还将推进可再生能源建筑应用示范工作，大幅度提高可再生能源在建筑用能中的比例，促进可再生能源建筑产业发展。2014 年，主要致力于推进能源结构调整和主要污染物减排；2015 年，加强节能降耗工作。①

**2. 搭建新兴产业载体，积极扶持和促进新兴产业发展**

无锡市还根据国家和江苏省大力推进战略性新兴产业的总体要求，结合无锡产业基础和发展需要，瞄准新兴产业最前沿，积极促进新兴产业发展，明确战略重点，努力加快无锡产业由劳动密集型、资本密集型向知识密集型、技术密集型跨越，实现产业转型升级和优化发展。无锡市综合当前国内外经济发展形势和自身优势，将物联网和云计算产业、新能源、新材料、节能环保、微电子、高端装备制造与工业设计、生物技术和新医药、软件和服务外包八大战略性新兴产业确定为重点发展的产业，其中物联网更是具有重要的战略地位。2010 年 10 月，无锡市制定并颁布了《无锡市新兴产业基地发展规划》，明确物联网、新能源与新能源汽车、节能环保、生物、微电子、新材料与新型显示、服务外包、工业设计与文化创意八个新兴产业基地在 2010~2015 年的详细发展规划。新兴产业发展不仅是调节产业结构的需要，而且是带动经济发展的需要。

更重要的是，无锡市围绕战略性新兴产业，把新兴产业培育载体建设作为推动战略性新兴产业发展的重要推手，建立和完善战略性新兴产业项目库，着力推进一批对地方经济拉动强、有示范效应的新兴产业重点项目，建立健全重点项目评估把关、分层管理与协调服务机制，为投入大、

---

① 无锡市发改委：《无锡市 2012~2015 年资源节约型和环境友好型社会建设综合配套改革试点实施意见》，http：//fgj.jiangyin.gov.cn/a/201210/article_1fls2lkegxe5w.shtml，最后访问日期：2016 年 8 月 20 日。

水平高、特色鲜明、带动能力强的新兴产业重点项目提供绿色服务通道，促进项目早开工、早投运、早见效，成为战略性新兴产业发展的新增长点。同时，完善大型龙头企业发展所需的产业链配套，进一步增强创新型企业的本地带动和辐射作用。

### 3. 实施人才战略和"高端链"计划，促进产业结构战略性调整

无锡坚持以实施人才战略作为产业发展的第一动力，以高端人才创业引领无锡高技术产业发展，最终实现产业结构调整。2012 年，无锡在"530"计划的基础上，整合各类人才政策，推出《关于深化"530"计划，建设"东方硅谷"的意见》，即通过深化实施"530"计划，大力引进国际国内顶尖人才、科技创业领军人才、中介服务领军人才、科技创新领军人才、社会事业领军人才，并充分汇聚海内外优秀大学毕业生，支撑科技创新和产业转型升级。在产业扶持政策层面，无锡还设立了 100 亿元规模的科技创新与产业升级引导资金，每年投入 20 亿元左右，加强企业创新能力建设，推动科技成果产业化。每年 1 亿元规模的种子基金，采用与创投机构类似的跟进投资方式，支持科技创业领军人才创办企业；每年 3 亿元的市科技成果产业化资金，用于支持科技创业领军人才创办的企业在产业化过程中银行贷款的贴息与风险补偿。① 以"530"为品牌的创业领军人才战略推动了无锡海归企业的快速发展，带动了各类人才的有效集聚，为经济的转型发展和产业升级提供源源不断的智力支持，形成了无锡中长期产业发展的技术领先优势，"530"企业成为物联网、生物医药、新能源和新能源汽车、新材料和新型显示、节能环保、微电子、软件和服务外包、工业设计和文化创意等新兴产业的主力军，引领了无锡产业结构的转型升级。

与此同时，无锡从 2013 年开始启动实施企业创新能力提升行动计划（"高端链"计划），大力培育创新型领军企业、高新技术企业和科技型中小企业，着眼于技术含量高、附加值高的关键环节，突破一批核心关键技术。无锡以物联网、汽车电子、新能源等新兴应用领域发展为契机，充分发挥无锡国家集成电路设计基地的优势，在芯片架构、开发模式等方面实现创新，形成若干标志性的重大产品，带动产业向高端化攀升。通过实施

---

① 《无锡招揽全球人才建设"东方硅谷"》，《光明日报》2012 年 5 月 27 日，第 2 版。

重大项目加快微电子产业特色化进程，着力加快"节能驱动与汽车电子芯片工艺开发与产业化""高端封装工艺技术开发与产业化"等新项目的落实，逐步形成自己的特色。无锡充分发挥科技创新对产业转型升级的驱动和支撑作用，在全市具有比较优势的物联网、云计算、新能源、集成电路、重大装备、先进制造、生物医药、节能环保等产业领域强力推进科技攻关，攻克一批行业共性技术和关键核心技术，形成一批拥有自主知识产权的新产品、新技术、新工艺。同时，无锡还鼓励企业开展前沿战略领域的研究与开发，超前布局一批引领行业未来发展方向的重大科技项目，着力抢占先发优势。

2015 年 8 月 11 日，中国共产党无锡第十二届委员会第九次全体会议又提出，产业是经济发展的基础，是提升城市综合实力的关键，无锡必须牢固树立"产业强市"的发展理念，坚持以质量和效益为中心，以智能化、绿色化、服务化、高端化为引领，构建以新兴产业为先导、先进制造业为主体、现代服务业为支撑的现代产业发展新体系，构建以市场为导向、企业为主体、高校院所为支撑的产业科技创新体系，推动产业结构由中低端向中高端迈进，全力打造现代产业发展新高地，在新的起点上重振无锡产业雄风。① 此举旨在通过技术升级，改变此前因为"腾笼换鸟"政策实施引起无锡工业增长乏力的状况，有力地巩固了工业在国民经济中的重要地位。

**4. 大力发展现代农业，加快发展现代服务业**

当然，无锡在着力发展第二产业的同时，还十分重视发展第一、第三产业，借此改变产业结构。

通过大力发展现代农业和现代服务业来调整和优化产业结构。其中，在发展现代农业方面，自 2010 年以来，无锡市委、市政府在全国较早推出"加快发展现代高效设施农业、加快推进现代农业园区建设、积极培育农业新兴产业、着力开展农业生态建设"的战略性发展规划，以此破解优化农业产业结构和空间布局方面的难题，全面推进无锡现代农业的转型和发展。无锡还通过政府推动、产学研结合、重大项目引领，来加快发展现代农业。其中，在政府推动方面，先后制定并实施《关于加快推进农村改革

---

① 《中共无锡市委十二届九次全会举行》，《无锡日报》2015 年 8 月 12 日，第 1 版。

发展重点实施十大强农惠农工程的决定》《无锡市农业基本现代化行动纲要》《关于推进农业现代化建设的实施意见》，出台《无锡市现代生物农业发展规划》《关于加快生物农业发展的实施意见》《关于引进国内生物农业领军型创业人才计划的实施意见》《关于深化"530"计划，建设"东方硅谷"的意见》等一系列政策措施；在产学研结合方面，积极引导农业园区和农业龙头企业，与国内外科研院所建立多种形式的产学研联合体，重点组织攻克一批现代高效设施农业关键性技术难题，引进一批拥有自主知识产权和核心技术的重大项目，加快实施农业科技成果的转化，着力推进农业科技项目产业化、市场化进程。①

在发展现代服务业方面，根据实际情况确定不同年份的发展目标和任务：如在 2012 年，由市发改委牵头，实施服务业超越计划，大力发展软件和服务外包、工业设计和文化创意、云计算服务、金融、旅游、物流、商务、信息和商贸（城市综合体）等服务业，突出发展旅游业和会展业，以及研发、设计、营销等高附加值环节，促进产业链向两端延伸，力争在 2012 年年底全市服务业增加值占 GDP 的比重达 45.5%；而在2015 年，则把发展现代服务业确定为做大做强"两型"产业的重要举措，加大政策、资金扶持力度，突破发展新兴服务业、加快发展优势服务业、提升发展传统服务业，努力实现服务业增速明显加快、比重明显提高、结构明显优化、竞争力明显增强。此外，还通过加快推进滨湖区省服务业综合改革试点，实施一系列促进服务业加快发展的重大举措，破除当前服务业发展中的瓶颈，改革创新，先行先试，为加快服务业发展提供有益经验。

此外，2013 年 7 月无锡市委审议通过了《关于加快现代化示范区建设，率先基本实现现代化的意见》《无锡苏南现代化建设示范区三年行动计划（2013~2015）》《关于深入推进"两型社会"建设，率先建成国家生态文明建设示范市的意见》等。在此背景下，无锡高新区全面启动以"推进大项目、吸引大公司、壮大新产业、提升服务业"为内容的"四大行动"，为无锡产业高端化注入新的动力，为提升经济发展质量和效益创造条件。

---

① 《无锡优化农业产业结构和空间布局》，《科技日报》2012 年 9 月 7 日，第 1 版。

## 二 产业结构的转型升级与优化

正是实施了上述调整和优化产业结构的政策与举措，无锡产业结构才得以转型升级，产业结构亦日趋优化。

### 1. 产业结构由传统产业逐步向现代产业调整

一直以来，工业是无锡国民经济的主体，其支柱产业是高档纺织及服装加工、精密机械及汽车配套工业、电子信息及高档家电业、特色冶金及金属制品业、精细化工及生物医药业。不过，由于过去无锡经济主要依靠要素投入，特别是依赖低附加值加工工业的增长来实现经济增长。在资源消耗型加工业逐步失去国际竞争力并出现产能过剩的种种弊端后，无锡逐步认识到自身在产业发展过程中存在的短板和弱项，不断增强忧患意识，在对原有"苏南模式"进行深入反思和扬弃的基础上，大力推进产业结构的调整和优化升级。在当前发达国家经济正积极从制造业向服务产业转移的同时，无锡也积极致力于推动经济结构从制造业向现代新兴产业转变。

围绕着"两型社会"建设的目标，无锡在"十二五"规划中明确提出：坚持把产业结构优化升级作为加快转型发展的战略重点，努力形成以新兴产业为主导、服务业为主体、先进制造业为支撑、现代农业为基础的现代产业体系。[①] 在这一目标的指引下，近年来，无锡一直致力于调整产业结构，在加快发展先进制造业的同时，大力发展现代服务业。其中，2011 年，无锡市实现第一产业增加值 122.98 亿元，第二产业增加值 3728.12 亿元，第三产业增加值 3029.05 亿元，三次产业增加值之比调整为 1.8∶54.2∶44.0，2011 年第三产业增加值占 GDP 的比重比 2010 年提高了 1.2 个百分点（见表 7－1）。[②]

2012 年，无锡全市完成规模以上工业总产值 14499.66 亿元，同比增长 2.9%，完成规模以上工业增加值 3056.90 亿元，同比增长 7.1%。从产业投向来看，2012 年第一产业完成投资 15.26 亿元，同比增长 7.9%；第

---

[①] 《无锡市国民经济和社会发展第十二个五年规划纲要》，《无锡日报》2011 年 2 月 1 日，第 5~7 版。

[②] 无锡市统计局、国家统计局无锡调查队：《2011 年无锡市国民经济和社会发展统计公报》，《无锡日报》2012 年 2 月 10 日，第 7 版。

二产业完成投资 143.59 亿元，同比增长 13.7%；第三产业完成投资 2179.23 亿元，同比增长 17.8%。无锡市实现第一产业增加值 137.22 亿元，第二产业增加值 4012.03 亿元，第三产业增加值 3418.90 亿元，三次产业增加值之比进而调整为 1.8∶53.0∶45.2。①

2013 年，无锡市全市实现第一产业增加值 148.53 亿元，比上年增长 8.2%；第二产业增加值 4207.43 亿元，比上年增长 4.9%；第三产业增加值 3714.22 亿元，比上年增长 8.6%；三次产业比例调整为 1.8∶52.2∶46.0。与此同时，新兴产业发展加快。②

2014 年，无锡市在实现地区生产总值 8205.31 亿元的同时，产业结构升级加快。无锡市实现第一产业增加值 156.96 亿元，比 2013 年增长 5.7%；第二产业增加值 4186.34 亿元，比上年减少 0.5%；第三产业增加值 3862.01 亿元，比上年增长 4.0%；三次产业增加值之比调整为 1.9∶51.0∶47.1。尤其值得注意的是，2014 年全市第三产业增加值占地区生产总值的比重达到 47.1%，比上年提高 1.1 个百分点。③

表 7－1　2010～2015 年无锡市三次产业产值结构和就业结构变化情况

单位：%

| 年份 | 产业结构 | | | 就业结构 | | |
|---|---|---|---|---|---|---|
| | 第一产业 | 第二产业 | 第三产业 | 第一产业 | 第二产业 | 第三产业 |
| 2010 | 1.8 | 55.4 | 42.8 | 5.6 | 55.0 | 39.4 |
| 2011 | 1.8 | 54.2 | 44.0 | 5.2 | 54.7 | 40.1 |
| 2012 | 1.8 | 53.0 | 45.2 | 4.6 | 57.3 | 38.1 |
| 2013 | 1.8 | 52.2 | 46.0 | 4.6 | 57.1 | 38.3 |
| 2014 | 1.9 | 51.0 | 47.1 | —— | —— | —— |
| 2015 | 1.6 | 49.3 | 49.1 | —— | —— | —— |

资料来源：无锡统计局《无锡统计年鉴》，方志出版社，2010～2015。

---

① 无锡市统计局、国家统计局无锡调查队：《2012 年无锡市国民经济和社会发展统计公报》，《无锡日报》2013 年 2 月 27 日，第 6 版。

② 无锡市统计局、国家统计局无锡调查队：《2013 年无锡市国民经济和社会发展统计公报》，《无锡日报》2014 年 2 月 24 日，第 3 版。

③ 无锡市统计局、国家统计局无锡调查队：《2014 年无锡市国民经济和社会发展统计公报》，《无锡日报》2015 年 2 月 16 日，第 7 版。

　　到 2015 年，无锡市全市实现第一产业增加值 137.72 亿元，比上年下降 12.3%；第二产业增加值 4197.43 亿元，比上年增长 0.3%；第三产业增加值 4183.11 亿元，比上年增长 8.3%；三次产业比例进一步调整为 1.6∶49.3∶49.1。①

　　表 7 - 1 所列数据表明无锡市产业结构持续优化，且在三次产业中，第三产业增速最快。具体言之：①在产值结构方面，无锡第二产业虽略微下降，但一直保持主导地位，第三产业不断强势跟进，第一产业则长期处于低比重；产业结构不断由"硬"向"软"进行调整，由原来的第二产业占主导地位向第三产业占主导地位的格局转变，即产业结构在由"二三一"向"三二一"调整升级中发生重大变化。②在就业结构方面，第一产业劳动力比重逐年下降，第二、第三产业劳动力比重则不断上升，其中第三产业劳动力比重上升较为明显，第二产业则始终是解决就业的主导产业。

## 2. 产业质量不断提高，高新技术产业成为无锡产业结构调整中的支撑力量

　　显示无锡市产业结构由传统产业逐步向现代产业调整的重要指标还有一个，就是新兴产业的异军突起。

　　从历史经验看，每轮经济周期势必都有一批新产业带动整个经济的成长。近年来，已有不少城市根据自身的条件确定了各自优先发展的产业。无锡自然也不例外，根据自身的条件，努力促进和扶持一批高附加值、高成长性产业的发展。在无锡市委、市政府的大力扶持下，新兴产业发展迅猛，成为无锡地区经济新的增长点，彰显出新兴产业发展的强劲动力。自从 2006 年无锡市政府开始实施"530"人才战略计划，一批高端人才和一批高端产业开始在无锡市各个经济开发区扎根。2007 年无锡又被批准为国家可持续发展试验区，为产业高端化带来契机。无锡市在"十二五"规划中更是明确提出，要优化提升制造业，充分发挥比较优势，推动信息化和工业化深度融合，着力发展自主创新、自主品牌的先进制造业，积极促进"无锡制造"向"无锡创造"升级，向新兴产业领域集聚，向集约化和高端化方向发展，全面增强无锡产业在市场中的

---

　　① 无锡市统计局、国家统计局无锡调查队：《2015 年无锡市国民经济和社会发展统计公报》，《无锡日报》2016 年 2 月 22 日，第 7 版。

竞争力。

在这一思想的指导下，无锡的工业结构不断优化升级，呈现出高技术、高加工和高附加值的趋势。与此同时，传统工业改造升级步伐不断加快，产业不断优化，技术水平和生产效率明显提高，在工业投资率提高的同时，综合能耗却在下降，无锡的单位 GDP 能耗数值为苏南最低。同时，无锡在促进产业结构调整和升级的同时，突出推动科技创新创业和发展软件、服务外包等关键产业，推动创新型经济的新跨越。

无锡还以建设国家创新型城市为契机，把自主创新和科技创业作为无锡科学发展的第一驱动力和强大引擎。在高新技术产业领域，无锡制定了"三谷三基地"建设的战略。2011 年，无锡集成电路制造技术和能力、光伏太阳能制造技术和产值跃居全国城市首位，并成为唯一的国家传感网创新示范区。2011 年全年无锡物联网、新能源、新材料和新型显示、节能环保、微电子、生物技术和新医药、软件和服务外包、工业设计和文化创意产业八大战略性新兴产业实现营业收入 5394.8 亿元，比 2010 年增长27.0%。其中，物联网产业增长 25.8%，新能源产业增长 28.5%，新材料和新型显示产业增长 31.8%，节能环保产业增长 17.7%，微电子产业增长15.1%，生物技术和新医药产业增长 18.5%，软件和服务外包产业增长33.2%，工业设计和文化创意产业增长 23.6%。①

2012 年，无锡市物联网、新能源、新材料和新型显示、节能环保、微电子、生物技术和新医药、软件和服务外包、工业设计和文化创意产业八大战略性新兴产业实现总产值（营业收入）6043.66 亿元，比 2011 年增长12%，比 2010 年增长 47.3%，基本实现产业发展规划的预期目标。其中软件和服务外包产业增长 34.4%，工业设计和文化创意产业增长 16.0%，而物联网产业产值更是突破 600 亿元。②

到 2013 年，无锡市新兴产业实现总产值（营业收入）8073.73 亿元，同比增长 14.1%。其中物联网与云计算产业增长 47.2%，高端装备制造和工业设计产业增长 15.5%，生物技术和新医药产业增长 17.1%，软件和服

---

① 无锡市统计局、国家统计局无锡调查队：《2011 年无锡市国民经济和社会发展统计公报》，《无锡日报》2012 年 2 月 10 日，第 7 版。
② 无锡市统计局、国家统计局无锡调查队：《2012 年无锡市国民经济和社会发展统计公报》，《无锡日报》2013 年 2 月 27 日，第 6 版。

务外包产业增长 32.0%。①

### 3. 坚持"绿色发展"道路，产业耗能持续走低

党的十八大报告和十八届三中全会提出建设"美丽中国"的概念，党的十八届五中全会更是提出"坚持绿色发展，必须坚持节约资源和保护环境的基本国策，坚持可持续发展，坚定走生产发展、生活富裕、生态良好的文明发展道路，加快建设资源节约型、环境友好型社会，形成人与自然和谐发展现代化建设新格局，推进美丽中国建设，为全球生态安全做出新贡献"。②

无锡以此为契机，为保护城市的蓝天白云、青山绿水，大力推进产业结构和能源结构的调整，全面完成年度淘汰落后产能指标，从源头上缓解城市生态环境的压力。仅 2014 年一年，无锡就关停了 3 家热电厂，并完成对 455 台燃煤小锅炉的整治，强力推进电力、钢铁、水泥行业脱硫脱硝除尘提标改造工程，取得了实实在在的效果。经国家环保部年终核查核算和现场认定，2014 年无锡市 COD、氨氮、二氧化硫、氮氧化物四项主要污染物分别削减 1827 吨、73 吨、4353 吨和 10389 吨，削减率分别为 4.68%、1.86%、5.20% 和 6.98%。相比 2010 年基数，"十二五"期间前四年四项主要污染物总削减率分别为 24.55%、20.73%、29.87% 和 24.08%，提前一年全面实现"十二五"减排目标。③

与此同时，无锡市还大力发展旅游业，让更多的游客和市民满意。在 2015 年的"十一"黄金周，无锡市共接待旅游人数总计 737.75 万人次，同比增长 9.8%；旅游总收入达 70.74 亿元，同比增长 15.8%。更值得一提的是，外地游客对无锡的山水美景赞不绝口。在江苏省游客满意度调查中，无锡市蝉联第一。④

无锡在坚持绿色发展和节能低碳主题的同时，积极实行工业结构的转型升级，产业能耗持续走低，这个可从单位 GDP 能耗得以证明。单位 GDP 能耗说明的是一个国家或地区的经济活动对能源的利用程度，反映经济结

---

① 无锡市统计局、国家统计局无锡调查队：《2013 年无锡市国民经济和社会发展统计公报》，《无锡日报》2014 年 2 月 24 日，第 3 版。

② 《中国共产党十八届五中全会会议公报》，2015 年 10 月 29 日。

③ 《"强富美高"，喜看无锡再出发》，《新华日报》2015 年 10 月 23 日，第 8 版。

④ 《无锡大力推进产业结构调整淘汰落后产能》，人民网，http://js.people.com.cn/n2/2016/0103/c360301 - 27450963.html，最后访问日期：2016 年 8 月 20 日。

构和能源利用效率的变化。无锡市坚持通过优化产业机构、加大技术投入等手段和途径来积极推进节能降耗工作，始终把节能降耗、落实循环经济建设作为转变经济发展方式的重要抓手，成效显著。比如在2012年，无锡市全年单位GDP能耗下降了5%左右，超额完成江苏省下达给无锡市节能减排的目标任务，苏南单位GDP能耗数值最低，无锡市在全省各季度公布的节能预警三色调控中，一直都保持着"绿灯"状态。①

图7-2呈现的是2008～2014年无锡市规模以上工业的产值及能耗变化情况。很明显，自2008年以来，随着无锡市工业结构的调整、行业优化和转型升级，规模以上工业产值平稳增长的同时，工业综合能耗亦呈持续上升趋势。2014年无锡市规模以上工业综合能源消费量为2462.68万吨标准煤，比2008年2194.76万吨标准煤增长了12.2%。这与同期规模以上工业产值总增速44.3%相比，低了32.1个百分点，万元产值能耗亦从2008年的0.2135吨标准煤下降至2014年的0.1659吨标准煤，累计下降了22.3%。②

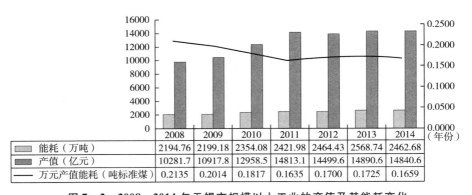

| | 2008 | 2009 | 2010 | 2011 | 2012 | 2013 | 2014 (年份) |
|---|---|---|---|---|---|---|---|
| ▨ 能耗（万吨） | 2194.76 | 2199.18 | 2354.08 | 2421.98 | 2464.43 | 2568.74 | 2462.68 |
| ▨ 产值（亿元） | 10281.7 | 10917.8 | 12958.5 | 14813.1 | 14499.6 | 14890.6 | 14840.6 |
| — 万元产值能耗（吨标准煤） | 0.2135 | 0.2014 | 0.1817 | 0.1635 | 0.1700 | 0.1725 | 0.1659 |

**图7-2 2008～2014年无锡市规模以上工业的产值及其能耗变化**

资料来源：杨林香《无锡市规模工业能耗结构比较分析》，《统计科学与实践》2015年第4期。

## 第三节 无锡"两型社会"建设的产业发展空间布局优化

无锡在构建资源节约型、环境友好型城市的过程中，产业发展空间布局也

---

① 周红：《无锡地区产业转型升级存在的问题及对策》，《无锡商业职业技术学院学报》2014年第2期。

② 杨林香：《无锡市规模工业能耗结构比较分析》，《统计科学与实践》2015年第4期。

得到了优化。通俗地讲，产业布局就是产业规划，产业规划就是进行产业发展布局，产业结构调整就是进行整体布置和规划。产业调整和产业升级能够影响与带动一个区域的产业布局。优化产业结构和布局是城市经济发展的核心。它既能建立适应地方发展条件的产业体系，促进产业机构的可持续发展能力的形成，又能优化一个城市的工农业布局，保护生态环境，促进良好人居环境的建设，还能促进产业集群及规模效应的形成，从而加快一个城市的城镇化发展，有效解决"三农"问题，提高农村经济发展竞争力，促进城乡协调发展。

## 一　优化产业发展空间布局的政策举措

近年来，从人口规模来看，无锡已经成为特大型城市，在城市产业结构发生巨大变革的同时，产业布局也在不断调整中总体趋于优化。从 2010 年起，无锡通过制定和实施"十二五"产业布局规划，调整和优化了城区的功能分布，在落实功能布局的基础上，坚持生态优化和分类指导，并注重发挥比较优势、集聚产业特色。

### 1. 明确城市定位，做好顶层设计

2011 年 2 月，无锡市政府通过了由无锡市规划设计研究院编制完成的《无锡市"十二五"城乡建设规划（2010～2015）》。规划将无锡发展定位为"独具竞争力的国际化区域性中心城市和最具影响力的国际化生态型湖滨城市"，并结合无锡的实际情况，确定"十二五"期间的阶段目标：①紧紧围绕"生态城、旅游与现代服务城、高科技产业城和宜居城"建设目标，以"两基地、三中心、五名城"为方向，重点加强区域协调和城乡统筹，着力优化区域格局，致力加快以中心城市带动区域发展，放大锡沪同城效应；②推动城乡转型发展，着力转变城市发展方式；贯彻落实生态文明理念，着力提高宜居水平；加强率先发展，着力推动城市重要功能区建设，打造"适宜创业、适宜居住、适宜休闲的杰出城市"，为无锡率先实现现代化奠定坚实的基础。在上述目标指引下，规划提出无锡城乡发展策略和城乡建设行动，均包括产业布局方面的内容。其中前者要求构建创新网络，优化产业布局，即整合全域优势，优化市域"三沿"产业空间格局；构建创新网络，优化市区"四带"产业空间格局；依托广域生态空间，构筑"五圈"大旅游、大休闲体系；后者也要求城乡在产业布局方面采取优化行动，即加快经济开发区转型升

级，加大新兴科技园培育力度，加强特色产业园发展建设，建设国际先
进制造业基地；重点完善片区商贸中心，建设城市综合体，整合市场商
贸区，提升物流集聚区，整合完善文化旅游特色区，构建多层次的现代
服务业集聚空间；加快基本农田保护与"万顷良田"基地建设，推进现
代农业示范工程建设（见图 7 - 3）。①

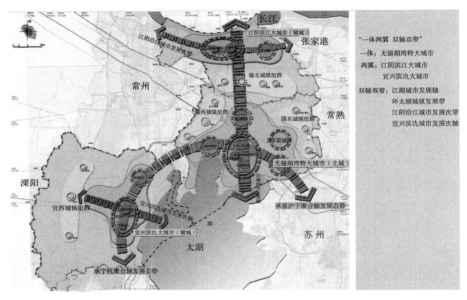

**图 7 - 3　无锡市"十二五"城乡建设规划（2011 ~ 2015）市域空间示意**

资料来源：《无锡市"十二五"城乡建设规划（2011 ~ 2015）简介》，http：//gh. wuxi. gov.
cn/doc/2011/08/16/148237. shtml，最后访问日期：2016 年 8 月 21 日。

　　2011 年 10 月，无锡市召开全市新三年城乡建设暨"两型社会"建设
工作动员大会。会议提出，力争通过新三年城乡建设，实现城市功能、城
市品质、宜居城市和产业水平的"大升级"，为建设现代化滨水花园城市
奠定基础；大力推进"两型社会"建设，到 2015 年初步建立"两型社会"
的发展体系、运行机制，基本形成相应的产业结构、增长方式和消费模
式，到 2020 年建成"两型社会"示范城市。②

---

① 《无锡市"十二五"城乡建设规划（2010 ~ 2015）》，http：//gh. wuxi. gov. cn/doc/2015/
06/03/331096. shtml，最后访问日期：2016 年 7 月 5 日。
② 《实施城市引领战略，打造滨水花园城市：全面实施新三年城乡建设暨"两型社会"建
设》，《无锡日报》2011 年 10 月 15 日，第 1 版。

2014 年 5 月，无锡市政府第 28 次常务会议原则通过了《无锡市主体功能区实施计划（2014～2020 年)》（简称《实施计划》)，确定到 2020 年无锡市将全面构建"一主两副、十二片"的开发空间格局和"三源、一环、多廊"的保护空间格局，形成主体功能定位清晰的国土空间格局，开发强度也得到了有效控制（见图 7–4)。

**图 7–4 《实施计划》有关无锡市主体功能区及生态廊道示意**

注：白色部分，"一主两副"；浅灰色部分，"十二片"；深灰色部分，"三源、一环、多廊"保护空间格局。

资料来源：《无锡主体功能实施计划即将"出炉"，多条生态廊道构建保护空间》，《无锡日报》2014 年 5 月 24 日，第 1 版。

按照《实施计划》，"一主两副"（无锡市中心城区和江阴、宜兴城区两个副中心）是高科技产业城、旅游与现代服务城、宜居城的核心体现区；位于中心城区周边的市区沿湖区域、安镇区域、空港及周边区域、惠山区北部和西部、锡北—东港、玉祁—前洲、江阴临港和澄东、宜兴环科新城、东汇新城和屺亭区域等，被规划为"十二片"，是无锡提升城市化和工业化质量内涵的重要产业载体和新增长点。"三源"即惠山、笔架山、马山三个山体构成的生态绿源，是市区重要的水源涵养区和生物多样性保护区，为市区提供气候调节、水土保持、净化空气等生态服务功能；"一环"是由望虞河、潘墅港、大塘河、锡溧运河等内河，太湖湖岸线以及河岸绿化组成的生态环，是维护区域生态环境、限制城市无序扩张、连接区外大面积开敞空间的过渡性地带；"多廊"是指由京杭运河、锡澄运河、白屈港、北兴塘河、九里河、伯渎港、蠡河、梁溪河、长广溪、洋溪河、直湖港、古运河等组成的生态廊道，是市区内部生态联系的纽带，也是重要的城市休闲景观空间。全市主要国土空间将分为优化开发区域、限制开发区域及以生态红线区域、基本农田保护区为基础划定的禁止开发区域。滨湖区的雪浪原滨湖街道部分，惠山区的阳山，锡山区的鹅湖，江阴的长泾、顾山、祝塘，宜兴的张渚、太华、湖㳇、西渚等，都要严格控制新增建设空间，禁止新建各类开发区和扩大现有工业集中区面积的限制开发区域。而国家级和省级自然保护区、风景名胜区、森林公园、饮用水水源地、重要湿地、大型水面和重要山体等，作为禁止开发区域则要严禁任何不符合主体功能定位的开发活动。① 这一城市规划的出台将直接影响无锡的产业布局。

**2. 强化规划导向作用，引导产业集聚发展**

强化规划导向作用，引导产业集聚发展，一个突出的表现就是将产业发展与空间布局紧密结合起来，将各个产业落实到相关的地区和园区。围绕战略性新兴产业，强化规划导向作用，引导和鼓励企业与项目向园区聚集、项目向各地区重点园区集中，形成特色鲜明、错位发展、集聚集约、协调推进的发展格局，进一步促进产业集聚、企业集群、土地集约发展。

充分发挥新兴产业在引领产业转型、提升区域性中心城市核心竞争力和集聚高层次科技创新创业人才方面的关键作用，积极引导物联网、微电子、新材料与新型显示、节能环保、生物医药、软件和服务外包、工业设计和文化创意等产业在中心城区和副中心城市的产业园区集聚，走专业化、特色化发展的道路。把各类产业园区纳入城镇统一规划，在提升园区产业集聚功能的同时，引入更多城市发展要素，构建全市集约发展示范区、新兴产业集聚区、科技创新先导区以及城市功能融合区（见表7-2）。

---

① 《无锡主体功能区实施计划即将"出炉"，多条生态廊道构建保护空间》，《无锡日报》2014年5月24日，第1版。

表 7 - 2　八大战略性新兴产业基地一览

| 新兴产业类型 | 基地分布 |
| --- | --- |
| 物联网产业 | 新区太湖国际科技园、滨湖区经济开发区、南长区传感网高新园等 |
| 新能源与新能源汽车产业 | 江阴低碳产业园、宜兴新能源产业基地、惠山风电产业园、新区光伏产业园等 |
| 新材料与新型显示产业 | 江阴新材料产业基地、宜兴非金属材料产业基地、锡山新材料产业基地、惠山特种冶金新材料产业基地等 |
| 节能环保产业 | 宜兴环保装备产业基地等 |
| 生物医药产业 | 江阴经济开发区生物医药产业园、惠山生命科技产业园、马山生物医药研发服务外包区、新区太湖生命科技园、锡山生物农业产业园等 |
| 微电子产业 | 新区超大规模集成电路产业园、滨湖中电科技集成电路设计园区、江阴集成电路封测产业园区（基地）等 |
| 软件和服务外包产业 | 沿太湖服务外包产业带等 |
| 工业设计和文化创意产业 | 无锡（国家）工业设计园、新区创新创意产业园、滨湖山水城科教产业园国家动漫基地等 |

　　资料来源：《八大新兴产业发展空间布局确定，20 余个特色园区将成为新兴产业爆发"核动力"》，《无锡日报》2010 年 8 月 28 日，第 1～2 版。

　　无锡对于八大新兴产业基地的确定，主要是依据这些产业自身已有的发展基础以及特点进行布局，并注意引导各个地区进行错位发展，避免重复竞争。以物联网产业为例，无锡市采取了"一核多元"的布局，即以新区无锡（太湖）国际科技园、滨湖区经济开发区和南长区传感网高新园为核心，带动三个板块建设重点区域，而其他板块则立足现有产业基础，为产业发展提供配套、支撑和服务。无锡发展物联网产业，除了建设上述园区外，还积极完善功能，搭建公共服务平台，建设技术研发和产业化平台、公共技术服务和中介服务平台、技术标准及知识产权服务平台、学科体系和人才服务平台、投资融资服务平台，涵盖了企业从起步到发展壮大所涉及的各个方面。

　　近年来，无锡市重点建设了江阴沿江新材料产业带、江阴临港新能源产业园、宜兴环保科技工业园、宜兴非金属材料产业基地、锡山新材料产业园、锡山轨道交通装备产业园、江苏数字信息产业园、惠山软件外包园、滨湖工业设计园、滨湖山水城科教产业园、无锡（国家）传感网示范基地、无锡（国家）软件园、国家集成电路设计（无锡）产业化基地、无锡光伏产业园（中新太阳城）以及崇安家居创意设计园、无锡（南长）国家传感信息中心、北塘北创科技创业园等重点产业园区。

充分发挥园区作为发展新兴产业的有效载体。集中进入园区发展，易形成"龙头企业＋配套企业"的发展模式，逐渐发展出成熟的产业链，大大降低成本。同时，园区一旦形成品牌效应，对于产业的整体发展无疑将产生有力的推动作用。

与此同时，无锡市还积极促进产业集聚。2011年，无锡出台《无锡市物联网应用示范项目认定及扶持实施办法》，着力培育结构合理、重点突出的物联网科研体系、产业体系、应用推广体系，推进物联网在生产领域、基础设施和市民生活中的应用示范，进而通过应用示范带动技术突破和产业发展，使得无锡成为物联网广泛应用的先导示范城市。随后，无锡又在打造智慧城市的体系架构下，充分整合利用现有的信息化系统和网络基础设施资源，围绕管理模式和服务模式创新，逐步建立部门、行业、区域以及行业之间的协同推进机制来实施物联网典型应用示范工程，探索经营服务模式和商业模式，促进产业升级。

2014年，无锡围绕"三地三中心"建设目标，按照主体功能区实施规划，优化产业发展空间布局，制定《关于金融支持无锡市国家现代农业示范区建设和若干意见》，推动国家现代农业示范区基础设施建设、重点园区培育、重点项目推进、体制机制创新。落实惠山区工业转型集聚区、宜兴市产业转型集聚区规划建设用地规模指标。编制无锡中瑞低碳生态城建设规划，开展中德未来城市等低碳领域国际合作项目。

## 二　产业空间布局日趋优化

城市的产业调整和升级以及布局优化是提升一个城市的产业发展层级、提高百姓生活水平和率先建成高水平小康社会的必然选择。产业结构的升级和产业布局的优化相辅相成、相互促进、共同发展，必将在促进产业升级和城市升级的过程中实现。在"两型社会"建设过程中，无锡通过实施"腾笼换鸟"等措施，将产业布局和城市发展空间规划紧密联系在一起。由于措施得力，无锡在城市空间规划日益合理的同时，产业空间布局亦日趋优化。

### 1. 产业布局更趋合理

在实施整治之初，关停企业一度引来"影响经济发展"的质疑声，不过直至 2013 年年终测算时，无锡市经信委拿出的一组数据才打消了大家的疑虑：关停 800 余家"五小"和"三高两低"企业，减少 GDP 80 多亿元，仅占上一年度 GDP 总量的 0.25%，而节约的 80 万吨能耗则占全社会总能耗的 2.8%，减少的二氧化硫排放占全市总排放量的 1.4%。正是有此力证，无锡的产业结构调整之路走得更为坚定。无锡市委、市政府着眼于转变经济发展方式、优化城市空间布局和建设生态环保型城市，大刀阔斧地展开了一场涉及数百亿元资金、牵涉数万人、影响深远的工业布局大调整——退城进园，将冶金、化工等传统工业企业搬离城区。[①]

通过城市产业的空间置换，无锡中心城区的工业企业和中央商务区的非生产性的机关、学校、议院等单位纷纷外迁，转而重点发展金融、商贸、娱乐、贸易科技、信息等新兴服务业，着力提升服务业和创意产业比例，大力发展第三产业和高新技术产业，完善和优化城市中心区的服务功能，提升城市中心区的空间价值和集聚与扩散效应，全面发挥其对经济的辐射带动作用。

根据《无锡市"十二五"城乡建设规划》，无锡重点打造太湖新城区、科技新城区、锡东新城区、惠山新城区和锡西新城区 5 个新城区，希望通过依托科技新城区、锡东新城区、惠山新城区等几个开发区的重要载体，重点发展物联网、电子信息、环保、生物制药、高端装备制造、现代物流等新兴产业和传统优势产业。

无锡在产业布局时考虑到了城市发展空间的拓展，将产业布局与城市空间有机地结合在一起，使得二者各获其利。事实上，经过数年的发展，上述 5 个新城区都有不同程度的发展：科技新城区依托无锡新区较好的产业发展基础，并得益于近年来大力度的产业结构调整和优化布局，产业空间和城市空间的融合度日趋强化；太湖新城由于政府的强势主导和推进，道路基础设施条件日益成熟，市民中心、会展中心以及文化、教育、体育、医疗等功能性项目已纷纷建成或正加快推进，需要引导更多社会资本投入的金融、商业、楼宇办公等项目也完成了前期规划或招商，逐步进入实施阶段；锡东新城、惠山新城和锡西新城经市级层面的战略规划后，其

---

① 《建设"两型社会"释放生态红利》，http://jsnews.jschina.com.cn，最后访问日期：2016 年 6 月 10 日。

开发建设也由属地主导进入具体实施和操作阶段。

无锡山水城科教产业园于 2006 年 4 月经无锡市委、市政府批准组建后，紧紧依靠各级各方面的关心与支持，积极顺应无锡和太湖新城的建设大局，以推动转型升级为主线，以树立"太湖智谷、创智新城"品牌为目标，始终坚持"以一流载体集聚一流企业，以一流产业打造一流园区"的发展思路，不断完善产业规划，全面优化产业环境，着力推进产业升级，转型发展取得了较为可喜的成效。产业园已经逐渐集聚了江南大学、北京大学软件与微电子学院无锡产学研教育基地、中科院软件所无锡基地、无锡职业技术学院、江南计算机技术研究所、中国船舶重工集团公司第 702 研究所等一批高校和科研院所，逐渐成为一个以发展软件和服务外包、影视动漫、微纳传感、创意设计、网络经济、高端研发、教育实训等产业为主的高新技术产业研发孵化区。该区迄今已获批建立无锡（国家）数字电影产业园、中国服务外包示范区（太湖保护区）、国家动漫产业基地、无锡（国家）工业设计园南区、江南大学国家大学科技园 C 区、江苏基地软件产业园、文化创意和高科技产业研发孵化区、江苏省首批现代服务业发展集聚区和江苏省大学生创业示范基地等。在园区，低能耗、高产出、零排放的知识型、智慧型产业已经取代了以往"村村点火、处处冒烟"的高能耗、低产出、劳动密集型传统产业，一座现代化科技新城的雏形展现在世人面前。

当然，在对新城区进行产业规划时，虽然明确将新兴产业和传统优势产业列为重点发展的对象，但新兴产业和传统优势产业的空间布局因此受到限制。事实上相反，产业在确定核心发展区域的同时，还将其他区域列为拓展区域。以无锡物联网产业的空间布局为例，该产业的核心区为滨湖区经济开发区、南长区传感网高新区和新区无锡（太湖）国际科技园，同时还将崇安区、北塘区、锡山区、惠山区、江阴市、宜兴市列为该产业的拓展区（见图 7–5）。考虑到物联网产业发展的特点，纳入产业发展的核心区不仅环境较好、交通便利，而且在空间上相距不远。无锡正是通过这种以主次有别、以主带次、主次协调为特征的以点带面共同实现发展的空间布局，促进产业整体发展。

**2. 产业空间布局日益与城市发展空间优化趋于一致**

近年来，无锡实施工业化"退城入园"和重点园区建设，城镇化发展模式也不断向大城市化的模式演进，无锡市的城市功能定位与产业布局越

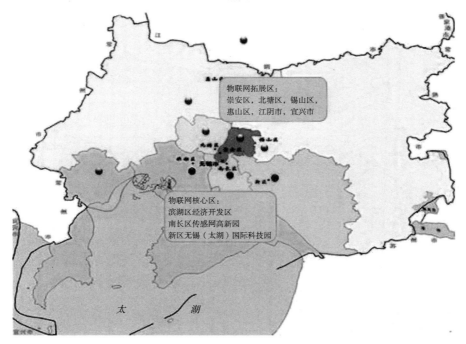

物联网拓展区:
崇安区, 北塘区, 锡山区,
惠山区, 江阴市, 宜兴市

物联网核心区:
滨湖区经济开发区
南长区传感网高新园
新区无锡(太湖)国际科技园

太 湖

**图 7 - 5 无锡物联网产业布局示意**

来越明晰。无锡在"十一五"期间被定位为国际先进制造业技术中心、区域性商贸物流中心、创意设计中心、职业教育中心、旅游度假中心;"十二五"期间,无锡则又在原有的基础上,更加明确地提出要创建创新型经济领军城市。伴随无锡城市功能定位的确定,无锡和作为副中心城市的江阴与宜兴,以及 12 个中心镇的产业专业分工更加清晰,区域化结构同化现象得到显著改善(见图 7 - 6)。

以无锡新区为例进行说明。1992 年,无锡成立高新技术产业开发区。在此基础上,1995 年无锡将其和无锡新加坡工业园合并,正式组建无锡新区。经过多年的发展,无锡新区已经形成以区域航空、城际高铁、高速路网、国际港口与城市轨道交通为主的立体交通网络,成为华东地区最重要的交通枢纽。发达的公路、铁路、水路和航空基础设施构建出便捷的立体化交通网络,使无锡新区的商务出行和物流运输具有高效率、低成本的特点。同时这也使得无锡新区与周边的上海、南京、苏州、常州等主要城市形成"同城化"效应。正是由于这种优越的区位优势,无锡市在新区成立以后,尤其在"两型社会"建设以来,将该区定位为无锡新兴产业和高新技术产业的主要

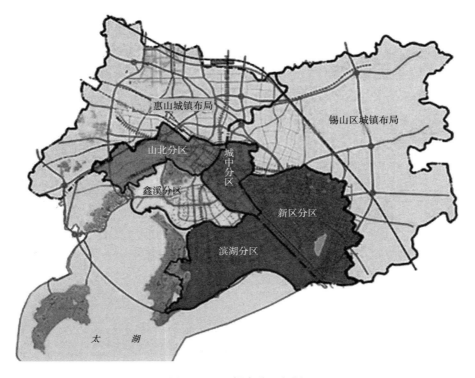

图 7 - 6　无锡市分区规划

聚集发展区域。迄至今日，无锡新区下辖无锡国家高新技术产业开发区、无锡出口加工区、无锡星洲工业园、太湖国际科技园等多个专业科技园区。

　　与此同时，无锡新区依托产业园区的发展，规划和带动新区的城市化发展。无锡在"十二五"规划中，在产业升级及优化产业布局的同时，不断优化市域空间布局，在规划中提出无锡市要按照空间均衡、合理分工、开发集约和保护得当的要求，明晰主体功能，配置空间要素，落实空间政策，引导区域按功能分类发展，形成与区域性中心城市相融合的空间发展体系和城乡一体化发展体系，从而进一步带动产业结构的不断调整和优化。

　　从图 7 - 7、图 7 - 8 可见，新区的城市发展基本上是依托产业园进行规划的，产业布局与城市空间规划使无锡走向和谐发展的道路。

　　无锡滨湖区的情况与无锡新区差不多。滨湖区于 2001 年年初由原无锡市郊区整体、马山区整体和锡山市部分乡镇合并而成。滨湖区自成立后，即被定位为无锡城市核心功能区。无锡市委、市政府和滨湖区委、区政府

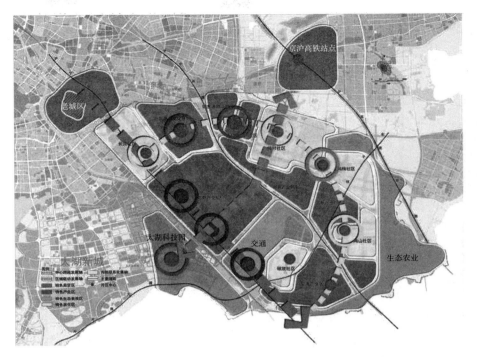

**图 7 - 7　无锡新区总体发展规划（2005～2020）功能结构**

资料来源：《无锡新区总体发展规划（2005～2020）》，http://news. house365. com/gbk/wxes-tate/system/2010/07/10/010141196. shtml。

按照建设现代化的行政中心、商务中心、科教中心、旅游度假中心、设计创意中心、生态中心的功能定位和发展要求，全力推进传统产业转型升级、新兴产业培育和功能性服务业发展"三业并进"，特别在新兴产业培育发展方面，先后打造了无锡生物医药研发服务外包区、无锡（国家）工业设计园、科教产业园、传感网创新示范区、蠡湖科技创业园五大品牌园区，确立了传感网、工业设计、软件和服务外包、动漫文化、生物医药、网络经济、通信技术七大战略性新兴产业，引进了中科电、软通动力、Sun、同方软件、盛大网络等一大批知名企业，新兴产业由当初的星星之火形成了燎原突破之势，环湖科教研发产业带的知名度不断提升、集聚力不断增强。与此同时，滨湖区在经济结构、城乡面貌、民生保障等各个领域都取得了跨越式发展。

不只有无锡新区、滨湖区这样，惠山的情况亦是如此，即依靠产业布局进行城市发展规划，从而推动本区域的城市化进程。

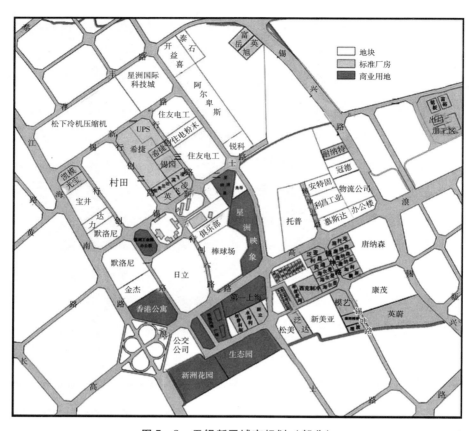

图 7 – 8  无锡新区城市规划（部分）

总之，无锡在"两型社会"建设过程中，突破生态环境瓶颈，落实科学发展观，在实现又好又快发展的同时，调整产业结构和优化产业布局，转变无锡城市发展方式。

## 第四节  无锡"两型社会"建设的"两型" 产业体系构建

在"两型社会"建设过程中，无锡除了调整和优化产业结构、优化产业布局外，还致力于"两型"产业体系的构建。

### 一  构建产业体系的政策举措

无锡在产业体系构建方面，始终注意从产业本身发展、无锡市域经济发展、长江经济带建设发展三个维度思考问题，并据此采取相应的政策举措。

**1. 围绕苏南现代化示范区建设目标，着力打造"三地三中心"，构建现代产业体系**

围绕苏南现代化示范区建设目标，在开展以"项目推进年"活动为抓手，全力组织实施新兴产业双倍增工程的基础上，积极做大新兴产业规模，以特色产业园区为载体，着力培育产业群，完善产业链。2012 年，无锡市提出要大力推进产业转型升级，加快打造"三地三中心"，即新兴产业发展高地、先进制造业基地、旅游度假胜地以及科技创新创业人才集聚中心、文化创意中心和商贸物流中心，在新的起点上开创无锡科学发展新局面。①

在打造新兴产业发展高地方面，无锡围绕物联网、新能源与新能源汽车、节能环保、微电子、软件和服务外包五个世界级特色产业基地，以及新材料与新型显示、生物、工业设计与文化创意三个国家级特色产业基地，着力培育核心区块和龙头企业，通过空间布局调整，引导各类资源和生产要素向重点产业载体集聚，壮大优势产业，借此打破一些工业集中区龙头企业带动作用不强、产业链配套能力较弱等瓶颈，进而带动和辐射全市绿色制造产业、循环经济和低碳经济的发展（见图 7—9）。

为加快培育一大批具有自主知识产权和自主品牌的科技创新型企业，积极打造升级版"530"企业，努力培育和集聚一批国际化、高成长性、高技术含量、高附加值、高带动性企业集群，无锡市又于 2014 年出台了《关于深化科技体制改革加快人才引领创新驱动发展的实施意见》，明确提出完善"东方硅谷"聚才机制，吸引科研院所专家为企业服务，推进企业研发机构建设，完善科技人才集聚与保障体系等。② 与此同时，根据无锡的资源禀赋、区位条件、产业基本特点，构建、完善、延伸一批重要产业链，加大以链带面的发展效应至关重要。在江阴新桥，从上游的毛纱、毛条，中游的布、呢绒，下游的服装，都有不同企业参与，既有涉及多个产

---

① 黄莉新：《贯彻落实十八大精神，加快打造"三地三中心"》，《无锡日报》2012 年 11 月 9 日，第 5 版。

② 《无锡出台"二十六条意见"，加快实施创新驱动发展战略》，《科技日报》2014 年 8 月 24 日，第 1 版。

**图7－9　无锡传感设备产业园空间示意**

资料来源：中国产业园区网，www.chinausuy.cn。

业环节的大型企业，也有专注一个环节的企业，通过不同的分工发挥各自
的优势，形成了纵向和横向既相互独立又相互依存的格局，促进了整个毛
纺特色基地的发展升级。

　　在打造旅游度假胜地方面，大力发展旅游业，谋划绿色 GDP。党的十
八大后，无锡全市上下以学习党的十八大精神为强大动力，加快打造文化
特色彰显、生态环境优美的魅力无锡，创新动力强劲、体制机制灵活的无
锡，发展环境优越、产业实力雄厚的无锡，居民生活富足、社会和谐稳定
的幸福无锡，努力建设先进产业发展高地、先进制造业基地、旅游度假胜
地和科技创新业集聚中心、文化创意中心、商贸物流中心。

　　2012 年，无锡市委、市政府下达《加快无锡旅游业发展三年行动计
划》，提出"加快打造国内一流、具有国际影响力的旅游度假胜地，加强
度假休闲产业链建设，增强旅游休闲产业核心竞争力"的具体要求，拟计
划在未来三年完成投资 2000 多亿元，建设景区、休闲生态、文化旅游、城
市综合体等共 143 个重点项目。旅游业转型发展，不再是一景一地的数量
级增长，而是关乎加快建设"四个无锡"、率先基本实现现代化的重要路
径。在无锡城市发展的规划蓝图中，旅游业每每被提上重要位置，而它在
每个阶段又承载着不同的产业使命：从早前的提高城市影响力、美誉度，

到后来的切实拉动 GDP 增长,到转变经济增长方式。在此背景下,无锡围绕着灵山、华西新市村、宜兴竹海风景区、清明桥历史文化街区、崇安寺、智慧旅游试点项目以及惠山古镇等谋划发展旅游业。

在此背景下,无锡市委主要负责人在 2012 年 11 月 26 日"2012 年长三角现代服务业合作与发展论坛"上表示,无锡将加快发展现代服务业,加快推进智慧无锡的建设,着力构建以服务经济为主体的现代产业体系,为长三角地区现代服务业实现优势互补、联动发展做出贡献。[①]

**2. 加快完善城市空间一体化,为产业体系构建创造条件**

根据国内外大中城市在产业布局上所做的探索和形成的规律,产业布局总体经历集聚发展—扩散发展——一体化发展的过程。产业布局的一体化发展有赖于城市空间的一体化,而决定城市空间一体化的最关键因素便是城市现代化交通建设,即通过铁路、公路、城市道路、河道、地铁、轻轨等交通系统,形成一条条联结各个区域增长点的轴线。这些轴线一方面为区域增长极服务,另一方面吸引人口和产业向轴线两侧集聚并产生新的增长点,进而点轴贯通,形成点轴系统(见图 7 - 10)。

近年来,无锡着力完成无锡市区与江阴、宜兴之间的空间走廊和空间纽带,实现五大新城区与中心城区间交通体系的对接,加快建构一体化的城市空间,形成无锡都市化区域空间形态结构,力图实现空间共构、功能共生、产业共谋,为科学统筹无锡市域范围内的产业布局,实现产业布局一体化和构建产业体系创造有利条件。

在城区交通建设方面,除在 2015 年开通地铁 1 号、2 号线外,无锡市围绕"加强中心城区与外围区域板块联系,加快完善快速路网体系,加强穿越铁路通道建设,加快重点地块配套道路建设"的目标建设一批道路,仅 2012 年一年无锡就新增道路 50 公里。[②] 因为交通更为方便,无锡市区各部分联系加强。

无锡市区与江阴、宜兴间的交通亦更为顺畅。无锡市区与宜兴之间有沪宜高速相连,而在无锡市区与江阴之间修筑十条南北向的骨架道路,是无锡市"十二五"期间的一项重要发展战略。

---

① 《无锡积极推进智慧城市建设,着力构建现代产业体系》,http://jiangsu.china.com.cn/html/jsnews/bwzg/21809_1.html,最后访问日期:2016 年 6 月 28 日。

② 《去年无锡新增道路 50 公里》,《江南晚报》2013 年 1 月 4 日,第 A2 版。

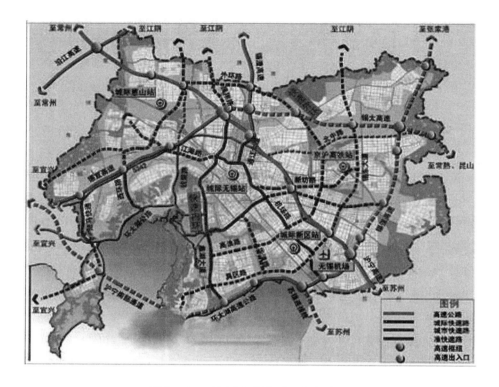

**图 7 - 10　无锡市区骨架路网规划布局**
资料来源：《无锡日报》2009 年 5 月 14 日。

如图 7 - 11 所示，实现锡澄一体化的十条南北向道路可以分为三个
级别：一条高速，即锡澄高速公路；二条市域快速客运通道，即凤翔
路—锡澄路、友谊路—江阴长山大道；七条一级公路，即西环路—江阴
亚包大道、惠澄大道—江阴海港路、惠山大道—霞客大道、八文公路—
江阴世纪大道、锡东大道—江阴华陆路、东廊路—新长路、锡沙线即
228 省道。

无锡市区及其与宜兴、江阴间的交通顺畅，不仅有助于无锡内部产业
的合理布局，而且有助于实现市域内产业互补。地铁、公路等城市现代交
通系统建设的发展，有助于城市空间的一体化发展，进而实现产业布局的
一体化发展，为科学统筹市域范围内的产业布局、实现产业布局一体化创
造有利的条件。与此同时，它亦对市域内产业实现互补提供便利，例如旅
游业。因为无锡市内部的交通方便，有利于整合以山水文化为内涵与特色
的无锡旅游资源，打造高品质的旅游产业完整链条，进一步促进无锡旅游

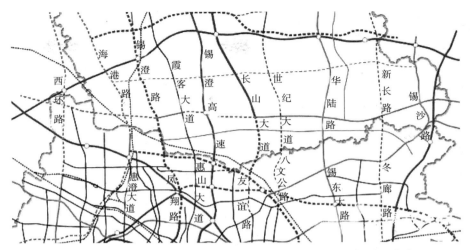

**图 7 – 11 "十二五"期间建设的无锡与江阴间十条南北向快速走廊**

资料来源:《锡澄一体化,从基础设施规划建设率先突破:十条南北向快速走廊对接锡澄》,《无锡日报》2011 年 8 月 14 日,第 1 版。

产业的发展和优化。无锡旅游业的快速增长与此不无关系。

**3. 主动融入国家发展战略,积极拓展产业发展空间,构建产业体系**

2015 年 9 月,无锡市依托"一带一路"经济发展战略中的"黄金水道"推动长江经济带建设,出台《无锡实施长江经济带发展战略三年行动计划(2015~2017 年)》(简称《行动计划》),明确提出:全面构建综合交通体系,加快创新驱动产业转型升级,深入推进新型城镇化建设,深化区域城市合作,共同打造长江生态绿色廊道,走在省内长江经济带建设前列,努力成为国家长江经济带发展战略中的重要节点城市,持续提升无锡的长三角国际化、现代化、区域性中心城市地位。《行动计划》试图通过基础设施建设,着力打造现代化综合性交通枢纽体系,深化区域城市合作以及优化沿江产业发展,努力实现无锡从"运河时代"到"蠡湖时代"再向"太湖时代"及"长江—海洋时代"的跨越。

大力发展基础建设。根据《行动计划》,无锡将在未来三年内着力推动苏南国际机场建设,大力提升中央车站、锡东高铁站、城铁惠山站、宜兴城际铁路客运站、无锡(江阴)港的辐射服务能力;加快推进城际铁路建设,加大向国家和省争取政策支持的力度,力争沿江城际铁路在 2017 年前开工建设,推进盐泰锡宜城际铁路和江阴肖山公铁两用大桥规划建设;

大力推进苏锡常南部高速、锡太高速、宜长高速等高速公路前期筹划和规划研究，以及锡澄运河"五改三"等航道整治，着力打造现代化综合性交通枢纽体系。

深化区域城市合作，积极融入长江经济带建设。长江经济带横跨我国东中西三大区域，覆盖上海、江苏、浙江、安徽、江西、湖北、湖南、重庆、四川、云南、贵州11省市，面积约为205万平方公里，具有独特优势和巨大发展潜力。在全面推进新型城镇化的大浪潮下，长江经济带建设需要沿江所有城市协同合作，以实现共赢。无锡作为长江经济带上一个重要的节点城市，有条件并能够在深化区域城市合作中谋求更多融合发展的空间和成效。《行动计划》将"统筹推进新型城镇化和区域城市群发展"作为一块重要内容进行了详细阐述，其中特别强调要全面融入、对接上海发展，借鉴和复制上海自贸区建设成功经验，争取开展投资管理制度、贸易监管制度改革，促进金融、航运、商贸、文化、社会等服务业开放政策先行先试，更好地承接上海的产业转移。此外，还要积极促进苏锡常都市圈一体化，推动锡常泰跨江融合，以及强化长三角城市合作。具体到一个个项目，包括支持江苏扬子江船业集团江苏太仓海洋油气装备项目建设，深化"江阴—靖江"联动发展机制的改革试点研究，推进江苏新长江集团的浙江舟山长宏国际产业园建设，配套形成集生产、经贸于一体的现代化、国际化船舶经济营运系统。

优化沿江产业发展。随着长江经济带相关政策的加速落地，沿江产业发展将率先受益。多年以来，受制于锡澄一体化滞后等多种因素，无锡市沿江产业还有较大的发展和提升空间。《行动计划》指出，要围绕"做优特色、做深腹地、做高效益"，整合沿江岸线资源，调整优化沿江产业布局，依托江阴高新区、江阴临港开发区、惠山工业转型集聚区等载体，加快沿江现代物流服务集聚区、现代服务业集聚区、先进制造业集聚区建设，提升沿江与腹地产业发展的层次和水平，增强无锡市沿江产业的集聚辐射功能，形成从北向南的纵深带动效应。无锡市将积极构建开放有序的沿江产业转移机制，推动无锡市相关产业沿江梯次转移，用好用足沿江发展资源，拓展无锡市产业发展新空间。同时，《行动计划》还强调了长江经济带城市共建绿色生态廊道的愿景和措施，提出加大生态环境保护力度，深入实施"蓝天碧水绿地"工程，创新生态环保体制机制。①

无锡主动融进长江经济带的国家发展战略，产业体系更趋健康。一方面，无锡更容易发现自己的优劣势，找准自己的合理位置，避免产业重复，从而着力发展优势产业，使城市产业更为健康、城市竞争力提升。另一方面，无锡直接参与长三角，甚至长江经济带产业群建设，成为其中的一个重要组成部分。今日无锡发展如此迅速和具有巨大魅力，均与此有着较为密切的关系。

## 二　产业体系构建初具成效

1. **国家传感网创新示范区建设成效显著，物联网产业产值增长 40%，新区跻身首批"智能传感系统创新型产业集群"**

从 2009 年，尤其是实施"两型社会"建设开始，无锡主要依托国家传感网创新示范区，全力打造国家级物联网产业先行先试示范区。截至 2012年，示范区共计有 608 家限额以上物联网企业，其中年销售额超过 1000 万元的企业有 193 家，合计销售额达到了 297.7 亿元。目前在示范区内的物联网应用示范项目有 125 个，涵盖工业、电力、物流、环保、医疗等行业，其中国家部委立项的应用示范项目有 10 个，包括工信部立项的无锡机场周界防入侵工程、220 千伏西泾智能化变电站、太湖蓝藻暴发监测工程、国家发改委授牌的无锡物联网综合示范工程等项目。这些数据无不显示，无锡物联网产业链已经基本建成，初步形成了较为完善的产业集群（见图 7 - 12）。②

2. **现代服务业结构优化势头良好，服务业集聚区建设加快**

2015 年，无锡注重传统服务业改造升级和新兴服务业继续较快发展，实现规模以上服务营业收入 634 亿元，增长 8.9%。其中，信息服务业高速增长：全年软件产业营业收入 144.99 亿元（原口径），同比增长 18%；云计算产值为 1542.31 亿元（原口径），同比增长 30%；服务外包业务合同总额为 152.5 亿美元，同比增长 26.6%；执行金额为 127 亿美元，同比增长 28.9%；离岸外包合同金额为 101 亿美元，同比增长 28.1%；离岸外

---

① 《全面构建综合交通体系，推动沿江产业加快发展——〈无锡市实施长江经济带发展战略三年计划（2015~2017 年）〉解读》，《无锡日报》2015 年 9 月 10 日，第 1 版。

② 《无锡物联网产业链已经基本建成》，http://news.xinhuanet.com/info/2013-02/28/c_124400964.htm，2013 年 2 月 28 日，最后访问日期：2016 年 7 月 5 日。

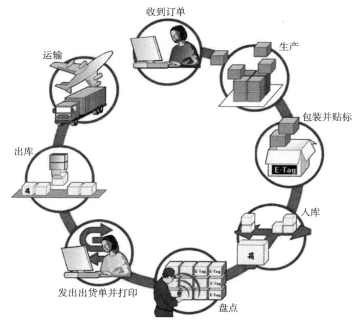

图 7 - 12　无锡物联网产业链

包执行金额为 81.5 亿美元，同比增长 27.5%，其中高端 ITO、KPO 业务保持增长态势，分别同比增长 68.1%、28.6%。文化产业再获佳绩：文化重点企业继续延续良好势头，除慈文传媒外，当当网、江苏金一文化年度营业收入均超过 20 亿元；无锡蓉运壹号文化创意产业园已经于 2015 年 12 月 13 日开园，目前入驻企业 20 家。智慧无锡文化创意产业园正式开园，已吸引 17 家文化新媒体企业入驻。升级改造使传统服务业行业亮点纷呈。旅游人数再创新高，全年累计接待游园人数为 1.1 亿人次，同比增长 10.1%；乡村休闲旅游加快提档升级，以宜兴华东百畅生态园、江阴华西村、无锡十八湾茶文化农庄、阳山桃文化等为代表的一批乡村休闲旅游继续扩大品牌效应，进一步提升了无锡乡村旅游的影响力；无锡旅游在与蚂蜂窝、TripAdvisor 等平台合作的基础上，完成了与 Google、携程网等大平台的合作，进一步拓展了智慧旅游的网络平台。交通运输业也有所回暖：累计完成公路货运量 1.35 亿吨，同比增长 5.1%；港口完成货物吞吐量 1.99 亿吨，同比下降 5.0%；无锡苏南机场完成旅客吞吐量 460.93 万人次，同比增长 10.3%；完成货邮吞吐量 8.91 万吨，同比下降 7.3%。尽管全市消费市场运行平稳但增幅回落，完成社会消费品零售总额 2847.6 亿元，同比增长 9.2%，但中西药品、通信器材、体育娱乐用品、汽车类商品销售保持较高增长态势，涨幅分别为 19.8%、14.2%、7.9% 和 8.4%。①

与此同时，服务业集聚区建设加快。2015 年，无锡食品科技园建设全面启动、人力资源服务产业园开园运营，苏南快递产业园成为全国首个国家级快递示范园区，无锡国家数字电影产业园实现销售增长 170%。②

在服务业发展当中，值得一提的是无锡文化旅游产业的发展。无锡人文景观和自然景观非常丰富（见图 7-13），经过多年的开发和发展，截止到 2015 年年底，无锡全市拥有年接待游客 10 万人次以上的景区 60 个，其中国家级旅游度假区 1 家、省级旅游度假区 1 家、国家 5A 级景区 3 家、国

**图 7-13　无锡市区主要景点一览**

①《无锡市服务业结构优化势头良好》，《新华日报》2016 年 3 月 4 日，第 17 版。

② 汪泉：《无锡市政府工作报告（2016）》，http://www.js.xinhuanet.com/2016-01/19/c_1117825512.htm，最后访问日期：2016 年 8 月 20 日。

家 4A 级景区 26 家、3A 级景区 13 家、2A 级景区 16 家，另有省星级乡村旅游区 78 家。[①]

无锡不仅整合市域内的文化旅游资源，打造独具无锡特色的文化旅游产业，而且积极利用独特的地理位置和交通便利，融入长三角甚至长江经济带的旅游产业的整体发展之中（见图 7 – 14）。

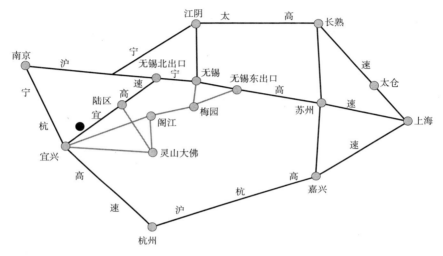

**图 7 – 14　长三角主要旅游城市一览**

旅游业内涵丰富，外延宽泛，有产业要素"混合体"和"产业集群"的特征，是统筹各业的集合产业和动力产业。传统的旅游六要素"行、游、住、吃、购、娱"涉及交通、旅行社、饭店、宾馆、商场、娱乐等产业群，加上配套、关联性产业，更是涵盖保险、医疗、咨询、会展等，形成复杂的产业网络。更有学者提出，与旅游业直接和间接关联的产业达109 个。2015 年，无锡文化旅游业占地区经济生产总值的 7%。

---

① 无锡市统计局、国家统计局无锡调查队：《2015 年无锡市国民经济和社会发展统计公报》，《无锡日报》2016 年 2 月 22 日，第 7 版。

# 第八章
# 无锡"两型社会"建设的城乡同构

统筹城乡经济社会发展，形成"以工促农、以城带乡、工农互惠、城乡一体"的新格局，是建设资源节约型和环境友好型社会，以及形成新型城乡关系的重要内容和最终目标。党的十八大报告明确指出，"城乡发展不平衡不协调，是我国经济社会发展存在的突出矛盾，是全面建成小康社会、加快推进社会主义现代化必须解决的重大问题"。[①] 在此，如何从经济、政治、生态等多重角度对城乡发展和空间定位进行综合考量，按照主体功能区的要求，根据资源环境承载条件，进行统筹规划、合理开发、综合利用、集约资源，统筹城乡发展，逐步实现区域公共服务均等化，从而破解城乡二元结构矛盾，既是无锡市也是长三角城市圈和苏锡常城市群，乃至江苏省各个区域需要及时面对、寻求突破性解决的重大问题。

## 第一节　无锡"两型社会"城乡同构面临的挑战

无锡地处长三角腹心，经济发展水平相对较高，城乡发展差距相对较小，在新型城镇化和城乡发展一体化上继续走在江苏省乃至全国前列。尽管如此，在建设"两型社会"、实现城乡同构方面仍存在巨大挑战，由于城乡差异所带来的资源、人口、产业等分配不均，给环境承载力带来了巨大压力，成为实现无锡市长远、均衡发展的瓶颈。

### 一　"一体两翼"失调带来的空间优化不足

多年以来，无锡发展一直强调要优化"一体两翼"空间布局。然而，

---

① 习近平：《习近平谈治国理政》，外文出版社，2014，第81页。

实际情况不太理想。目前"两只翅膀"越来越"重",而"一体"的带动力相形之下较弱。为此,"十三五"期间,无锡市将强化中心城区在区域城市群发展中的引领作用,构建以中心城区为核心,以江阴、宜兴为副中心,以重点镇、特色镇为支撑,以规划发展村庄为节点的城镇体系。已经确定的行政区域调整将进一步突破体制机制瓶颈,整合"老城乡"发展资源,增强中心城市综合竞争力和可持续发展能力,为促进无锡市域协调发展落下一枚极具分量的"棋子"。全面提升城乡品质重在强化新城产业支撑,促进产城融合发展,加快城市形态建设与功能开发的协调发展,增强中心城市的集聚辐射能力;优化发展特色小城镇,打造链接中心城区、副中心城市和美丽乡村的城乡发展一体化战略节点,促进大中城市与小城镇协调发展。

## 二　城市污染产业转移带来的生态环境破坏

工业反哺农业的核心内容是,依靠集中在城市的非农产业所提供的税收对农业予以支持,对从事农业生产的农民进行必要的补贴,从而调整国民经济结构,促进城乡之间的良性互动。农村承接城市的产业转移是工业反哺农业的一种表现形式,可以加快农村的工业化步伐,提高县域经济实力。但由于转移的企业大都是低成本依赖型的"两高"(高投人、高污染)产业,缺乏技术改造升级的动力与资金实力,对于缺资金、缺项目、求发展的农村而言,便难免出现以环境换发展、接受"两高"产业的简单转移。目前,随着城市治污力度加大,化工、炼焦、造纸等污染企业向农村转移,城市生活污水和工业废水向农村排放。农村生态环境本来就十分脆弱,加之农村相关配套治污设施缺失、环保资金及人手严重不足,工业废水不经处理便肆意流入农田、河道。这种"污染下乡"带来的水源污染和土地污染,严重影响了农村居民的生活和健康,也制约了农村经济的可持续发展。

## 三　城镇建设规划不尽完善带来的发展重心失衡

目前,我国城镇建设的总体水平偏低,对城镇化发展未能形成强有力的支持与服务,在一定程度上导致城乡差距进一步拉大,区域与城乡发展不协调的问题加剧。城乡统筹发展要以城镇为依托,通过城乡互动和体制机制创新，推进农业、农村、农民现代化进程，实现农村全面协调可持续发展。但是，在推进新型城镇化过程中也难免出现这样或那样的矛盾和问题。实现城乡公共服务均等化，除了公共财力向农村倾斜外，还需要深化农村综合改革，唤醒沉睡的资源要素，增强农村自身的造血功能。市委农办副主任蒋军民介绍，"十三五"期间无锡市将大力实施"强富美高"新农村建设示范工程，建成一批特色镇、重点镇，发挥区位优势、产业优势、生态优势等，努力打造更高水平的现代化新农村。如江阴璜土镇将进一步发挥毗邻常州的区位优势，北部对接常州高新园区、常州装备制造产业园，打造千亿元级新材料产业园，做大做强工程机械装备制造业，南部依托常州城市辐射，对接常州恐龙园高端商务区，建设"高铁高端生活区"、"现代物流商贸区"和"生态休闲旅游区"，形成"南城北园"的格局。

## 四 "中等收入陷阱"带来的长远发展困境

"中等收入陷阱"是世界银行总结拉美和东亚一些国家经济发展经验时提出的概念。拉美的巴西、墨西哥、阿根廷及东南亚的马来西亚等国早在20世纪70年代均已进入中等收入国家的行列，但这些国家仍然处在人均GDP 3000美元到5000美元的发展阶段，只有韩国、日本、新加坡和中国台湾少数国家和地区跨越了"中等收入陷阱"，步入高收入国家和地区的行列。2006年世界银行在《东亚经济发展报告》中将"中等收入陷阱"定义为：使各经济体赖以从低收入经济体成长为中等收入经济体的战略，在它们向高收入经济体攀升的过程中是不能重复使用的，进一步的增长被原有的增长机制锁定，人均国民收入难以突破1万美元的上限，一国很容易进入经济增长阶段的停滞徘徊期。2010年又进一步阐述为：几十年来，拉美和中东的很多经济体深陷"中等收入陷阱"而不能自拔，面对不断上升的工资成本，这些国家始终挣扎在大规模和低成本的生产性竞争之中，不能提升价值链和开拓以知识创新产品与服务为主的高成本市场。这些国家依靠低工资成本和资本的投入跨越了"贫困陷阱"成为中等收入经济体。但是，这种粗放型的经济增长导致贫富之间、城乡之间收入差距的扩大，使消费严重不足，产业结构、经济结构失衡，造成经济增长的驱动乏力。在这个阶段如果仍然使用已有的经济战略和增长机制，而不能实现全面的转型发展，势必造成经济增长的徘徊、停滞。

## 第二节　无锡"两型社会"城乡同构的主要依据

城乡统筹发展是"两型社会"建设的重要方面，面对城乡二元结构问题，我国在国家、省份、地区等各个层面制定政策法律，推动这一问题的集中、有效解决。

### 一　《中华人民共和国城乡规划法》

2007年，我国通过了《中华人民共和国城乡规划法》，其立法目的为"加强城乡规划管理，协调城乡空间布局，改善人居环境，促进城乡经济社会全面协调可持续发展"。在此，城乡规划体系包括城镇体系规划、城市规划、镇规划、乡规划和村庄规划。城市规划、镇规划分为总体规划和详细规划。详细规划分为控制性详细规划和修建性详细规划。

在《中华人民共和国城乡规划法》中，提出了"规划区"的概念。规划区是指城市、镇和村庄的建成区以及因城乡建设和发展需要，必须实行规划控制的区域。规划区的具体范围由有关人民政府在组织编制的城市总体规划、镇总体规划、乡规划和村庄规划中，根据城乡经济社会发展水平和统筹城乡发展的需要划定。制定和实施城乡规划应当遵循的主要原则：应当遵循城乡统筹、合理布局、节约土地、集约发展和先规划后建设的原则，改善生态环境，促进资源、能源节约和综合利用，保护耕地等自然资源和历史文化遗产，保持地方特色、民族特色和传统风貌，防止污染和其他公害，并符合区域人口发展、国防建设、防灾减灾和公共卫生、公共安全的需要。在城市规划过程中，公民的权利和义务包括：公民应当遵守经依法批准并公布的城乡规划，服从规划管理，并有权就涉及其利害关系的建设活动是否符合规划的要求向城乡规划主管部门查询。公民有权向城乡规划主管部门或者其他有关部门举报或者控告违反城乡规划的行为。城乡规划主管部门或者其他有关部门对举报或者控告，应当及时受理并组织核查、处理。

### 二　《江苏省城乡规划条例》

2010年，江苏省通过了《江苏省城乡规划条例》（以下简称《条例》)。其立法重点突出了八个方面：①完善城乡规划技术体系和管理体制；②增强规划的城乡统筹和综合地位；③切实维护公共利益和群众合法权益；④约束规划变更，增强规划严肃性；⑤深化管理制度，规范规划实施管理；⑥保护历史文化，体现地方特色；⑦加强人大和社会对城乡规划的监督；⑧强调部门协作，严肃查处违法行为。对比原来的《江苏省实施〈中华人民共和国城市规划法〉办法》，新的《江苏省城乡规划条例》在建设用地规划管理及建设工程规划管理方面做了更为详细的规定。第三十八条明确了，广场、停车场、重点绿化工程，城市雕塑、大中型户外广告固定设施，大中型或者受保护的建筑物外立面装修，以及法律、法规规定的其他工程建设项目，均须向城乡规划主管部门申请办理建设工程规划许可证。《条例》第四十四条增加了对规划验线的管理规定。规定取得建设工程规划许可证的建设工程开工前，建设单位或者个人应当向城乡规划主管部门申请验线，城乡规划主管部门应当在五个工作日内进行验线。未经验线，不得开工。在建设项目规划变更方面，《条例》第二十二条规定了修改规划的严格条件和程序，明确规定经依法批准的城乡规划应当严格执行，任何单位和个人不得擅自修改；第四十五条明确了，对于房地产开发项目，除因公共利益需要外，申请变更的内容涉及提高容积率、改变使用性质、降低绿地率、减少必须配置的公共服务设施和基础设施的，城乡规划主管部门不得批准。针对有的住宅项目配套设施不能按期建成，致使群众利益受损的情况，《条例》第三十三条规定，住宅项目的建设单位必须按照国有土地使用权出让合同的规定同步建设基础设施、公共服务设施，并要求在国有土地使用权出让合同中明确同步建设的各项配套设施的建设时序。为了保证这一规定被贯彻施行，《条例》第四十八条特别规定：对于规划条件确定应当同步配套建设的基础设施、公共服务设施，建设单位在竣工后必须向城乡规划主管部门申请核实；未申请核实或者经核实不符合规划条件和规划许可内容的，建设单位或者个人不得组织竣工验收。尤其值得注意的是，在《中华人民共和国城乡规划法》突出城乡统筹、强调城乡规划全覆盖的基础上，《江苏省城乡规划条例》做出了更具体的规定。《条例》第五条明确：对城市规划区范围内的镇、乡、村庄，镇、乡规划区范围内的村庄，不单独划定规划区，由其隶属的城市或者镇、乡统一实施规划管理。江苏省政府关于昆山市城市总体规划的批复中明确，昆山市城市规划区范围为昆山市域，规划区范围内的镇、村庄不再单独划定规划区，由市统一实施规划管理。而在城乡规划的制定和修改方面，《江苏省城乡规划条例》做了更明确的规定。例如，《条例》第十三条补充了控制性详细规划制定的有关要求，强调编制控制性详细规划，应当依据城市总体规划或者镇总体规划，落实基础设施、公共服务设施用地以及水源地、水系、绿化、历史文化保护的地域范围等，具体规定各项控制指标和规划管理要求。控制性详细规划不得改变城市、镇总体规划的强制性内容。第二十二条严格限定了控制性详细规划的修改条件：因总体规划修改需要对控制性详细规划进行修改的；因实施国家、省和城市重点基础设施和公共服务设施、防灾减灾等重点工程项目需要修改的；规划实施过程中经编制机关组织论证认为确需修改等情形，方可对控制性详细规划进行修改。第十五条强调了专项规划的部门协调和规划综合。城市、县人民政府在审批其他有关部门组织编制的涉及总体规划的专项规划时，由城乡规划主管部门就专项规划是否符合总体规划的要求提出审查意见。各类专项规划之间应当相互衔接。第十七条明确了地下空间开发利用规划的编制主体及审批机关，控制性详细规划应当落实地下空间开发利用规划的有关内容。城乡规划实施过程中，在加强部门工作衔接方面，《江苏省城乡规划条例》做了新的规定，在建设用地规划管理方面，第三十三条明确：国有土地使用权出让合同不得改变规划条件。第三十五条进一步明确：国有土地使用权出让合同擅自改变规划条件的，城乡规划主管部门不予核发建设用地规划许可证。在建设工程规划管理方面，《条例》第三十八条明确：未取得建设工程规划许可证的，有关部门不得办理建设项目施工许可、商品房预（销）售许可等手续。在建设工程规划核实方面，《条例》第四十八条明确：未申请核实或者经核实不符合规划条件和规划许可内容的，建设单位或者个人不得组织竣工验收，产权登记机关不予办理产权登记手续。针对当前存在的房屋使用功能违规改变的方面，《条例》第五十条专门规定：房屋权属证件上记载的用途，应当与建设工程规划许可证确定的用途一致。业主不得擅自将住宅改变为经营性用房，确需改变的，必须满足建筑安全、居住环境、景观、交通、邻里等方面的要求，征得利害关系人同意，报经城乡规划主管部门批准，到房屋产权登记机关办理相关变更手续，涉及改变土地用途的，还要依法办理审批手续等。擅自将住宅改变为经营性用房的，工商、文化等有关部门不得核发相关证件。同时《条例》在第六十条中明确了有关部门违规的法律责任。在监督检查方面，《江苏省城乡规划条例》新增加了相关规定，《条例》第五十五条明确了街道办事处、居民委员会、村民委员会、物业服务企业对违法建设的管理职责。街道办事处对本辖区内的违法建设行为，应当及时予以制止，并配合城乡规划主管部门予以处理；居民委员会、村民委员会、物业服务企业发现本区域内违法建设行为的，有权予以制止，并及时向城乡规划主管部门或者镇人民政府报告。明确了哪些属于建设行为为违规建设，并对此做出更加明确的处罚规定，《条例》第六十二条首先明确：在城市、镇规划区内，未取得建设工程规划许可证进行建设，或者未按照建设工程规划许可证确定的内容进行建设，或者利用失效的建设工程规划许可证进行建设的，由城乡规划主管部门责令停止建设；尚可采取改正措施消除对规划实施的影响的，限期改正，处以建设工程造价百分之五以上百分之十以下的罚款；无法采取改正措施消除影响的，限期拆除，不能拆除的，没收实物或者违法收入，可以并处建设工程造价百分之五以上百分之十以下的罚款。其中建设工程造价是指违法建设工程整体造价。其次明确了限期拆除的违法建设情形，包括：①占用城市道路、广场、绿地、河湖水面、地下工程、轨道交通设施、通信设施或者压占城市管线、永久性测量标志的；②占用各级文物保护单位保护范围用地进行建设的；③违反建筑间距、建筑退让城市道路红线、建筑退让用地边界等城市规划管理技术规定或者控制性详细规划确定的强制性内容的；④擅自在建筑物楼顶、退层平台、住宅底层院内以及配建的停车场地进行建设的；⑤其他无法采取改正措施消除影响的。第六十三条针对地下空间开发利用（建设工程）的特殊性，明确了对应法律责任。

第六十四条针对新增的验线管理规定，明确了违反验线管理规定的法律责任。未经验线，建设单位或者个人擅自开工的，由城乡规划主管部门责令停止建设，限期改正，可以处以一千元以上五千元以下的罚款。此外，在扩大民主参与、保障公众权益方面，《江苏省城乡规划条例》做了如下要求，主要体现在以下几个方面。《条例》第二十条规定，城乡规划报送审批前，组织编制机关应当依法将城乡规划草案予以公告，并采取论证会、听证会或者其他方式征求专家和公众的意见。组织编制机关应当充分考虑专家和公众的意见，并在报送审批的材料中附具意见采纳情况及理由。《条例》第二十一条明确：组织编制机关应当组织城乡规划等有关部门和专家定期对规划实施情况进行评估，并采取论证会、听证会或者其他方式征求公众意见。第三十六条规定：城乡规划主管部门对改建、扩建项目在核发建设用地规划许可证前，应当采取公示、听证会、座谈会等形式，听取利害关系人的意见。因改建、扩建对利害关系人合法权益造成损失的，建设单位或者个人应当依法给予补偿。第四十条明确：对与居住建筑相邻，可能影响居民合法权益的一些建设工程和可能对居住环境造成重大影响的建设项目，要以公示、听证会、座谈会等形式，听取利害关系人的意见。第五十四条明确：除了法律、行政法规规定不得公开的以外，建设单位或者个人（除在农村集体土地上建设农村村民自建住房外）应当在施工现场醒目位置公示建设工程规划许可证样本以及经审定的建设工程设计方案总平面图、立面图，接受社会监督。①

### 三 《关于无锡市 2015 年国民经济和社会发展计划执行情况与 2016 年国民经济和社会发展计划草案的报告（概要）》

2016 年，无锡市通过了《关于无锡市 2015 年国民经济和社会发展计划执行情况与 2016 年国民经济和社会发展计划草案的报告（概要）》，规定了完成 2016 年国民经济和社会发展计划的主要措施。其中，第四部分即为"大力统筹城乡发展，加快推进新型城镇化"。主要内容包括："加强城市基础设施建设。实施'六路联通'工程，完善苏南硕放机场、无锡（江阴）港和内河港口功能；推动南沿江铁路、盐泰锡常宜铁路等重大项目前期工作；研究规划锡澄、锡宜轨道交通建设。加大城市道路薄弱地区和农村道路建设改造力度。积极推进新型城镇化试点。围绕'人的城镇化'这一核心，扎实推进我市新型城镇化试点各项工作。引导农业转移人口市民化和居村农民就近市民化互动，增强太湖新城、惠山新城、锡东新城等新城集聚产业和人口能力。健全城乡发展一体化体制机制。加大城乡'六个

---

① 参见无锡市规划局网站，http://gh.wuxi.gov.cn/doc/2010/10/11/148234.shtml。

一体化'统筹推进力度，推动公共财力向农村更多倾斜、基础设施向农村加快延伸、基本公共服务向农村全面覆盖，进一步缩小城乡差距，促进城乡互动发展、共同繁荣。扎实做好区域合作、对口支援和扶贫工作。积极参与长江经济带建设，大力推进锡常泰跨江融合发展。深入推进南北挂钩共建园区建设，做好援疆就业、教育、人才等重点工作，加大延安和云阳挂钩扶贫力度。加强全市经济薄弱村结对扶贫工作，年内脱贫转化 30 个以上。"①

## 四　《无锡市国民经济和社会发展第十三个五年规划纲要》

2016 年 1 月 15 日无锡市第十五届人民代表大会第五次会议批准了《无锡市国民经济和社会发展第十三个五年规划纲要》，纲要对无锡市"十三五"时期（2016～2020 年）进行了总体规划，指出这是无锡市全面贯彻落实党的十八大和十八届二中、三中、四中、五中全会精神，深入贯彻落实习近平总书记系列重要讲话特别是视察江苏重要讲话精神，建设经济强、百姓富、环境美、社会文明程度高的新无锡的重要时期，是高水平全面建成小康社会的决胜阶段和积极探索开启基本实现现代化建设新征程的重要阶段。根据《中共无锡市委关于制定无锡市国民经济和社会发展第十三个五年规划的建议》编制的《无锡市国民经济和社会发展第十三个五年规划纲要》，进一步明确了无锡"十三五"时期发展的战略目标、主要任务和政策取向，是政府履行职责的重要依据，是今后五年全市上下推动经济社会发展的共同行动纲领。其中，"城乡建设统筹推进"成为无锡市"十三五"规划的基础内容，规定"发挥规划引领作用，在省内率先制定出台了《无锡市主体功能区实施计划》。坚持实施中心城市带动战略，推动城市现代化和城乡发展一体化，到'十二五'期末，常住人口城镇化率达到 75.4%，比"十一五"期末提高 4.4个百分点。综合交通体系进一步完善，苏南国际机场二期改扩建工程竣工投用，无锡航空口岸对外籍飞机开放；京沪高铁、宁杭高铁无锡段建成通车，无锡（江阴）港跻身亿吨大港，地铁 1、2 号线正式投入运营。美丽乡村建设进展良好，完成全市 9079 个自然村环境整治，'三星级康

---

① 参见无锡市政府网站：http://www.wuxi.gov.cn/doc/2016/02/14/899237.shtml。

居乡村'和'江苏最美乡村'数量位居全省前列。智慧城市建设水平位居全国前列。"①

## 五 《无锡市规划局 2016 年工作思路》

2016 年，无锡城乡规划工作的总体思路是：深入学习、领会和贯彻落实中央城市工作会议精神和市委十二届十次全会精神，按照市委、市政府的决策部署，坚持把"创新、协调、绿色、开放、共享"发展理念贯穿于规划管理全过程，积极发挥规划在统筹城乡发展、强化空间管控方面的主导作用，增强规划管理工作的使命感和责任感，积极引导城乡建设开创"质量提升、内涵发展"的新局面，为建设"经济强、百姓富、环境美、社会文明程度高"的新无锡做出更大贡献。

其中，2016 年无锡市城乡规划要做好以下五个方面的工作。

### 1. 强化规划编制引导，统筹城市空间发展

按照市委新型城镇化和城乡一体化发展战略的总要求，强化全面发展意识，深入研究重大问题，统筹编制好相关规划，为建设"强富美高"新无锡提供科学的规划依据。一是全面展开无锡市总体规划修编工作。根据市委市政府的决策部署，全面推进城市总体规划的修编工作。具体工作包括：第一阶段在先期开展战略规划编制的同时，同步开展城市综合交通体系战略规划编制以及相关专题研究。第二阶段完善上轮总体规划评估报告，正式开展总体规划修编方案的编制，同步开展综合交通规划、无锡市总体城市设计的编制。二是加快完成新一轮镇（街道）总体规划编制。统筹城乡一体化发展，调控镇村人地规模，完善法定规划体系，继续推进镇总体规划编制工作，将镇村布局规划的村庄布点、设施配套和村庄规模等内容纳入镇总体规划法定编制内容体系。2016 年要全面完成锡山区安镇、厚桥、鹅湖镇（街道），惠山区长安、洛社镇，新区鸿山、梅村和硕放镇（街道）总体规划方案，完成玉祁、前洲、钱桥，胡埭、雪浪镇（街道）总体规划修编。三是完成太湖新城规划实施评估与优化工作。以优化太湖新城的产业布局和城市功能配套为重点，继续做好太湖新城规划实施评估与优化项目的深化与优化工作。计划上半年完成项目的专家评审和市政府

---

① 参见无锡市政府网：http://www.wuxi.gov.cn/doc/2016/02/04/892303.shtml。

相关部门的论证审批工作，根据明确后的规划调整内容，积极着手开展相关法定规划的更新及修编工作，为新城建设提供更加科学的规划依据。四是协调推进重点村、特色村详细规划编制。在镇村布局规划基础上，积极推进村庄规划编制，计划 2016 年完成 30% 的规划发展村庄和试点一般村庄的规划编制，有效引导重点村、特色村的建设发展和保护。五是组织编制一批特色专项规划。为应对解决城市老龄化人口日益增多的问题，初步计划组织编制养老专项规划；呼应打造旅游城市目标，积极组织编制旅游城市专项规划，引导并提升宜居宜游城市建设。

## 2. 夯实市政交通基础，提升城市综合承载能力

开展城市交通发展战略规划和市政基础设施规划的研究工作，强化交通引领，优化基础支撑，不断提高城市综合承载能力。一是继续深化轨道线网规划研究，深化并确定城市轨道线网规划。进一步优化轨道站点与城市中心体系的关系，落实轨道红线控制要求，做好轨道三、四号线的规划服务。二是优化并稳定城市快速路网，提前开展一批实施性的道路规划方案研究，进一步处理好道路断面与周边用地开发的关系。三是按照国办《关于推进城市地下综合管廊建设的指导意见》要求，加快组织编制城市综合管廊规划，因地制宜构建城市综合管廊体系，在有效避免城市道路反复开挖的同时，确保城市生命线的安全高效运行。四是按照省政府办公厅《关于加强城市地下管线建设管理的实施意见》要求，加强地下管线建设的规划统筹，完善地下管线管理信息系统的建设，实现综合管网"一张图"动态更新，为建设"智慧无锡"提供有力支撑。五是积极探索开展海绵城市的规划编制和研究工作。按照国家、省要求，结合无锡城市地形水文特点及发展现状，注重对城市原有生态系统保护和修复，因地制宜规划建设试点项目，更好地发挥海绵城市自然留存、自然渗透、自然净化功能，突出生态效益，把海绵城市建设的理念和要求贯彻在规划编制的全过程。

## 3. 提高规划服务效能，促进规划实施提质增效

根据市政府制定的审批制度改革方案和任务要求，积极落实规划部门的工作职责和要求，解放思想，大力推进行政审批制度改革。要以推动并联审批落地为抓手，进一步规范程序、优化流程，主动服务、精细管理，全面提高规划许可服务效能。一是以完善城市功能为目标，加强规划服

务，促进项目实施。一手抓新城开发建设，优先保障涉及文教卫体等功能配套完善的民生项目；一手抓老城有机更新，积极推进历史街区保护修复性项目实施，在发掘保护城市历史文化的同时，加强城市特色塑造。二是以重点产业项目为基础，努力引导打造现代产业新高地。按照总体规划的布点要求，深化功能布局，预控发展备用地，确保重点项目落地，推动区域经济发展。一方面要为以先进制造业为代表的产业项目提供高效的规划服务；另一方面要积极研究经济发展方式转变对城乡产业空间布局的影响，梳理现有专业园区的布局和资源供给模式，全面分析现存问题，借鉴国内外城市在产业转型发展、城市更新、空间整合等方面的相关经验，提出产业发展与空间布局协调发展的政策建议。三是以生态环境保护为重点，按照建设美丽宜居城市的要求，积极推进生态环境综合整治类项目的实施。

**4. 遵循依法行政原则，强化法治规划体系建设**

新的一年，无锡将以建设法治政府为目标，进一步强化依法行政工作，不断完善法治规划管理体系。一是抓住实施新的《行政诉讼法》的契机，进一步加强法律法规的学习、宣传和实践，提升全局干部职工的依法行政意识和能力，促进规划编制、审批和监督管理全过程的依法行政。二是狠抓工作推进。认真梳理总结近年来的典型案例，找出过程中的不足和瑕疵，剖析其中的经验教训，为规划管理涉及的行政审批、依申请公开、行政复议、行政诉讼等工作提供帮助和警醒。三是强化监督检查。以规划许可项目的批后监管为重点，在做好工程项目规划核实的同时，协助做好住建部的卫星遥感图斑督察工作，不断改进和完善城乡规划管理的依法行政。

**5. 积极履行"两个责任"，为各项工作推进保驾护航**

在近两年工作的基础上，局党组将全面对照《中共无锡市委关于落实党风廉政建设党委主体责任纪委监督责任的实施意见（试行）》（锡委发〔2014〕21号）和《中共无锡市委办关于印发中共无锡市委党风廉政建设责任清单的通知》（锡委办发〔2014〕96号）的要求，进一步把握党组主体责任和纪检组监督责任的基本内涵与工作要求，努力把"两个责任"抓在手上、落实在行动上，推动规划系统党风廉政建设和机关作风建设的持续深入开展。局党组与各处室、各分局（规划办）、各直属单位签订的党风廉政建设责任书，就是要求做到"一岗双责"，真正把搞好党风廉政建设责任担起来。一是要经常性抓好党风廉政教育，组织党员、干部学习党风廉政建设理论和法规制度，开展党性党风党纪教育，特别是认真学习《中国共产党纪律处分条例》和《中国共产党廉洁自律准则》，加强廉政文化建设，不断增强党员、干部拒腐防变的意识。二是要加强权力运行内控机制建设，坚持用制度管人、管事、管权，规范权力运行流程，健全风险内控措施，严格执行内控制度，注重从源头上预防和治理腐败，不断增强反腐倡廉科学性。加强对权力集中和重要岗位的监督，做到权力在阳光下透明运行，防止慢作为、不作为、乱作为。三是要加强机关作风建设，认真贯彻中央"八项规定"和省市委"十项规定"精神，认真做好群众来信来访工作，妥善处理群众的合理诉求，切实解决党风政风方面存在的问题，在全市机关作风评议中争创新成效。四是要严格监督执纪问责，纪检监察要坚持监督执纪"四种形态"，把纪律和规矩挺在前面，纪严于法，纪在法前，做到抓早抓小，防微杜渐，警钟长鸣，真正做到为推进落实城乡规划管理各项任务、加快建设"强富美高"新无锡保驾护航。①

## 第三节　树立无锡"两型社会"城乡同构新理念

城乡同构是一个系统工程，既涉及人与人之间、地区与地区之间的和谐发展，也涉及人与自然之间的和谐发展。在此，城乡不再是相互分割的二元结构，而是需要在"两型社会"的引领下，进行理念革新，以城带乡，相互协调，相互促进，实现共同发展。

### 一　以"两型"产业为支撑，全面激发城乡活力

"产业融合是现代产业发展和现代产业体系的一个重要特征，对城乡发展一体化具有至关重要的意义。一方面，通过产业边界融合，可把传统农业改造为具有二产化、三产化（也就是所谓的六次产业化）的隶属于多个产业门类的现代化农业，进而支撑现代化农村发展，促进城乡发

---

① 参见无锡市规划局网站，http：//gh. wuxi. gov. cn/doc/2016/03/02/930318. shtml。

展一体化格局的形成；另一方面，产业融合还有打破区域边界的效应，可加快城乡间的生产要素和资源的流动和重组，提高城乡间的联系水平，从而有助于改善区域的空间二元结构。"① 无锡市为此推出了旨在推进产业强市主导战略的"两个200亿"政策。2015年年底，无锡市向企业家发放"大红包"："十三五"期间，全市累计安排总额不低于200亿元的现代产业发展资金。目前，市级财政已实实在在拨出8.6亿元，受惠企业有680多家。另一个是2016年5月出台的推进供给侧结构性改革的减负新政：每年为实体企业降低运行成本200亿元，目前已有不少企业实实在在感受到了减负成效，仅"小天鹅"一家，年成本就节省了6000多万元。通过建立产业投资基金、中小企业信用保证基金等方式，撬动社会资本、金融资本投向实体经济，聚焦支持产业智能化、绿色化、服务化和高端化发展，加大对龙头骨干企业、高成长性企业和小微企业的财政支持力度，鼓励存量企业转型升级、增量企业投入新的项目，为企业营造良好的政策环境，尽可能惠及以往政策难以覆盖的面广量大的中小微企业群体。②

## 二　以"适度均衡"为原则，协调城乡发展矛盾

"新型城镇化和城乡发展一体化战略"是无锡市"十三五"期间的重要战略之一。"大力推进以人为核心的新型城镇化，全面提高城镇化发展质量和水平，增强城镇综合承载能力和可持续发展能力，提高无锡城市集聚辐射能力，深入推进城乡发展一体化综合改革，加快推进'六个一体化'进程，加快构建新型城乡关系，统筹城乡和区域协调发展。"③ 尽管无锡市在苏南现代化发展历程中，广大村镇大多经历了工业化的洗礼。但相比较而言，同我国其他省份和地区一样，其经济发展轨迹遵循的仍然是先工业后农业、先城市后农村的基本脉络。在政策和市场这两种力量的支持下，无锡市的市区和村镇在公共服务等方面的不均衡发展自然会出现。世界城镇化历史发展表明：当工业化、城镇化发展到一定阶段，必然会实施"工业反哺农业""城市支持农村"的发展战略，注重适度均衡发展。从总

---

① 黄群慧：《以产业融合促进城乡发展一体化》，《光明日报》2015年7月22日，第15版。
② 参见无锡市政府网，http://www.wuxi.gov.cn/doc/2016/07/23/1107172.shtml。
③ 参见无锡市政府网，http://www.wuxi.gov.cn/doc/2016/02/04/892303.shtml。

体上看，无锡市目前已经在之前存量发展的基础上，在经济实力、观念认识等方面具备了解决城乡二元社会经济结构的基本条件。在"绿色、共建、共享"理念的支持下，采取"新型城镇化和城乡发展一体化战略"，实现城市和农村在经济、社会、文化、政治、生态等方面的全面协调发展，从而使农民和市民可以共享工业化和城镇化协调推进所带来的社会物质文明和精神文明的累积成果。

### 三　以"集聚发展"为导向，凸显城乡发展效益

"在当前我国经济迅猛发展、新型城镇化建设快速推进的背景下，实现城乡一体化，首先要推动城镇化建设与产业集聚的协调发展，以产业集聚带动城镇化，以城镇化促进产业集聚。"[①] 将"集聚发展"与城乡同构联动起来，一方面，可以将农村的人口、资金、技术、土地等各种生产要素进行空间集聚，提高资源利用效率，实现生态环境的有效保护；另一方面，将城市经济发展的有益经验传向农村，使农村经济发展、收入提高获得重要支撑。"首先从产业角度而言，产业集聚能够形成规模经济性。农村相对城市地域广袤，强调产业'集聚发展'有利于改变过去乡镇建设上存在的'村村点火、户户冒烟'粗放型发展格局，从而提高经济效益、降低管理成本、减少生态污染。其次，从人口角度而言，推动农民向城镇集中，一方面有利于基础设施投入、政府管理成本、环境治理成本等显著降低；另一方面，农民的集中居住能够使水、电、气、道路、电视、电话、网络等基础设施建设和就业、社保、上学、医疗等公共服务更为全面到位，有利于农民物质、精神文明水平的迅速提高。此外，从土地利用的角度而言，强调土地的集聚式利用，推进土地向规模经营集中，实施规模化、集约化经营，能够实现农村土地的规模经济效益，促进资源节约、环境友好。"[②]

### 四　以"绿色城镇"为目标，提升城乡发展品位

"十三五"时期是推动绿色城镇化落地生根，全面实现 2020 年国家新

---

① 任爱莲：《产业集聚协调发展与新型城镇化建设》，《光明日报》2013 年 10 月 25 日，第 11 版。

② 蔡孟晗等：《"十三五"推进绿色城镇化亟待完善五大支撑点》，http：//www.chinareform.org.cn/area/city/Practice/201506/t20150623_228086.htm。

型城镇化发展目标的关键时期。为此，亟待完善五大战略支撑点：切实把资源消耗、环境损害、生态效益纳入城镇化发展评价体系，建立绿色城镇化根本性机制保障；生态智慧规划先行，科学选择城镇化发展道路；全面推进绿色建筑和公共交通的发展；综合整治城镇生态环境，建设和谐新城；有效推进企业节能减排，打造淘汰落后产能的全社会导向机制。绿色城镇化既是健康城镇化的核心组件，也是践行"绿色化"这一全新发展观、价值观和民生观的重要体现。①尽管近年来我国的绿色城镇化取得了较大成就，但这主要是基于纵向或历史的比较，而从横向比较来看，特别是与发达先行国家相比，仍呈现出步伐滞后的总体态势，尤其是一系列重要的生态环境指标将在较长时期内难以得到根本性的改观。当前，在"两型社会"总体发展的背景下，在吸取前人理论与实践成果的基础上，提出"绿色城镇"发展理念，就是要用"生态思维、系统思维和人本思维"来统领城市和乡镇的协调发展，推动经济与社会的可持续发展以及人与自然的和谐统一。

通过理念的提升，可以为无锡市"两型社会"城乡同构提供强大的智力支撑。

## 第四节　加快无锡"两型社会"城乡同构的政策建议

城乡一体化发展不是搞"一样化"发展，而是要追求两者差异化互补、协调发展。传统的城镇化是城市优先发展的城镇化，而新型城镇化讲求城乡互补、协调发展。统筹"两型社会"城乡同构，需要政策的支撑和引领。

### 一　建立生态补偿机制

生态补偿机制是以保护生态环境、促进人与自然和谐为目的，根据生态系统服务价值、生态保护成本、发展机会成本，综合运用行政和市场手段，调整生态环境保护和建设相关各方之间利益关系的环境经济政策。生

---

① 蔡孟晗等：《"十三五"推进绿色城镇化亟待完善五大支撑点》，http：//www.chinareform.org.cn/area/city/Practice/201506/t20150623_228086.htm。

态补偿机制在我国起步初始,就从机制层面形成了对人与自然之间的价值准则的保障。在无锡市城乡同构的过程中,运用生态补偿机制既是对生态环境的补偿,也是对农村发展的补偿。在此,一是需要加快建立"生态环境财政",通过优化财政支出结构来进行财政转移;二是建立立体化生态保护投资融资体制,在此,政府投入为主,企业投入次之,社会投入配合,最终形成生态补偿的社会化运作体制,形成多元化的资金格局;三是为完善生态补偿机制提供科技和理论支撑,包括绿色 GDP 核算体系等指标体系的科学建立。

## 二  规划城乡统筹发展

2016 年,无锡市进行了《城市总体规划(2001～2020)实施评估》。此次实施评估充分体现了无锡市在城市规划方面的全面提升。从总体实施情况来看,充分体现了:①规划先行,构建覆盖城乡的管控体系,有效引导无锡城乡建设工作;②空间重构,以行政区划调整为契机,推动特大城市建设和市域统筹发展;③能级跃升,以功能载体建设为重点,显著提升城市综合竞争力;④品质转型,生态环境和文化名城建设为打造"魅力无锡"奠定坚实基础。其重要变化在于,不是将城乡分割起来进行规划,而是从根本上将其视为一个整体,从无锡市历史、经济、文化、空间等要素出发,进行整体性的规划和设计。无锡市突出了以下几个优势要素:商贸重地(早在明代,无锡就出现了制砖、陶瓷、织布等手工业)、米市重地(在历史上,无锡曾是四大米市之一)、工业重地(20 世纪 70 年代乡镇工业的萌芽使无锡市工业发展领先)、文化名城(无锡市是国家历史文化名城、重要的风景旅游城市)。通过对这些要素的突出,将城乡统筹起来进行规划。

## 三  完善土地流转机制

土地流转即土地使用权流转,是指拥有土地承包经营权的农户将土地经营权(使用权)转让给其他农户或经济组织,即保留承包权,转让使用权。目前,我国主要确立了以下土地流转规定:一是多元发展,即坚持自愿有偿原则,引导农村土地承包经营权有序流转,发展多种形式的适度规模经营。二是三权分离,即结合农田基本政策,鼓励农民采取互利互换方式，解决承包地块细碎问题。所谓农地的三权，是指所有权、承包权和经营权。三是服务网络，即规范徒留流转程序，逐步健全县乡村三级服务网络。四是法制建设，即加强农村土地承包经营纠纷解决仲裁体系建设。无锡市应在国家统一规定下，全面统筹规划现有农村土地，为建立"两型社会"城乡同构奠定重要基础。

## 第五节　无锡"两型社会"城乡同构的典型案例

### 一　江阴统筹建设强富美高新城镇

2015 年，江阴市璜土镇韩家头村对村民家门口的大沟上河进行加固河堤工作。原来堆满垃圾的家河变成了清澈的水塘，岸边布置成景观带，为村民带来了家门口的美景。2015 年上半年，璜土镇将村里 8 条土路进行了改建加宽，大大方便了村民。

作为无锡市城乡一体化先导示范镇，江阴市璜土镇紧扣临港经济开发区和璜土镇实施区镇一体化管理的要求，围绕"建设百姓安居乐业、幸福和谐的城乡一体化先导示范区"的目标，全面实施区镇一体化管理，以更加饱满的精神、更加务实的作风、更加有力的举措，统筹建设强富美高新璜土，奋力展现社会管理新作为。通过实施区镇一体化管理，璜土镇将立足机关内部挖潜，实现管理质效提升和干部素质提升"两个提升"。强化担当意识、创新意识和服务意识"三种意识"，把服务地方发展、服务群众生活当作己任，为百姓真正办实事、办好事。坚持"四种理念"，即坚持保项目就是促发展的理念，加强拆迁清障特别是黄冈博学世纪城等重点项目地块清障工作推进力度，保障项目有序实施和推进；坚持维稳定就是促发展理念，加强重要节点社会矛盾排查、化解和稳控工作，全力维护社会和谐稳定；坚持创文明就是促发展的理念，弘扬社会主义核心价值观，大力展开环境卫生综合整治，实现常态化、动态化、长效化管理，不断提升文明创建水平；坚持惠民生就是促发展的理念，加快推进为民办实事工程，抓紧抢修防洪水利设施，加强河道清淤整治，推进城保扩面、老安置小区改造、天然气入户、生活污水接管等工程。

## 二　锡山区锡北镇开启城乡一体化发展新画卷

新市镇建设如火如荼，宜居品位快速提升，商业氛围更加浓厚；美丽周家阁综合样板创建纵深推进，出彩作品频现，令人眼前一亮；新四军六师师部旧址纪念馆访客不断、人气十足……近几年来，锡山区锡北镇在统筹城乡发展的过程中，坚持高起点定位、高标准建设、高质量推进，以主要节点和典范项目建设为切入点，打造城乡一体化建设大样本，以点睛之笔开启锡北城乡一体化发展的新画卷。

### 1. 点亮市镇之睛　锡北新镇加快崛起

市镇是连接城乡的纽带，具有承接城市的功能，同时又有引领和统筹乡村的功能。抓好市镇建设，是描绘城乡一体化蓝图的关键之笔。近几年来，锡北镇按照城乡一体化发展目标，紧紧抓住锡东商务区建设的契机，主动接受辐射，加快3平方公里锡北新镇建设。前几年，该镇一次性全面拉开了"五横五纵"新市镇骨架，特别是通过积极对上争取，实施了泉山大道的建设，打通了锡北连接锡东新城的主动脉。在框架成型的基础上，全面推进商住功能城市化。先后启动建设了星天地滨水步行街、泉山商业中心广场、星邻里生活广场、苏韵阁大酒店等商业综合体，并加快品牌百货、高档酒店、特色餐饮、专业市场等特色商家的集聚。目前，以泾声路为主轴的特色商业街已基本成型。一到傍晚，商业街灯火辉煌、流光溢彩，特别是中心区域泉山商业中心广场人头攒动、热闹非凡，都市气息日益浓厚。与此同时，锡北宜居化程度也不断提升。据了解，近几年锡北先后引进了一批水准较高的房地产企业，目前全镇有在建地产项目4个，在售地产项目12个。鸿景雅园、泾和苑、金世名园、紫金苑等一批精品住宅楼盘拔地而起，锡北繁华都市初见雏形。同时，结合产业崛起，该镇大力推进农民集中安置工程，先后在新市镇范围建起了百万平方米的现代农民公寓。走进该镇丰田苑、丰泰苑等农民安置小区，合理的设计、完善的配套、整洁的环境、优美的景观，完全不亚于商品住宅小区，一些城里人来到这里也流露出羡慕之情。锡北镇还把城镇功能设施的完善作为城乡一体化建设的重彩之笔。近几年，除了全面实施镇道路、建筑景观亮化工程外，该镇还大手笔投入，先后建成了锡北城市客厅泉山文化公园、2公里的新市镇绿色休闲长廊、3300

平方米的综合性文化中心，既完善了镇区的健身休闲功能，也有效提升了锡北新镇的生态宜居品位。

**2. 点亮乡村之晴 综合样板不断完善**

城乡一体化，在于拉近城与乡的距离。近几年来，锡北镇在积极引导各村融入城乡一体化、建设美丽新农村的同时，致力样板建设、典型引路，以周家阁综合示范点为重点，着力打造全镇城乡一体化建设生动样板。

前不久周家阁文化公园正精彩上演锡剧《夜明珠》，数千万群众集聚观看，观众除了周家阁村民外，还有闻讯赶来的镇区居民、邻村村民，甚至还有从邻镇安镇、东港赶过来的，让人难以相信这里只是一个乡村公园。据说当天的人数还不算最多，之前一场大型广场文艺吸引了近万名观众，场面颇为壮观。周家阁文化公园是锡北镇打造周家阁综合示范点的一大精品力作。公园占地面积约百亩，拥有 1500 米健身路径、1000 平方米健身场地和 2100 平方米文化广场，园内碧水环绕、绿树成荫、风景如画。自 2015 年 8 月启用以来，每天都有很多群众到此锻炼，这里已成为承载镇村文体功能的一大载体。这几年，围绕城乡一体化创建，周家阁村致力打造"十分钟公共服务圈"。根据人口规模、结构分布、服务半径和地域环境，建成了 5900 多平方米的标准化社区服务中心。走进周家阁社区服务中心，劳动保障服务站、社会救助服务站、社区卫生服务站等村级功能设施一应俱全，室内恒温游泳馆、高尔夫练球馆、科普馆等全新设施让人眼前一亮。一位村民深有体会地说："在我们这里足不出村就能享受到城里人一样的公共服务。"生态优美是周家阁综合示范点的一大特色，近几年该村先后完成村庄综合整治 30 个，其中建成康居型村庄 1 个、生态型村庄 3 个，形成了庄里、周家堂等一批乡村特色村庄。庄里自然村是该村致力打造的最美样板村。村庄不大，但古朴别致的复古风格和临水傍田的自然风光吸人眼球。村里还借势发力，以享田园生活、品农家土菜、住农家小园、购绿色农产品为主题，发展了庄里农家乐项目，2015 年国庆放假期间吸引了不少上海人前来度假休闲。另外，周家阁还大做现代农业文章，启动建设了千亩市属蔬菜基地和500 余亩生态葡萄种植区，先后建设了五稼农庄、和润堂、瑞三七植物园等特色农业园区，初步形成了集创收致富、生态旅游和养生保健于一体的复合型特色农业产业雏形。

### 3. 点亮文化之睛 红色基地备受青睐

无论是城还是乡,文化是不可或缺的灵魂。近几年,锡北镇将文化灵魂的塑造作为城乡一体化建设的一个重要方向,突出以该镇寨门诸巷新四军六师师部旧址纪念馆为核心,打造红色旅游和生态观光旅游景点。

诸巷新四军六师师部旧址曾是新四军挺进苏南东路地区进行抗日斗争的一个重要指挥部,是无锡区域内新四军六师师部驻地中保护最完好的一处。2013 年,该处旧址纪念馆被录入国家红色旅游景点名录。2014 年,为纪念抗战 70 周年,锡北镇抓住这一契机,把新四军六师师部旧址纪念馆建设作为城乡一体化建设的一个重要节点,于 2014 年年初结合农村村庄整治,规划、启动旧址纪念馆改造提升和周边环境整治工程。根据党的群众路线教育以及爱国主义教育、红色党建示范等要求,对旧址纪念馆进行全面修缮和扩建,增加现有展厅,并邀请无锡市史志办等单位重新设计布馆,陈列内容主要分为"抗日烽火、燎原锡邑""铁军六师、逞雄苏南""继往开来、再创辉煌"三大部分。同时,在馆外新建了红色广场、节点亮化等配套工程。另外,对进入旧址纪念馆的主干道沿线村庄道路景观、周边农业园区进行了全面整治提升,形成了以红色旅游、乡村休闲游为主题的乡村风貌对外展示窗口。2015 年 3 月,纪念馆一开放即成为无锡地区乃至无锡周边地区红色旅游的火爆景点。据统计,2015 年以来,该馆共免费接待团体和个人逾 12000 人次,其中不少人来自南京、苏州,甚至上海、北京、青海等地。诸巷新四军六师师部旧址纪念馆不仅让广大干部群众免费接受了"铁军"精神红色教育,而且为地方发展带来了人气。据了解,目前纪念馆周边已兴起数十个现代农业休闲园区,产业覆盖无公害茶叶、灵芝、大米、特色经济林果、特种水产等。锡北镇乘势而上,目前正在积极规划、打造"锡北周末休闲游"品牌,依托新四军六师师部旧址纪念馆,整合周边 15 个乡村旅游景点,全方位包装、策划,串景成线,设计出游程相对集中、内容丰富的旅游线路,以此挖掘锡北美丽新农村的文化内涵和人文品质,全面塑造"美丽锡北"的升级版。

总之,我国以及无锡市总体上已进入工业化、城镇化加速推进的重要阶段,进入破除城乡二元结构、形成城乡经济社会发展一体化新格局的重要时期。"两型"示范之路必须破除城乡二元结构，将城市和农村统筹安排、三次产业联动发展、经济发展和公共服务配套推进，实现城乡一体发展，形成一个新型城乡形态——"城中有乡、乡中有城"，即"城市是现代城市，农村是现代农村，现代城市和现代农村和谐相融，现代文明和历史文明交相辉映"。

# 第九章
# 无锡"两型社会"建设的文化创新

"两型社会"建设是我国经济社会发展的战略目标和时代任务，是人、社会和环境协调发展的顶层设计。将顶层政策目标落实在社会的方方面面，落实到每个人的关键环节是以"资源节约和环境友好"为原则的生态文化的培育和发展。"中国的绿色转型和绿色发展，其内在基础是中国全社会的生态文明理念养成、环境意识的树立、环境文化的形成"①，"生态文化作为一种新的文化形态，不但提供了审视'两型社会'的整体论视角，同时也有助于塑造和培育'两型社会'建设的精神氛围和社会力量"②。建设"两型社会"必须首先加强生态文明观念建设，克服忽视观念教育的思想。无锡市政府至2012年开始进行"两型社会"建设以来，开展了多种形式的宣传教育活动，大力发展绿色文化创意，推进环境信息公开，建立绿色采购和信贷机制，倡导绿色消费、绿色生活，引导和培养广大市民群众的新型生态文化理念。

## 第一节 无锡"两型社会"建设的生态观念

"人类生活的世界主要是由两部分组成，即观念世界和现实世界。……正是观念与现实、心理世界与物理世界之间的互动导致了人类社会生活的不断转型或进化。"③ 观念世界与现实世界相互作用，相互转化。对于个体

---

① 潘岳：《努力做好新形势下环境宣传教育工作——在2011年全国环境宣传教育工作会议上的讲话》，《环境保护》2011年第9期。

② 张保伟：《论生态文化与"两型社会"建设》，《未来与发展》2010年第2期。

③ 王建华：《论观念变迁与教育转型》，《教育导刊》2010年9月号上半月。

的人而言，进步往往首先在观念世界中发生，然后才能引发现实世界的变革。然后对于社会系统而言，领导阶层和精英阶层最先认识到社会变革的趋势，形成先进的思想观念，然后将观念转化为社会政策，社会政策的执行过程也是观念的普及过程。普通大众真正接受和践行精英阶层的观念，社会进步和变革才能得以成功。"人的观念作为人在社会实践过程中形成的客观世界和规律的反映，一旦形成，就会反过来对人的行为进行指导，从而反作用于客观世界。……社会的改革，往往先要改变人的观念，观念现代化是人的现代化的关键。"① 因此，"两型社会"生态观念的普及则尤为关键。

## 一 "两型社会"回归自然法则的辩证的生态观

"两型社会"概念的提出反映了人类对人与自然关系的反思与重新定位。人与自然的关系是客观的，但是对人与自然关系的认知是随着人类的能动力而改变的。观念中的"人与自然"关系经历了远古及农耕时代敬畏自然，工业化和市场化时代试图战胜自然，后工业时代反思人与自然，至现当代"两型社会"回归自然的变迁过程。

### 1. 远古及农耕时代：敬畏自然

远古时代人类的自我意识尚未形成，人无意识将自身与自然界其他物种进行区分，"只是本能地将自己的存在渗透融合于天地之中，形成了非自觉状态的人类与自然的平等交往和人类对自然道德意义上的敬畏、尊重，甚至是崇拜"。② 图腾崇拜是远古时代人与自然关系的最好印证。图腾"是一种原始民族所迷信而崇拜的物体，他们相信在自己与它们之中的任何一个均维持有极亲密且特殊的关系。……个人与图腾之间的关连是一种自然利益的结合；图腾保护人们，而人们则以各种不同的方式来表示对它的崇敬，如果，它是一种动物，那么，即禁止杀害它；如果，它是一种植物，那么即禁止砍伐或收集它。……更鲜少的是指一群人工制作的物体……"。③ 之所以大多数图腾为凶恶的动物，多数源于远古人曾受益于此

---

① 贾丽艳：《论人的观念现代化》，《社会科学辑刊》2005 年第 2 期。
② 黄志斌、刘晓峰：《意义与价值世界中的"两型社会"建设》，《中国特色社会主义》（双月刊）2011 年第 3 期。
③ 弗洛伊德：《图腾与禁忌》，杨庸一译，中国民间文艺出版社，1986。

类动物，而此类动物必定是原始人类体力不及的动物（比远古人弱小的动物则会成为人类的食物）。因为凶恶的动物有能力保护自己族群，同时又能攻击外族。由图腾崇拜延伸出原始宗教信仰和图腾制裁来维系和整合人类社会。由此可见，远古时代的人类由于缺乏可借用的外在工具，受制于自身生存能力，寄希望于通过对自然的敬畏和顺从而获得大自然的恩赐和维持脆弱的生命。"自然界起初是作为一种完全异己的、有无限威力的和不可制服的力量与人们对立的，人们同自然界的关系完全像动物同自然界的关系一样，人们就像牲畜一样慑服于自然界，因而，这是对自然界的一种纯粹动物式的意识（自然宗教）。"[1]

农耕时代是一个以地为本的时代。"农，天下之大本也，民所恃以生也，而民或不务本而事末，故生不遂"[2] 和"地是刮金板，人勤地不懒"等比比皆是的农谚都记载了人们对土地的依赖，反映了人与土地的关系。以土地为中心的包括气候、河流等其他影响农作物生长的自然资源和状况成为人与自然关系的重要领域。人们根据世世代代的农耕经验总结了很多实用的把握时节的农业知识，对自然资源的使用能力大大提高，对自然的破坏力也增强了。其实人类仍然对变幻莫测的自然世界知之甚少，只能通过良好或恶劣的自然气候来调整自身与自然的关系，人类仍然敬畏和惮于自然世界的惩罚，土地庙则是最好的例证。"几乎每一个村庄都有供奉土地神的庙，这在事实上形成了乡村以土地为中心的社会秩序，以土地神崇拜为中心的精神世界。"[3] 虽然由于生产工具的限制，相对于自然强大的自我修复能力而言，人们对自然的破坏是有限的，但是农业时代形成和延续的粗放式的土地开垦方式是掠夺式的，这个时期形成的农耕文化和自然生态观影响延续至今。"聚居的农耕文明生活方式已经深刻影响着人们对自然人自身与自然的关系的观念，无论是在思想的、制度的，还是在日常观念和意见的层面。"[4] 总之，农耕时代以前的人类对自然始终抱以敬畏之心，并试探性地开发。

---

[1] 《马克思恩格斯选集》第 1 卷，人民出版社，1995，第 81 页。

[2] 《文帝纪·汉书》，上海古籍出版社，1986。

[3] 高有鹏、解浩：《关于中原地区的农耕文明问题》，《河南大学学报》（社会科学版）2004 年第 6 期。

[4] 廖申白：《农耕文明中国之省思：从人工与自然的关系方面谈起》，《学术月刊》2007 年 2 月号。

## 2. 工业化和市场化时代：战胜自然

工业化和市场化是现代性的经济表征，这个时代也是人类现代化最快速、最全面和最深入的时代。现代生产工具的发明、使用和机器化大生产创造了前所未有的社会财富，自然不再是人类生产生活考虑的唯一因素，而是成为其中之一。人类改造自然和征服自然的能力的增强，使人类相信"人定胜天"，人类从敬畏自然转化为战胜自然，形成了自以为是、盲目乐观的自然观。在市场规律的主导下，追求资本权益最大化成为唯一的衡量标准，自然只是作为一种生产要素而存在，而且被认为是"用之不竭，取之不尽"的资源。随着工业社会的全面化，人类对自然的利用和占有不断加剧，对自然的破坏达到了无以复加的地步。"高投入、高消耗、高排放"的增长方式，在给经济带来巨大效益的同时，也对人类赖以生存的环境和资源造成了极大的破坏。资源短缺、环境恶化、生态失衡终于超出了自然界本身的修复能力，生态环境问题引发的社会冲突和矛盾不断增加，已经成为破坏社会稳定的主要原因之一。以太湖蓝藻暴发为例，由于太湖周边工业的快速发展，污染物排放量大，远远超出了环境承载能力；现代农业发达，化肥、农药施用量大，许多肥源随地表径流进入太湖，加之沿岸带水生植被遭受破坏，污水处理设施建设和管理赶不上污水增加的速度，甚至流域内个别污水处理厂将超出其日处理能力的污水直接排入太湖，引发蓝藻暴发。蓝藻滋生严重破坏水生生物的生存环境，导致水产品质量和产量下降。而人和家畜及野生动物饮用含蓝藻的水会发生各种病变，危及生命安全。战胜自然和忽视自然最终导致人类自身生存环境的恶化，危及人类的生存与发展。

## 3. 后工业时代：反思人与自然

"工业社会的财富生产领域导致了资本与劳动的对立与对抗，而充斥着核风险、化学风险、基因技术风险、生态风险的风险生产领域却势必会导致资本与资本的多极分化与对立，同时也势必导致劳动与劳动的多极分化与对立，而恰恰是这一点将打破工业社会旧有的社会秩序"①，"工业社会陈旧的思维理念与调控模式将难以适应险象环生的

---

① 乌尔里希·贝克：《从工业社会到风险社会（下篇）——关于人类生存、社会结构和生态启蒙等问题的思考》，王武龙译，《马克思主义与现实》2003 年第 5 期。

风险社会"。① 后工业时代人们开始反思生态危机形成的人类因素，反思人类与自然之间到底应该是一种怎样的关系。对生态问题的关注是后工业时代的重要主题之一。"生态问题不能简单地归结为对'环境'的关心。'环境'听起来似乎是人类行动的外部情境，但生态问题之所以走向前台是因为'环境'实际上已不再外在于人类社会生活，而是受到了人类生活的彻底渗透和重新整理。"② 首先要解决的是生态风险何以形成的问题。乌尔里希·贝克认为，由于生态风险在没有积累到一定程度时具有不可感知性，作为不可感知的风险必然会让道于可感知的风险（譬如饥饿、棚屋、褴褛和疾病等）。"需求的具体性压制着对风险的感知，但这仅仅是对风险的感知而不是其实质和影响，被否认的风险增长得异常迅速和完全。"③ 其次是风险控制方式和效果。风险控制与财富积累在短期内是相互冲突的。对于国家而言，不同的国家的发展阶段不同，而且国家的财富水平决定其在全球的地位。对于发达国家而言，生态治理已经成为他们的主要治理目标，但是由于生态风险的全球性，他们也不愿意为全球生态治理问题买单；后发国家绝不可能为了生态环境而放弃发展经济的任何可能性。小到一个国家和地区，也是如此。再次是思考生态风险背后的生态观念。人类依附于自然，人类的物质和精神需求无法得以满足；人类凌驾于自然之上，自然遭受破坏而反作用于人类，最终导致人类的财富世界受损。

### 4. "两型社会"：回归自然

"两型社会"是我国政府在对当前生态风险和传统经济发展模式反思的基础上提出的社会发展理念，明确了当前社会发展的坚持的原则和主要任务。它要求经济社会发展的各方面要符合生态规律，节约资源和保护环境是衡量社会经济发展的首要标准。"两型社会"所蕴含的生态观是回归自然的辩证的生态观。"人类既不能简单地去'主宰'或'统治'自然，也不能在自然面前消极地无所作为"④，"两型社会"要求建立一种新的生态文明。"生态文明强调以人为本原则，同时还必须反对极端人类中心主

---

① 乌尔里希·贝克：《从工业社会到风险社会（上篇）——关于人类生存、社会结构和生态启蒙等问题的思考》，王武龙译，《马克思主义与现实》2003年第3期。

② 乌尔里希·贝克、安东尼·吉登斯、斯科特·拉什：《自反性现代化——现代社会秩序中的政治、传统与美学》，周宪、许钧主编，商务印书馆前言，第2页。

③ 乌尔里希·贝克：《风险社会》，何博闻译，译林出版社，2004。

④ 俞可平：《科学发展观与生态文明》，《生态治理》，曹荣华主编，中央编译出版社，2015。

义和极端生态中心主义。人是价值的中心，但不是自然的主宰，人的全面发展必须促进人与自然和谐。人对自然负有道德责任，要充分从道德角度考虑问题，尊重自然内在的价值规律进行实践活动……"[①] 在人与自然的互动之中，人的主体性地位仍然不动摇，人类应该以其对人与环境的关系的现代化认知，主动积极地去保护和维持自然生态平衡的现代化，"促成物与环境的价值由内在向现实的转变，同时又以其社会性特质使自然价值递增转变为社会的价值"[②]，"必须将生态文明的内容和要求内在地体现在人类的法律制度、思想意识、生活方式和行为方式中，并以此作为衡量人类文明程度的一杆基本标尺"。[③] 从自然生态系统中要素相依理论出发，将人在自然中的地位拉回到人类社会产生之前的自然法则中，人类作为自然系统的一分子，从自然界中吸纳、输入所需，同时也向自然界输出有益于自然系统平衡的积极元素。遵循自然生存法则，平等谦逊地看待和处理人与自然的关系，回归自然。

生态问题其实也是价值问题和观念问题。由于人类对世俗世界的追求，人类忽视生态对人类生存和生活质量的根本性影响。从生态价值观来看，人类当前的世界观是有问题的价值观。那人类又应该从哪里寻求合理的生态观和价值观呢？人类应从社会之初的基本生存规则上去发掘，也就是要返璞归真。人类产生之初的生存规则是遵循自然法的规则。柏拉图最早提出"自然法则"概念，他认为确实存在着符合人和万物自然本性的正义。亚里士多德所认为的自然法是自然存在的秩序之法，包含人世间所遵循的法则，不同于其延伸出的约定法（统治阶级意志表达的法），"天上至高的、有理性的造物主这位神明也制定了一系列为矿物、晶体、植物、动物和在自己轨道上运行的星辰所必须遵守的法则"。[④] 这就是最早的朴素的自然法则，体现了"公平""和谐""秩序""协调"等整体性思想，核心是正义。换言之，自然法则也是道德法则，自然法

---

① 王洪彬：《"两型"社会建设的生态文明视角》，《环境保护》2008 年 8B。
② 黄志斌、刘晓峰：《意义与价值世界中的"两型社会"建设》，《中国特色社会主义》（双月刊）2011 年第 3 期。
③ 俞可平：《科学发展观与生态文明》，载曹荣华主编《生态治理》，中央编译出版社，2015。
④ 李约瑟：《中国科学技术史》[（第二卷）（缩称 SCCII）]，北京出版社与上海古籍出版社，1990，第 551 页。

则所规范的世界秩序也是一种道德秩序。遵循自然的本性和事务的起始固定性,人与自然、宇宙才能和谐共在于同一空间。资源节约型、环境友好型社会建设与自然法强调"自然法则与理性相一致,倡导自由、平等、权利、契约等观念"具有内在的逻辑统一性,对于我们探索生态社会治理的思想和行动、建设人与自然和谐的社会具有重要的启发意义。

## 二　"两型社会"生态观的普及渗透形式

刘兆征指出:"面对新的形势、新的要求、新的目标、环境宣传教育必须改革创新,实现九大转变:环境宣传教育理念从'以我为主'向'以人为本'转变;环境宣传教育主体从专职干部为主向人民群众为主转变;环境宣传教育内容从一般化的内容向有明确针对性的内容转变;环境宣传教育方式由传统的说教式、灌输式为主向渗透式、感召式与菜单式为主转变;环境宣传教育目标从对环境问题的紧迫感为主向对环境问题的责任感为主的转变;环境宣传教育重点从环境知识技能为主向公众环境权益维护为主转变;环境宣传教育组织从单一的宣传教育向全社会联合的宣传教育转变;环境宣传教育方向从重城市轻农村向城乡并抓转变;环境宣传教育资金从政府单一投入向多元投入转变。"① 无锡市是全国经济社会发展水平领先的城市,按照杨志华和严耕对生态文明建设的类型分类,属于社会发达型,特点是"社会发展水平全国领先,协调发展程度也较高,同时由于经过较长时期的经济快速发展,对生态环境带来较大压力,积累了相当严重的生态环境债务,从而导致环境质量相对较差,生态活力也仅居中游水平"。② 同时,无锡也具有改善生态环境的明显优势:经济发展达到一定高度,环境污染也达到了最高点,人口的总体素质也比较高,全社会对生态环境问题已经达成共识,具备改善的动力和条件。

### 1. 开展节约、友好文化宣传活动

自 2012 年开始"两型社会"建设以来,无锡市政府始终将宣传教育放在重要的位置。2012 年环境保护部牵头与其他六部委联合发布了《全

---

① 刘兆征:《关于环境宣传教育改革创新的若干思考》,《环境保护》2008 年第 18 期。
② 杨志华、严耕:《生态文明建设的六大类型及其策略》,《生态治理》,曹荣华主编,中央编译出版社,2015。

国环境宣传教育行动纲要（2011～2015 年）》（以下简称《纲要》），为各级政府开展环境宣传教育提供了行动指南。而且众多学者也对《纲要》进行了阐释。李明和朱德米认为，环境意识和环境知识的实现途径是参与，环境教育系统和方法的探索需创新，以环境教育效果和影响的评估衡量绩效。无锡市政府在环境文化宣传中也重点从这几个方面展开，在多领域借助各类新闻媒体开展多种形式的宣传活动。"完整把握环境教育的内涵，需要从三方面加以理解。它包含关于环境的教育（education about the environment）、在环境之中教育（education in environment）以及为了环境的教育（education for the environment）。'关于环境的教育'是通过向人们传播信息，加深人们对于环境领域重要事实、概念和理论的理解；'在环境之中的教育'指的是让人们直接与土壤、草地、河流、森林、动物等保持接触，进而增强意识并关切环境；而'为了环境的教育'则致力于促进人们采取与环境相兼容的健康生活方式的意愿和能力。"①

（1）通过借助新旧媒体对市民进行生态环保意识教育

无锡市政府主要通过媒体传播和影响的方式对市民进行"关于环境的教育"。利用报刊、电台开设"节能潜力在哪里""生活节能小常识""美丽无锡行"等节能专栏，推出"世界水日""世界环境日""节能宣传周"专版，对"两型社会"发展理念和具体实践进行宣传解读。仅 2013 年全市各类媒体关于"两型社会"的新闻报道逾 150 篇。及时宣传工作新进展、新成果、新经验，广泛动员市民为"两型社会"建设献计献策，营造全社会支持"两型社会"建设的良好氛围。

针对那些 60 岁以上和文化水平较低的市民，采用电视、电台和报纸等为主的传统媒体。无锡市老龄化程度较高，人口结构偏于老化，60 岁以上未能适应网络社会的人群比例较高。这些人仍然主要是通过地方电视台、地方电台和地方报纸等媒介获得外界知识。因此针对此种情况，无锡市宣传部强调加大环保知识和环保信息在这些媒介中的信息比重，利用老年人喜闻乐见、浅显易懂的表达和呈现方式进行环保知识的宣传教育。这就要

---

① 李明、朱德米：《从"知识传播"到"行动倡导"：我国环境教育新动向》，《环境保护》2012 年第 4 期。

求新闻工作者"深入基层、深入实际，积极配合环境保护部门编发、播报环保稿件；实事求是地引导公众用发展的、辩证的、建设性的眼光客观看待环境问题；主动开设专题专栏，组织策划优秀选题，对环境问题进行深入报道；精心组织对外宣传报道，及时宣传我国政府对加强环境保护做出的决策部署、采取的正确措施、工作的进展和成效"。[①]

　　针对年轻人和智能设备使用者，通过自媒体、微信或 QQ 平台及各种环保方面的应用程序，将环保知识以形象生动的形式，以分散的和不间断的方式呈现于移动终端设备，然后对这类群体进行环保意识的培养。在自媒体环境中，环境方面的话题很容易被发起和转载，转载的过程也是该话题蕴含的价值观念传播的过程，每个平台中的市民可以通过朋友圈的转载情况和朋友圈内的评价倾向来判断自身对该问题的价值取向，然后在潜移默化之中被绝大多数的价值倾向影响。因此环保意识在这些平台的广泛传播就能够使人们在娱乐消遣中形成正确的生态观念。政府可以通过官方网站、官方微博或微信公众账号发布全国及本市的有关资源、环境方面的信息动态，包括有关生态环境方面的最新政策法规、环境危机事件、环境维权活动、"两型社会"建设的成效与困难，以及 PM 2.0 实时指数等环保信息，保障市民对环境信息的知情权。

　　针对在校学生，尤其是中小学生，通过环境保护课程、学校组织的环境保护知识竞赛和观看环境保护的纪录片等形式开展生态环保意识教育。中小学生将主要精力放在了学习和提高自身技能上，社会化程度低，对外界的关注也比较少。其获得知识和认知的方式主要是课程学习。因此，鉴于此特点，应丰富自然课程的教育，自然课程的教学内容应该紧密结合学生的日常生活和本地环境，让学生们从课程中认识身边的自然生态环境，培养"两型"生态观念，并指导自己保护生态环境的行动。学校也组织了各种环境保护的纪录片和电影，使学生们通过观看影视作品的形式了解更大范围的生态破坏的危害、世界上其他地区生态保护的措施等，让同学们完成观后感和环保知识竞赛，来梳理和巩固自己的生态价值观。

---

　　[①]　环境保护部、中共中央宣传部、教育部：《关于做好新形势下环境宣传教育工作的意见》，《环境保护》2009 年第 12 期。

（2）通过树典型和推广经验加大传播推介力度

"为了环境的教育"则主要通过树典型和推广成功经验的方式加大传播推介力度，这实质上是一种群众自我教育的形式。2014 年在全市大力开展 100 家"两型"示范机关创建活动，通报表彰 104 家先进单位和 100 名先进个人，市民中心、无锡国税局、江南大学、市第二人民医院、江阴行政中心 5 家单位荣获国家机关事务管理局和国家发改委、财政部授予的"节约型公共机构示范单位"称号和奖牌，人均用水、用电均下降 3%，公务车辆平均油耗下降 2%，印刷用纸零增长。积极推进低碳试点等相关工作，对全市 20 多个部门及工业、交通、建筑三个重点领域的低碳建设工作进行重点推进，编制了《无锡市国家生态文明先行示范区实施方案》。积极推进"双百工程"和城市矿产示范试点工作，部分项目列入国家和省试点。

进行示范单位创建和评比活动，对节约能源的单位及节约情况进行公开表扬，这体现了无锡市政府在环境宣传治理上的创新。人们往往习惯了政府作为宣传主体的宣传和管理责任，而忽视了政府的践行责任。无锡市政府要求个企事业单位，尤其是执法职能部门将自身履职作为宣传的前提和基础，不仅加强各级政府部门开展宣传生态环境保护的职责，而且要求政府部门以身作则，做好模范带头，发挥示范作用。这充分反映了无锡市政府在治理环境问题方面找到了关键抓手，在全社会取得了广泛好评。

（3）通过动员参与将环保意识转化为环保行动

"在环境之中的教育"主要是以各种环境日作为契机，通过活动的方式进行宣传教育，让市民在与大自然和被破坏了的自然环境的亲密接触中体会环境的重要性，在参观各种环保创新技术展示中，将适合于本地的环保技术应用于现实生活。以"地球水日""地球日""全国土地日""水安全活动日""能源紧缺体验日""节能宣传月""环境月"等为宣传载体，广泛开展资源节约、环境保护系列主题宣传教育活动，在机关、学校、企业、乡村大力倡导节水、节能、节电、节地等低碳消费方式，建成 1000 名"两型社会"建设环保志愿者队伍，积极组织洁净家园、绿化植树、整治河藻等公益活动，并倡导开展"环太湖生态文明志愿服务大行动"。环境宣传教育方式从传统的说教式、灌输式为主向渗透式、感召式和参与式为主转变。当前大多数人的环保意识和价值观是正确的,在环境与经济协调发展、改善人们居住环境等方面基本达成共识,但是破坏环境的行为并未减少,垃圾不分类、随意排放废气废水、破坏公共绿地、过度使用农药和化肥等现象屡见不鲜。可见,人们的环境保护意识还是狭隘的,认为环境问题是企业造成的,自身无须负责,保护环境是他人的责任而非自己的,很少主动从我做起保护环境。《环境保护》专家委员会委员姬振海认为环境宣传教育从本质上说就是环境保护的公众参与。环境保护公众参与主要有三个类型,即"国家推动型公众参与、社会推动型公众参与与公众自律型公众参与,重点是如何让公众自己参与进来"。[①]三种公众参与的类型也是公众参与的三个阶段。鉴于目前公众参与效能和公众参与能力不足的现状,无锡市政府主要进行政府推动型公众参与向社会推动型公众参与的转型。无锡市政府通过政府购买服务的形式,发挥环境社会公益组织的专业优势和渗透优势,开展各种宣传日活动,将广大市民的环保意识逐渐转化为自己身边切实可行的环保行动。

2. **鼓励节约、友好文化创意**

文化创意是将现代生活理念融入产品设计和产品服务的整个过程。无锡市政府通过大力发展节约、环保、友好的文化创意产业来向市民渗透"两型社会"文化理念。"文化创意产业是指依靠创意人的智慧、技能和天赋,借助于高科技对自然资源和文化资源进行创造与提升……联合国教科文组织认为文化创意产业包含文化产品、文化服务和智能产权"[②],而"生态文化创意产业是利用独特的自然生态环境条件和丰厚地域文化底蕴,通过现代创意技术手段,依托产业运行模式,实现自然生态价值、文化创意内涵、市场经济效果有机结合的产业模式"[③]。无锡市政府与市场融合,共同开发了以红沙湾农业生态园、无锡天易生态农业、无锡粉色生态园、无锡斗山农业生态园、新区鸿山都市农业生态园、天蓝地绿生态园等几十个生态园,以及太湖圈、马山、惠山古镇、竹海、三国水浒城、鼋头渚、雪

---

① 参见徐曼、耿秋萍《环境宣传教育:要有"胆子"、"路子"和"脑子"——2014 年〈环境保护〉全国重点省市环境宣教座谈会侧记》,《环境保护》2015 年第 15 期。

② 王振如、钱静:《北京都市农业、生态旅游和文化创意产业融合模式探析》,《农业经济问题》2009 年第 8 期。

③ 田富强:《创意农业向生态文化创意产业的演进》,《广东农业科学》2011 年第 15 期。

浪山、灵山大佛、梅园等生态旅游线路。赵刘结合全国旅游文化创意和无锡市的实践经验提出，环保文化创意融合发展的路径有资源转化、营销互促、商品开发、产业延伸等。①

文化创意产业的这种模式的最大优势在于不仅带动了经济发展，而且改变了人们的生活观念，提升了人们的生活水准。文化创意产业除了高附加值和知识性、创新性的特点之外，对于生态理念的传播具有强渗透性的特点。生态文化创意产业的基本原则是低物质依赖、高文化品质产出，"主要是人力资源的投入和诸如税收、申请专利等的制度性投入，对物质资源的需要非常低"②，其侧重将创意人员的创意、文化价值在产品的生产和消费过程中传递、渗透给消费者，转变消费者的生态理念。在消费环节，文化产品的精神感染效应会对消费者生态农业产品的消费和旅游项目的消费产生潜移默化的影响。在后续环节，消费者之间的效仿效应会带动周围更多居民和朋友参与到新型的文化创意产品和服务的消费中来，逐渐在更大范围内形成资源节约型和环境友好型的消费生活方式。

从产业类型上看，文化创意产业属于高端产业，与一个地区的经济发展水平和文化水平直接相关；从消费类型来分，又属于奢侈品而非一般消费品，收入需求弹性较大。因此发展文化创意产业需要考虑地区内的内生因素、地区内的外生因素和地区外嵌入因素。③ 无锡市地处江南，位于太湖之滨，具有相对丰富的山水旅游资源，繁华富庶，人文厚重，而且政府近些年来加快经济与产业转型，高度重视产业技术创新。按照胡晓鹏对文化创意产业发展模式的分类，无锡市文化创意产业属于特殊资源型、市场选择型、自然演进型、功能定位型和政策聚焦型的混合型。例如，许多艺术家到无锡北仓门蚕丝仓库旧址创作，使静态的历史文化与现代动态文化融合，相得益彰，吸引了众多游客。无锡新区的"感知中国博览园"通过先进的物联网技术手段展示了我国现有传感网最高水平的科研

---

① 参见赵刘《文化创意与旅游产业的融合发展研究》，http://www.wxskw.com/Article/ShowArticle.asp？ArticleID＝552，最后访问日期：2016 年 7 月 18 日。

② 胡远航：《基于生态位理论的南宁文化创意产业发展对策》，《广西民族大学学报》（哲学社会科学版）2007 年第 S2 期。

③ 参见胡晓鹏《文化创意产业的地区发展模式研究》，《中国地质大学学报》（社会科学版）2010 年第 1 期。

成果，游客在此可以体验智能家居、智能厨房等高水平科研成果，这种极具参与性和观赏性的文化创意激发了人们对未来节约、智能、高品质生活的向往。①

## 第二节　无锡"两型社会"建设的文化创新重点

"两型"文化培育的目标是全社会形成绿色环保的消费文化与监督文化。消费文化是从对自我的生产生活方式要求出发和落脚，而监督文化则强调全社会觉醒的环境意识形成对他人（包括组织）的环境教育和监督。二者构成自我觉醒与相互监督的落实有效的"两型"文化。

### 一　消费文化：引导绿色生产生活风尚

无锡市政府在"两型社会"建设中，尤其关注广大市民的主体地位，希望通过消费文化的传播，形成一种低碳绿色的生活消费方式。在城市中，大力发展公共交通，提倡使用节能环保型公共交通车辆；引导消费者选择低碳产品，加强环境标志产品、有机食品、节能产品的认证；推广实施能效标准和标志，规范节能产品市场，积极倡导节约简朴的餐饮消费习惯；开展"反食品浪费"行动，减少过度包装和一次性用品的使用；加强环卫建设，进行水环境治理和垃圾减量处理。在农村地区，农村生活污水治理与村庄环境整治、农民居住集中、绿色乡村建设与示范村创建相互联动，重点进行清洁种植和清水养殖，化肥和农药减量施用，村庄环境综合整治和规模化畜禽养殖污染防治工作，创建清洁种植示范工程。加大农村环保投入，开展测土配方施肥和科学施用农药工作，促进农业面源污染减控。截至 2014 年年底，全市有 470 个村庄完成生活污水治理，超额完成年度目标任务。

#### 1. 重新审视当代消费文化与生态保护的关系

所谓消费主义（文化），指的是现代社会的一种生活范式和欲望形态，"消费欲望不是建立在传统的绝对需要的基础之上，而是建立在相对需要

---

① 《"感知中国博览园"展示物联网的神奇》，http：//jsnews. jschina. com. cn/system/2012/07/27/013912210_ 02. shtml，最后访问日期：2016 年 7 月 22 日。

的基础上的"①，"是为了获得某种身份认同"②，"为了获得欲望被刺激、被满足的快感"。③ 费瑟斯通的《消费文化与后现代主义》从资本主义市场和社会关系角度研究了消费文化所反映的社会阶层和地位象征等，对一般性的消费文化的产生与嬗变具有一定的解释力。消费文化的基础是经济发展水平或者物质生产水平的提高，它首先是个经济学的问题，遵循的是萨伊的"供给产生需求"定律。在人类生活物资匮乏的时代，人们的生产首先和主要是为了满足基本的生活需求，此时是"需求产生供给"。但是随着人类物质财富积累到一定阶段，在产品有了相对剩余的情况下，生产者如何将手中的资源和自身劳动力转化为财富呢？投富人之所好，生产出一些满足富人娱乐和享受的一些非必需品，或丰富必需品的类型等，即产生了最原始的"供给产生需求"的经济现象。那些"非必需"在社会中逐渐演化为富人阶层的象征（只有富人才有钱购买），所以"需求"从简单的经济学概念转为一个社会概念和文化概念，"在发达工业社会中的人的需要变成了虚假的需要"。④ 现在的消费文化包含了以上所有必需品与非必需品，而且在人类越来越追求舒适享受的现代生活中，两者的界限已经变得模糊。例如，空调机的广泛应用不仅导致大量能源消耗，而且产生了"城市热"的城市环境问题，但是更重要的是它改善了人们的居家办公环境，没有人可以，也不可能让人们放弃对空调的使用。还如，一次性塑料袋突破了以前纸袋子易破和适用面窄的弊端，成为人们生活中必需的包装袋，它给人类带来的便捷是实实在在的，人们不可能为解决潜在的一时无法感知的环境恶化问题而放弃对其的使用。原始社会是物质消耗最少、环境破坏最少的时代，但是无人愿意，也不能让人类倒退到那个时代。通过减少"不必要"物品的消耗来改变生态也几乎无法奏效。事实上，政府反而是鼓励消费的，通过刺激消费来扩大内需，减少各种限制消费的障碍，鼓励居民产生和满足各种消费需求。"消费是整个社会正常运转的重要条件。……因而我们也就无法期望通过限制消费来保护环境，因为限制消费

---

① 李凡：《消费文化的兴起与生态问题》，《社会科学辑刊》2012 年第 6 期。

② Sterns, *Consumers in World History*: *the Global Transformation of Desire*（London: Routledge, 2001），p. 4.

③ 黄平：《生活方式与消费文化：一个问题、一种思路》，《社会学研究》2003 年第 3 期。

④ 于萍：《工业社会的困境与人的需要的异化——马尔库塞虚假需要理论分析》，《北京交通大学学报》（社会科学版）2011 年第 4 期。

的结果只能是经济的倒退。"①

"在市场经济条件下，生产者需要通过生产并销售更多产品占有更大的市场份额，以实现利润最大化这一目标。当更多的生产超过了社会总体的基本需求之后，经济的继续增长就只能依赖大众的消费来支撑。这样，社会被渲染为消费的社会，无限增长的物质消费被定格成生活目标，致使人们都被卷入消费的洪流中。"② 消费文化不仅促进了物质资料的生产，即经济增长速度加快，而且满足了人们对物质财富的需求。为了保护生态环境，让人类放弃消费文化几乎是不可能的奢望。因此应该重新审视消费文化与生态之间的关系。消费文化在一定程度上导致了环境的恶化，这也是大多数学者所持有的观点。"像中国这样一个历来以清贫、借鉴为美德的国度，如今一跃而成为地球上首位'奢侈消费的新型帝国'，北京、上海在城市消费成本上均名列世界前茅，这无论如何并非吉兆，更不能看作正常现象。如果从地球生态的角度看，地球人类如果全都以此种消费为最美好的文化趋向，那么地球生态系统的全盘崩溃势必将提前降临。"③ 但是并不能说消费文化必然导致生态的破坏，两者之间并非简单的因果关系。消费文化的本质是追求财富和物质享受，并非破坏生态和环境，之所以产生生态负外部性，是因为追求财富的方式和物质享受的内容依赖于对环境资源的攫取和破坏。从理论上讲，改变人类对物质享受的观念、改变消费的对象、改变财富追求的方式，势必会改变人们的消费环境结构，从而能够降低对生态环境的破坏程度。

### 2. 重新融合消费习惯与生态环保的关系

"以片面崇尚节俭为特征的传统消费文化明显阻止了中国现代化进程。中国如此崇尚节俭的客观原因当然是由于经济贫困，但其不但没有导致资本积累和贫困消减，反而造成了贫困的长期蔓延和资本的长期短缺，陷入了'贫困—节俭—贫困'的恶性循环。"④ 因此，既不能要求人们艰苦朴素，也不能要求人们缩减消费。如此一来，只能改变消费习惯和消费结构，将绿色元素加入人们的消费行为当中。

---

① 李凡：《消费文化的兴起与生态问题》，《社会科学辑刊》2012 年第 6 期。
② 陈广华、罗莹：《论工业社会向生态社会转型中"心态环境"之构建》，《学术交流》2014 年第 8 期。
③ 鲁枢元：《文化生态与生态文化——兼谈消费文化、城市文化与美学的生活化转向》，《文艺争鸣》2010 年第 11 期。
④ 王忠武：《消费文化与中国现代化》，《探索》2005 年第 6 期。

首先，树立可持续的消费观念。可持续消费的要义是"5R"消费，即节约资源，减少污染（Reduce）；绿色生活，环保选购（Reevaluate）；重复使用，多次利用（Reuse）；分类回收，循环再生（Recycle）；保护自然，万物共存（Rescue）。其实"5R"的实践并不难，可以在我们的生活中随处随时践行。马克思主义消费观指出，消费必须是以满足人的需要为目的，消费只是实现人的全面自由发展的手段而已。因此，选择"工具"和"手段"应遵循简化和环境友好的基本原则。比如一次性用品尽量少用，尽量购买可以重复使用的包装储物材料，选择易分解、无污染的消耗品，以捐赠衣物的方式将自己不需要的衣服捐赠给贫困地区的人，从而实现资源的跨地区、跨人群的再循环使用，坚决反对和抵制穿戴皮草服饰和哺食稀有动物，等等。

其次，改变和引领新的时尚文化。"时尚作为一种文化现象，它与消费的紧密结合更使消费具有了不同于普通消费模式的诸多特点，使消费过程中的符号性内涵更加突显"[1]，"不论如何强调时尚中符号价值的重要性都不过分，实际上，符号的价值会压倒任何'实利'的价值"[2]。时尚消费已经成为消费中的一个不容忽视的重要组成部分。然而并不是任何人都可以引领时尚。正如布尔迪所言，"权力关系贯穿于时尚与流行再生产的每一个环节"，"消费者在该场域（消费场域）中进行着无休止的分类斗争（阶级斗争）。权力关系直接反映了阶级关系，而且只有支配阶级才有权参加时尚与流行的再生产，中下阶层是无法加入此类卓越化游戏的，他们至多只能作为反衬而存在。反映统治阶级合法品味的时尚被用来对下层阶层实施符号暴力"[3]，换言之，"在社会分层体系中，借由消费、使用和占有文化产品来追求较高层级的社会群体身份认同。……消费者容易陷入文化焦虑中，于是便通过消费时尚文化产品的符号价值，取得社会群体身份认同"[4]。因此时尚消费必须从引领时尚的群体着手，现代社会中富人阶层和

---

① 汪新建、吕小康：《时尚消费的文化心理机制分析》，《山东大学学报》（哲学社会科学版）2005年第2期。

② 约翰·莫温、迈克·迈钠：《消费者行为学》，黄格非、束珏婷译，清华大学出版社，2003，第240页。

③ 朱伟珏：《权力与时尚再生产：布迪厄文化消费理论再考察》，《社会》2012年第1期。

④ 江凌：《时尚文化符号消费的心理动因与运行机制》，《福建论坛》（人文社会科学版）2014年第4期。

明星偶像是引领时尚的主体，因此从引导富人阶层和明星偶像的消费价值、消费方式和消费行为绿色化和环保化来着手，从而对广大普通消费者产生影响，才能形成一种可持续的时尚文化。

**3. 重新建立自然开发与生态环保的关系**

自然开发主要是指人类利用工具对大自然的改造和对自然之物的占有，也就是物质和服务生产的过程。建立生态环保与自然开发的关系，就是要将绿色生产和环保行为贯穿于农业生产和工业生产的各个环节。

一方面，建立生态农业发展模式。生态农业概念是与"化学农业"和"石油农业"等片面追求和强调农业生产效率，大量使用化学肥料等的现代农业相对的概念。现代农业片面强调农业生产效率而轻视生态环境保护，虽然实现了农产品产量的大幅增长，但是也造成了土壤侵蚀、退化，农产品质量下降等严重的负面影响。"生态农业指的是以生态经济系统原理为指导建立起来的资源、环境、效率、效益兼顾的综合性农业生产体系。在这种生态体系中，运用生态学、生态经济学原理和系统科学方法，把现代科学技术的成就与农业技术的精华有机结合，把农业生产、农村经济发展和生态环境治理与保护、资源的培育与高效利用融为一体，具有生态合理性，能够功能良性循环，实现高产、优质、高效与持续发展目标，达到经济、生态、社会三大效益统一。"① 农业发展与地区资源禀赋和气候等条件密切相关，不同地区的农业生态化发展模式和道路也应不同。李伯重研究了江南历史上两种著名的农业生产经营模式，总结出江南农业的特点。从现代生态学的角度看，江南农业具有以"食物链"原理为依据发展起来的良性循环多极利用，根据生物群落演替原理发展起来的时空演替合理配置，在生态经济学原理指导下的系统调节控制原理等特点，很好地实现了农业生产的时空—食物链结构化生产。② 该种农业生产经营模式很好地实现了劣质资源的改造和开发、废物循环利用，将粗放式农业做成了精细化农业，不仅提高了农业生产效率，而且很好地实现了农业生态平衡。无锡市政府在"两型社会"建设的要求下积极发展"两型"农村和"两型"

---

① 孙敬水：《生态农业：可持续发展的重要选择》，转载于李伯重《十六、十七世纪江南的生态农业（上）》，《中国经济史研究》2003 年第 4 期。
② 参见李伯重《十六、十七世纪江南的生态农业（上）》，《中国经济史研究》2003 年第 4 期。

农业，在农村的生产、生活及消费中始终贯彻资源节约和环境友好的思路，以生态农业、低碳农业和节能环保技术为支撑，改善农村居民的自然生存环境。具体表现为：无锡新农村建设中的农村生产延续了地域特殊和传统生态农业的优势和特点，重点进行清洁种植和清水养殖，降低对化肥和农药的使用量，发展绿色农业；而且也结合现代农业的特点大力发展生态旅游农业，发展生态经济农业，不仅增加了农业的附加值，提高了农民的收入，而且在生态旅游模式的要求下，农产品的生产过程进入了绿色有机生产经营管理模式。除了农业生产环境，无锡市政府也加强了农村生活污水治理与村庄环境整治工作，创建清洁种植示范工程，不仅减少了农业面源污染，而且改善了农村微环境脏乱差的状况。

另一方面，建立低碳节能的生态工业。毋庸置疑，工业生产对能源的消耗和污染物的排放是造成资源破坏和生态环境污染的罪魁祸首。中国以煤炭、石油为主的能源结构和粗放型的能源生产方式导致工业发展与环境保护之间的矛盾日益尖锐。随着中国经济的快速发展，大气中的二氧化硫、烟尘和氮氧化物的排放量也在上升。由于能源消费总量的持续增长，大气污染物的排放总量也随之上升。针对此问题，无锡市政府采取了治标和治本的两种举措。首先，进行产业转型升级，减少和转移污染企业，此为治标。该方法简单易行，只是将本地区的污染排放源转移到了其他地区。而且由于污染的弥散性，无锡最终并不能逃脱污染的危害。因此，应该采取治本的措施，即改变能源结构，采用清洁能源，利用高新技术提高能源利用效率和促进废弃物分解处理。从中观层面，无锡应走低碳城市发展道路。"城市应形成以创新为主要驱动力的低碳经济发展模式，坚持把节能减排作为低碳经济约束性指标，在煤炭、石油、冶金、建材、化工、交通等六大高耗能行业强制推行低碳经济技术，按照'减量化、再利用、资源化'原则大力发展循环经济，走城市可持续发展之路。同时，城市发展模式还应该以集群经济为核心推进产业结构创新，以循环经济为核心推进节能减排创新，以知识经济为核心推进内涵式创新"。① 具体措施为大力发展水电、风电、太阳能、生物质能等可再生能源，减少二氧化硫等大气污染物和温室气体的排放。对于工程建设

---

① 李旸：《我国低碳经济发展路径选择和政策建议》，《城市发展研究》2010 年第 2 期。

施工扬尘，可以采取包括洒水喷雾、道路硬化、施工工地围挡、安装洗车系统以及加强现场管理等污染综合控制措施，还可以对裸露地面进行植被覆盖，以减少扬尘和水土流失。从微观层面，无锡发展了绿色制造。基于产品生命周期，综合考虑产品制造过程中的环境影响和资源效率两个重要因素，使产品从设计、制造、包装、运输、使用到报废处理的整个产品生命周期对环境的消极影响降到最低，而资源的利用效率尽可能地提高，从而实现制造过程的低碳、轻污染的可持续发展。积极研发和引进先进的低碳处理技术，例如有机光伏材料、能源存储技术，新型电动汽车和二氧化碳分离与存储技术，生产制造程序的节能技术，废水处理技术和塑料循环利用技术，等等。在交通运输管理方面，系统地规范交通线路，建设现代综合运输体系，加快城市主、次干道和快速路建设，合理安排机动车道和人行道的建设，提高道路利用率，加强公共叫停运输效率，真正实现快速流通，降低公共交通运输资金的耗费；重视公交轨道交通，提高服务质量，增加公共交通的吸引力；合理规定排放标准，强化交通运输管理；完善信息系统，提高信息的综合运用效率，发展 ITS 智能运输，使用 HT－UTCS 等交通控制系统，同时重视交通法制教育，促使人人懂交通法规，最终实现低碳运输。①

## 二　监督文化：形成资源环境信息公开和评价的意识

"两型"文化建设虽然是社会发展的时代要求，但也是政府自上而下的制度安排。"两型"文化的形成是相对于其他变革的一种缓慢变化，然而严重的生态环境问题已经迫在眉睫，必须进行政策设计加快推进文化转型。在这个转型的过程中，前面论述了宣传教育和生活方式转变等潜移默化的影响和转变方式，但是实践发现，仅仅依靠公民内在修养的提高不足以解决日益严重的环境问题，仍需要强有力的外在力量的推动。无锡市政府根据实践经验总结提出，需在全社会建立监督文化，由监督机制约束形成监督意识和文化，从而由内而外地形成完善的"两型"文化。监督文化的形成，首先需要建立环境信息公开制度，环境信息公开制度是监督的前提和基础；其次，需要健全环境保护倒逼机制，通过制

---

① 余霞：《低碳经济下公共交通运输管理研究》，《企业经济》2011 年第 10 期。

定环评指标，倒逼企业进行清洁整改；再次，需要完善环保司法模式，发挥司法保护环境的最后保障功能。无锡市政府明确提出健全公众参与监督机制，发挥各类社会团体的作用，推动环境公益诉讼，加强社会舆论监督，最终形成市场调节、政府管制和社会监督的环境保护综合机制，监督资源环境保护综合机制，形成全社会环境监督风气。在环境信息公开方面，建立环境资源信息公开制度，推动信息全面公开，建立完善的环境资源信息公开考核、社会评议和责任追究制度。建立完善政府与民众之间的信息沟通机制，明确资源环境信息公开的范围，畅通资源环境信息公开的渠道，加大对涉及资源利用、环境保护、生态建设等领域的发展规划、重大政策和建设项目的公开透明度。在环境保护倒逼机制方面，健全环境保护倒逼机制。加快推行区域环境资源补偿制度，完善地区环境质量考核评价机制。全面推行排污许可及有偿使用和交易制度，进一步扩大排污权交易市场份额。继续在全市推进环境污染责任保险试点，力争完成全市企业环境风险评估 500 家、企业参保 400 家以上。在环境司法建设方面，完善环保司法模式。进一步发挥司法保护环境建设的作用，完善以司法审判为中心、以协助和支持环境行政执法为重点、以引领全社会和公众参与为基础的环保审判工作机制。加强司法部门与行政机关的联动配合，有效衔接环保行政执法与环保司法，依法支持、鼓励环保行政部门主动担当追究行政相对人承担环境修复民事责任的职责，最大限度地提高环保行政执法的实质效率。建立对环境问题突出的地区和企业实施限批的机制。加强环保审判理论研究和典型案例宣传，增强民众环境保护意识和对破坏环境的司法惩治的敬畏意识。

## 1. 建立资源环境信息公开制度

2002 年 10 月，《中华人民共和国环境影响评价法》的颁布标志着中国的环境影响评价已从开发建设项目深入到规划层面，是一个新的发展层面。该法明确指出，环境影响评价是对规划和建设项目实施后可能造成的环境影响进行分析、预测和评估，提出预防或减轻不良环境影响的对策，进行跟踪检测的方法与制度。"环评与建设'两型'社会的内涵是相融的、统一的。环境影响评价的最高目标就是为建设'两型'社会服务，建设'两型'社会需要环境影响评价。两者的一体性，是由环境影响评价工作的本质所决定的，也是由'两型'社会建设的内涵所决定的。"①环境影响评价具有重要的意义，不仅为政府部门决策提供技术支撑，为企业环境污染防治提供技术咨询，而且更重要的是能够在全社会形成一种共识，即环境影响评价是政治、社会、经济发展的重要衡量指标，把环境变化始终置于重要的被关注的地位。环境影响评价需要解决两个关键问题，即如何评价和谁来评价的问题，也就是必须解决环境信息公开的问题。只有环境信息得以公开，环境影响才能置于各方监管之下。

我国属于政府主导的环境信息公开制度，这种模式受科层制、传统保密行政文化思维和政绩评价的影响，环保各职能部门只是对环境质量一般状况和相关规范文件进行公开，对于污染物排放超标等污染严重企业，以及造成重特大环境污染事件的企业的披露严重不足。与此同时，公众向环保行政机关申请公开环保信息的数量也十分有限。这反映了政府和公众均缺乏环境信息公开的意识和理念。然而，"环境的物质层面与观念层面是互赖互动的，在环境知情权的法律框架下进行社会动员，让公众参与并感同身受，生态对话（ecological dialogue）的做法更为可取"。② 政府相对于公众而言，掌握更多环境信息，但是各部门各自为政，信息互通受阻，"行政机关往往从自身利益出发……受行政领导主观意志的影响较大……出于政府利益方面的考量，政府所公开的环境信息通常具有选择性和不全面性……涉及负面性的环境信息以及政府决策过程等方面的信息，政府则很少也不愿意主动公开……地方政府出于发展地方经济和提高政绩等方面的考虑，往往以牺牲环境为代价来求得 GDP 的快速增长，对于其间涉及的环境信息则讳莫如深……"③ 政府决策部门也不能很好地获得全面而准确的环保信息，这对环境监管和治理非常不利。通过建立环境信息公开制度，强制性地要求各职能部门之间互通环境信息，而且及时向政府主管部门和普通公众公开和汇报环境监测信息，在制度的约束下逐渐形成主动公开、互通和监督环境信息的环境意识。

就环境信息公开制度而言，无锡市政府正在做和应该做的有：首先，积

---

① 贾生元、刘文祥、牟全君：《环境影响评价与建设"两型"社会》，《环境保护》2006 年第 15 期。

② 许加彪：《风险社会下中国环境安全的信息公开：新型媒介生态中政府与社会的互动》，《现代传播》2012 年第 11 期。

③ 申进忠：《我国环境信息公开制度论析》，《南开学报》（哲学社会科学版）2010 年第 2 期。

极发挥政府主导与民众主体的地位和作用。政府公开、及时、权威的信息发布不仅可以满足公众的环境信息知情权，而且能够遏制环境信息谣言传播。强调环境改善与维护的最终实践者是普通公众，而不是政府或者其他组织机构。公众只有在拥有充足环境信息的前提下，才能够做出正确的环境评价，从而从自我做起。其次，保持政府环境信息干预与环境信息公开之间的平衡。出于涉及敏感的国家机密方面的考虑，政府需要对有些信息加以干预或进行暂时性保密，但是政府不能以此而扩大信息保密的范围而使应该公开的环境信息被隔离。再次，建立企业环境信息强制公开机制，使环境保护作为企业管理的重要必备部分。企业属性决定了其不可能自觉履行环境信息公开的义务，因此必须通过外部强制力量来实现。将企业的环境责任落实到法律层面，使之行之有效。对于企业公布的虚假环境信息，或者公众有异议的信息，必须经政府环境主管部门和民间环保组织重新核查、鉴定，然后重新公布。复次，权威发布方式与形象易懂形式相结合。环境信息必须由环保部门统一向社会公开，权威发布可以通过官方网站、电视台和微信公众平台等渠道，但是必须要统一发布机构，还有，环境信息发布不能仅以指标数字的形式呈现，要尽量去专业化，实现呈现形式的通俗化，通过图标呈现历时变化趋势，通过短片等形式呈现问题意识，等等。最后，无锡市政府也在积极发挥民间环保组织在环境信息公开及唤醒政府和公众环保意识方面的重要作用。"未来我国环境信息公开制度的发展应以公众参与为本位，除了健全和落实政府环境信息公开制度之外，还要注意企业环境信息公开的制度建设以及环境非政府组织作用的发挥。"①

### 2. 完善环境保护司法诉讼机制

环境司法是环境信息公开权的保障。环境信息公开和环境保护的实施成效如何在一定程度上取决于法律对其规定的完善程度。"欧盟一些国家和美国的环境信息公开法律不但规定了相应的公民权利，还规定了环境信息公开权益不能实现时的司法救济和行政救济程度。"② 我国公民在遭遇环境事件损害时，在启动诉讼请求救济方面困难重重。无锡市政府在"两型

---

① 申进忠：《我国环境信息公开制度论析》，《南开学报》（哲学社会科学版）2010 年第 2 期。
② 王树义、庄超：《突发环境事件信息公开的理念更新与制度完善》，《中州学刊》2013 年第 3 期。

社会"建设中也充分认识到了环境司法保护的重要性。

首先，深入研究和正确引用与环境有关的诉讼法。我国尚未制定完整而独立的环境诉讼法律体系，目前主要是参照《民事诉讼法》而进行的。《民事诉讼法》第五十五条规定："对污染环境、侵害众多消费者合法权益等损害社会公共利益的行为，法律规定的机关和有关组织可以向人民法院提起诉讼。"这里面涉及三大主体，包括行政执法部门、法院、公民及其他组织。一般环境公益诉讼是指由于行政执法部门怠于履行环境保护职责，对社会公共利益造成损害或可能造成损害时，公民、法人以及其他组织为维护社会公共利益，依法向法院诉讼请求相关行政部门及时履行环境保护职责的诉讼行为。但是此类环境诉讼程序由于立法的不完善和司法实践的不足，在我国尚未形成。无锡市政府依据《民事诉讼法》相关规定，结合无锡市地方发展情况，制定相关政策法规，旨在加强环保行政执法，严格履职，减少环境失职发生情况，强调环保司法对行政执法部门的约束力和制裁力，切实保障在公益诉讼中对提起公诉人和公共环境权益的回应和保障。

其次，疏通环境保护司法诉讼的途径。从当前全国的环境公益诉讼案件的审理来看，大多数环境公益诉讼案件以失败告终。其中固然存在环境保护申请及起诉、上诉主体自身的原因，也有申请维护对象不准确和申请材料准备不足等问题，但是由于缺乏明确的环保法规，暂行参照办法对环境保护诉讼的限制过多，规定模糊，操作性差，行政执法机关轻易驳回请求和法院难以裁量等问题时常出现。因此地方性政府应该制定具体的诉讼操作程序，扩大诉讼主体范围，简化诉讼程序，灵活地应对由于当前环境保护立法不足造成的诉讼受阻问题。

再次，学习和借鉴其他地区的创新性实践经验。"贵阳市中级人民法院及清镇市人民法院自 2007 年成立环境保护审判庭和环境保护法庭以来，对涉环保案件实行民事、刑事和行政诉讼'三诉合一'的集中管辖，逐步探索形成环境审判'贵阳模式'"①，已经成功受理个人、组织不同类型的环境司法诉讼案件。其主要特点是政府和司法部门高度重视环境诉讼审

---

① 赵正群、沈彩亚：《环境信息公开公益诉讼现状考察》，《湖南警察学院学报》2014 年第 5 期。

理,对全省范围的环境诉讼案件采取集中管辖的方式。此方式不仅统一了审查程序和裁量权,而且能够很好地进行经验总结和借鉴,有利于提高后续案件审理效率。针对当前环境诉讼的艰难现状,"贵阳模式"尤其值得其他各地方政府借鉴学习。还有,贵阳制定了环保案件回访制度,对当事人未履行法律文书确定的义务或者又产生新纠纷的情况,及时采取措施予以解决。

最后,引入环境监督第三方机制。"在环境公益诉讼中,邀请环保NGO、环保志愿者作为独立第三方,对公益诉讼判决或调解协议(以调解协议为主)的执行情况进行监督,在被告发生违法行为时,有权要求其遵守法院生效法律文书,并向法院、原告进行举报。"① 第三方组织一般为非营利性环保组织,它们的宗旨和目标是保护环境;而且主要成员几乎都是该领域的权威专家、律师、媒体人等,他们具有一定的话语权,能够引起相关污染企业的重视。第三方组织时刻注意环境保护和监管。第三方组织介入能够增加诉讼主体的力量,协助诉讼主体更专业、更准确地进行司法诉讼,而且也为法院审判提供了很多实际支撑。因此,引入环境监督第三方机制有利于环境司法诉讼的切实有效进行。

---

① 罗光黔、周国防:《环境公益诉讼第三方监督的实践与思考》,《环境保护》2014 年第16 期。

# 第十章
# 无锡"两型社会"建设的经验与启示

无锡人多地少、经济总量大、开发强度高、地处太湖之滨,生态环境非常脆弱。在全面建成小康社会的决胜阶段,在实现"两个百年"宏伟目标的重大历史节点上,以"四个全面"战略布局为统领,坚持创新发展、开放发展、协调发展、绿色发展和共享发展,研究与总结无锡市建设资源节约型和环境友好型社会的成功经验,对于加快实现无锡乃至整个长三角地区的战略转型具有十分重要的现实指导意义和历史启示意义。

## 第一节 战略定位

无锡位于长江三角洲平原腹地、江苏南部,是太湖流域的交通中枢,京杭大运河从中穿过。无锡北倚长江,南濒太湖,东接苏州,西连常州,是苏锡常都市圈以及长三角城市群的几何中心、中国东部沿海经济发达地区的重要基地城市。尽管无锡地域面积相对不大,但是人口密度相对较高;尽管城市发展空间有限,但是综合竞争力尤其是基础制造、规模企业、上市公司、外向型经济及县域经济在区域经济乃至整个中国经济发展中都具有举足轻重的地位。改革开放30多年来,得益于乡镇企业崛起的原动力、国际产业转移的助推力、经济体制改革的激活力和工业发展阶段不断演进的创新力,无锡基本完成了高度工业化和区域城市化两大任务。

2015年,无锡全市实现地区国民生产总值8518.26亿元,人均国民生产总值达到13.09万元。第一、第二、第三产业增加值分别是137.72亿元、4197.43亿元、4183.11亿元,三者之比为1.6∶49.3∶49.1。居民人均可支配收入为39461元,其中城镇常住居民人均可支配收入、农村常住居民人均可支配收入分别为 45129 元、24155 元。居民人均消费支出为 25954 元，城镇常住居民人均消费支出为 29466 元，农村常住居民人均生活消费支出为 16469 元。无锡全市一般公共预算收入为 830 亿元，其中税收收入为 668.2 亿元。一般公共预算支出为 820.9 亿元。

善弈者谋事，不善弈者谋子。善谋者，纵横捭阖，攻守有度；谋事者，破竹建瓴，运筹全局。无锡发展已经进入非常重要的历史关口，科学判断无锡发展的历史方位，正确把握无锡发展的阶段特征，对于科学谋划无锡未来发展的总体战略布局意义重六。

## 一 发展战略的新定位

"十三五"期间，中国经济发展仍面临着增长动力转换、发展方式转变、市场形态转型的新常态，国际经济进入缓慢复苏、深度调整的治理结构转型期。中国经济正由"亢奋高速增长"转向"协调稳健增长"。无锡经济社会发展的结构性矛盾仍很突出，累积性的资源环境压力较大，区域资源要素配置有待优化。既要化解和消除前期发展带来的结构性矛盾，又要加快推进"强富美高"的新无锡建设。职是之故，总结无锡资源节约型和环境友好型社会建设经验，把握经济形态转型发展的基本特点，突破原有经济发展模式和经济发展形态，探索具有区域特点、时代特征和中国特色的新苏南发展之路和经验，对完善无锡主体功能区规划，适应经济发展新常态，提升无锡城市竞争新优势，具有重要的现实意义。

从总体看，无锡经济实力雄厚，位列全国前茅；城乡空间布局不断优化；产业优势明显，上市板块瞩目；科技活力持续迸发；人民生活富足，社会和谐稳定；生态环境改善，人与自然协调发展。站在国际经济治理格局变动的历史背景和国内稳增长、调结构、促改革、转方式的政治视域高度分析，创新驱动①和城市极化②已经成为无锡今后相当长时期内经济社会发展的战略定位和主体选择。面对经济起步比较早、开发强度比较高、生态环境压力比较大的现实问题，无锡市始终把改善生态环境作为最大的民

---

① 创新驱动就是立足于生产力革命，开拓经济过剩背景下的新兴市场，创新经济发展模式，增强经济发展动力和活力。

② 城市极化就是立足于生产关系结构改革，完善城乡经济结构和社会结构，优化区域资源要素的合理配置，增强区域经济发展的协调力和持续力。

生工程，以《无锡市资源节约型和环境友好型社会建设综合配套改革试点总体方案》为蓝图，大力推进生态文明建设，严格落实主体功能区计划和生态红线区域规划，切实加强环境治理和保护，实施生态补偿制，着力推动绿色、循环和低碳发展，加快建成生态风险可控、生态质量优良、生态秩序良好、群众满意度高的国家级"两型社会"示范区。

## 二　发展阶段的新认识

无锡或者整个苏南地区正处在发展动力转换期、空间结构整合期、体制机制创新期、社会发展提升期和生态环境优化期。无锡甚至整个苏南地区地域相对狭小，产业和人口又相对集中，资源极其有限，是一个典型的生态敏感区。工业化初期，乡镇企业异军突起，资源被过度利用，环境被过度开发、无序利用，以损害生态环境为代价支撑着经济快速增长；工业化中期，遍地开花的乡镇企业开始转向上规模、上水平的发展阶段，逐步实现工业经济的第一次结构性调整，资源相对集约利用，注重人口、资源、环境的协调发展，开始实行生态环境的保护措施；工业化后期，必须以转变经济增长或发展方式为主线，走产业集中布局、集约经营、聚集发展的道路，城市主体功能区进行科学规划以实现资源节约利用，推进生态环境的修复、重建。

"十二五"期间，无锡针对工业产业尤其是制造业的产业结构偏重、产业层次偏低、减排压力较大的现实，把生态文明建设贯穿经济社会发展全过程，坚持绿色低碳发展，以太湖水污染治理为核心，强化水、大气、土壤等环境综合治理，严把产业准入门槛，加大源头治理力度，对高能耗、高污染项目严格限制，对超环境总量排放的产业园区实行优化调整。无锡基本实现了从工业化初期的单一资源粗放开发利用、工业化中期的污染排放综合治理到工业化后期的生态环境系统修复和重建的历史发展进程，实现从"先破坏、利用"到"利用、保护并举"再到"生态优先"的转换升级，正在步入生态优化提升期。

## 三　绿色低碳的新时代

"绿色低碳"引领无锡扭转经济发展形态，实现绿色共享发展。低碳经济，或者更广义的绿色低碳经济，是以低能耗和低污染为基础的。西方几个主要的后工业化国家正着力研发低碳技术，大力推进低排放、高能效的"低碳经济革命"。巴黎气候变化大会达成的有雄心、有力度、全面均衡的气候协议，以控制大气温度为重点，要求到2050年实现零排放。欧美发达国家利用其完善的产业结构和先进的制造技术，顺势发展清洁生产和循环经济，对世界产业、能源、技术、贸易等政策进行重大调整，并以技术和贸易门槛为胁迫，倒逼新兴工业化国家和发展中国家，以抢占市场先机和产业制高点。绿色低碳的全球共识对新兴工业化国家和发展中国家来说是一把双刃剑：一方面承接资源消耗大、排放污染大的重化产业的国际性转移；另一方面又要担负起降能减排、节约资源、保护环境的责任。

无锡处在工业化中期向工业化后期加速过渡转型的关键时期。随着国际竞争程度加深和经济发展方式转变加快，绿色发展的国际门槛不断提高，无锡环境治理投入和监督成本加大，催生了加快产业结构转型升级的内在动力。党的十八届五中全会明确提出"创新、协调、绿色、开放、共享"五大发展理念，其中创新是前提，协调是关键，开放是保障，共享是目的，绿色是基础。生态建设是具体深入到经济生产生活各个环节的系统工程。"十三五"期间无锡将坚持低碳、减量、循环的绿色发展的基本理念，确立以工业文明为主导的环境治理转向以生态文明建设为主导的生态系统全面治理与建设的基本导向，从产业选择、源头控制、终端处理、循环利用等重点环节整体联动，建成高水平的绿色发展城市和生态宜居城市。

## 四 "两型社会"的新举措

①转型整合。无锡应全面树立可持续发展意识，加强资源高效配置和集约利用，以提升中心城市功能"极化"程度为重点，优化城市空间布局和生产力空间布局，形成经济、社会、环境可持续发展的良好格局。②创新驱动。优化科技创新环境，强化全社会创新驱动发展意识，实现科技资源高效优化配置和综合集成利用，建立以企业为主体、市场为导向、产学研相结合的科技创新体系和制度创新体系。③系统协调。全面增强战略空间与战略协同意识，立足构建适应现代化要求的产业体系、城乡体系、公共产品供给体系和生态保护体系，高度重视系统构建和系统管理，提升整

合协同水平，构建区域性中心城市完整的核心功能。④特色发展。城市形象和特色是城市品牌。无锡应大力优化城市形态，彰显城市建设特色。重点完善城市整体设计，推动重点片区更新改造，以江南水乡和历史文化名城为基调，确保城市空间的立体性、平面的协调性、风貌的整体性和文脉的延续性。⑤双管齐下。源头管控和末端治理双管齐下，开创生态优先的发展新模式。加强空间管制和区域协同，强化生态治理和补偿机制的创新，深化能源结构调整和节能减排，实现"发展度、协调度、持续度"高度统一，建立起体系完善、循环利用、安全高效的可持续发展体系。

## 第二节　建设历程

无锡滨湖临江，空间狭长逼仄，是苏南生态敏感区。确立生态优先的战略地位，把生态文明建设纳入整个经济社会发展系统，在全面推进"两型社会"建设综合配套试验改革的基础上，无锡正步入生态文明建设的深化期。

### 一　无锡生态文明建设的探索期（"十一五"）

"十一五"期间，无锡市就着手以高起点、高标准全面推进无锡太湖保护区建设。深入开展治理太湖专项行动计划，坚持保护水源和环保优先，加大减排力度，在无锡太湖水域及流域全面实施底泥清淤、调水引流、蓝藻打捞、生态修复等各项措施。截至 2010 年，全市化学需氧量、二氧化硫排放量累计削减 32% 以上，单位地区生产总值能耗累计削减 20% 以上，关停"五小""三高两低"企业累计 1900 多家；建成无锡长江、太湖双水源供水格局，确保了饮用水安全稳定；实现污水处理厂、主管网、排水达标区建设的全覆盖。全市林木覆盖率达 24.5%，建成区绿化覆盖率达 43.35%，分别比 2005 年提高 4.2 个百分点和 3.35 个百分点。无锡市跻身国家生态文明建设试点城市，建成全省首个国家森林城市和国家节水型城市，率先建成国家生态市和生态城市群。①

### 二　无锡生态文明建设的关键期（"十二五"）

战略定位。以资源节约型、环境友好型社会建设作为加快转型发展着

---

① 无锡市发改委：《无锡市国民经济和社会发展第十二个五年规划纲要》，2011。

力点，秉持节约优先、环保优先方针，推广低碳技术，发展循环经济，促进经济社会发展与人口、资源、环境的有效协调，实现可持续发展，实现由工业文明向生态文明的战略转变。

建设目标。以节约资源、保护环境为着力点，更加注重源头治理和长效机制建设，力争在太湖综合治理、可持续发展实验区和生态文明建设试点城市创建等领域有更大突破，建成全国最佳人居环境城市、国家生态园林城市。二氧化碳排放、单位 GDP 能耗以及主要污染物要在 2010 年的基础上削减 20%，全市城镇生活污水集中处理率达到 98%；建成区绿化覆盖率为 45% 以上，全市林木覆盖率为 27% 以上。

政策举措。加快资源节约型、环境友好型社会建设，扭住节约优先、环保优先原则不放松，高起点、高标准推进太湖水环境综合治理，加快建设太湖保护区、国家可持续发展实验区和国家低碳示范城市，实现由环境保护为主向完善生态发展体系转变，探索具有无锡特色的生态文明建设与发展道路，努力建设国家生态文明先驱城市。

主要成绩。规模工业总能耗和单位 GDP 能耗逐年下降，水环境综合治理成效更加明显，实现城市安全度汛和太湖安全度夏的常态化，单位土地面积 GDP 产出达到 2.4 亿元/平方公里，全市耕地保有量不少于 183.3 万亩。单位 GDP 能耗控制在 0.588 吨标准煤/万元以内，化学需氧量、二氧化硫排放强度分别控制在 0.8 千克/万元、0.5 千克/万元以内；全市城镇生活污水集中处理率达到 98%，集中式饮用水源地水质达标率稳定达到 100%，太湖无锡水域富营养化指数、总磷、总氮和高锰酸盐指数分别较 2010 年有所下降，河网（环境）功能区达标率明显提高，全市城市空气质量优良率保持在 95% 以上，环境质量综合指数为 92 以上；全市建成区绿化覆盖率、森林覆盖率分别在 45% 以上和 27% 以上；全市土地生态红线保护区域为 28.69%，生态补偿机制更加健全。高效农业、设施农业、高标准农田面积比重分别达到 55.5%、14%、60%；全社会研发投入（R&D）占地区生产总值的比重、高新产业占规模以上工业企业产值的比重、服务业增加值占地区生产总值的比重分别为 2.7% 以上、38%、45.5%。节能减排更加科学。万元 GDP 能耗、单位工业增加值能耗在"十一五"时期的基础上下降 12% 左右，万元 GDP 水资源消耗量低于 55.3 立方米，二氧化硫、氨氮、氮氧化物等主要污染物排放量累计削减 8%。环境质量综合指数稳定达到 90，工业固体废物处置利用率达到 100%，城镇生活垃圾无害化处理率达到 100%，生活污水集中处理率达到 93.5%。"十二五"期间，无锡获得全国首批"水生态文明城市建设试点市""全国节约集约用地模范市""国家生态保护与建设示范区""国家园林城市""国家森林城市""国家生态市""中国人居环境奖""国家可再生能源建筑应用示范市""全国首个生态城市群"等荣誉称号。

### 三　无锡生态文明建设的深化期（"十三五"）

战略定位。"十三五"时期（2016～2020 年）是无锡生态文明建设的深化期，实现经济持续增长、污染持续下降、生态持续改善。坚持绿色发展、循环发展、低碳发展不动摇，牢固树立绿色发展理念；深入持续推进太湖治理，加大污染整治和节能减排力度，健全生态文明制度体系。

建设目标。资源节约型、环境友好型社会建设取得实质性进展，在"环境美"上显著改善。坚定绿色发展新路子，持续提升生产方式和生活方式的绿色、低碳水平。明显提高能源资源使用效率，大幅减少主要污染物排放总量，有效控制环境风险，基本建立太湖综合治理长效机制。全社会环保意识不断增强，生态文明制度体系更加健全，生态产品供给持续增加，生态安全屏障基本形成，生态环境显著改善，主体功能区建设成效明显，人居环境更加宜人。到 2020 年，土地开发强度严格控制在 33% 以内，单位 GDP 能耗降低累计达到 15%，细颗粒物（PM2.5）浓度下降率累计达到 20%，地表水达到或优于Ⅲ类水质的比例、空气质量达到二级标准的天数比例均保持在 70% 以上，全市森林覆盖率和建成区绿化覆盖率分别维持在 27% 和 45% 以上，并有所提升。

政策举措。坚持绿色发展，深入实施生态文明建设工程，努力建设国家生态文明建设示范市。深化资源节约型、环境友好型社会建设试点，落实主体功能区计划，深入实施"蓝天碧水绿地"工程，推动生态文明体制改革，促进生产、生态、生活空间平衡协调，努力实现城市精明增长，生态环境明显改善，共同营造美丽家园。

## 第三节　经验与启示

2011 年国务院通过《无锡市资源节约型和环境友好型社会建设综合配

套改革试点总体方案》，2012 年无锡市出台《无锡市 2012 年"两型社会"
建设综合配套改革试点实施意见》，明确提出要着力构建有利于节约资源
和保护环境的绿色高端的生态经济体系、系统高效的生态治理体系、国内
领先的生态制度体系、全民参与的生态文化体系。

## 一 优化城市空间与产业布局

优化城市空间与产业布局，坚持以人的城镇化为核心，优化"一体两
翼"城镇体系结构，推动"强富美高"新农村建设，促进特色发展与产城
融合。

### 1. 优化城市空间布局

构建以中心城区为中心，以江阴、宜兴为副中心，以市区沿湖区域、
安镇区域、空港及周边区域、惠山区北部和西部区域、锡北—东港、玉祁
—前洲、江阴临港和澄东区域、宜兴环科新城、东汊新城和屺亭区域为支
撑的"一主两副、十二片"城市发展空间布局。以中心镇建设为重点，建
设若干新型卫星城，以便统筹安排农业区、工业区、居住区和生态保护
区。顺应高铁、城铁、地铁等建设对城市功能布局的深刻影响，完善"一
体两翼、七区一体"城乡建设空间格局。

### 2. 优化城市产业布局

注重产业集聚特色，发挥区域比较优势，优化沿路、沿江、沿湖产业
布局。依托新区的科技新城、宜兴的环科新城、锡山经济开发区、惠山经
济开发区等重要载体，促进产业向沪宁、宁杭、锡澄、锡宜等高速公路沿
线地区集聚，重点发展电子信息、环保、新材料、生物制药、高端装备制
造、物联网、现代物流等新兴产业和传统优势产业，优化沿路产业布局。
以整合长江岸线为重点，依托靖江园区和临港新城等重要载体，重点发展
装备制造、新材料、港口物流等高端制造业和新兴服务业，优化沿江产业
发展。坚持生态保护和资源开发的协调整合，依托太湖新城、蠡湖新城、
马山、宜兴东汊新城等重要载体，凸显环太湖地区的山水优势，重点发展
创意设计、科技研发、高端商务和旅游度假等绿色产业，优化沿湖产业
发展。

### 3. 分类发展主体功能区

明晰主体功能，配置空间要素，落实空间政策，实现优化提升区、重

点拓展区、适度发展区、不开发或不干扰区等主体功能区的空间均衡、分工合理、开发集约、保护得当，形成产城深度融合和城乡一体化发展体系。

优化提升区。按照"转型升级、集约高效"的要求，盘活和调整现有存量建设用地，加快产业高端化和城市现代化，提高经济开发密度与产出效率。按照"盘活存量、集约高效"的要求，对开发程度高、资源环境承载能力基本饱和的惠山区钱桥、锡山区东亭、新区江溪、江阴市华士、宜兴市宜城以及中心老城区进行功能优化、服务转型和效率提升。新增建设用地以填充式开发为主，提高新增建设用地的准入门槛与产出要求。

重点拓展区。整合农村居民点和传统工业企业等存量用地，保障新增建设用地供给，加快工业化和城市化进程，提高人口和产业集聚强度。将惠山区玉祁、锡山区东港、滨湖区华庄、新区硕放、江阴市利港、宜兴市丁蜀等开发强度适中、资源环境承载能力较强的区域作为产业重点建设区域和未来城市重点发展方向，降低环境容量削减强度，扩大建设用地增量供给，促进要素集聚和功能完善。

适度发展区。稳定农业空间，适度增加并集中布局建设空间，发展镇域经济和现代农业。对锡山区羊尖、滨湖区雪浪、新区鸿山、江阴市青阳、宜兴市新庄等生态环境承载能力相对较弱的区域，适度增加集镇建设空间，以集聚经济和人口，使之成为辐射和服务周边农村、促进城乡一体化的重要载体。

不开发或不干扰区。不开发或不干扰区属于禁止工业化和城市化开发地区、必须实行严格管理和维护的生态红线区域，必须确保土地的永续利用和良好的生态环境。严控新增建设空间，禁止新建各类开发区，禁止扩大现有工业集中区面积，推进工业集中区的优化整合，引导农民集中居住，减少农村生活空间，适度增加生态空间。惠山区阳山、锡山区鹅湖、江阴市长泾、宜兴市西渚等区域保持现有的空间形态不变，现有的农业生产空间和自然生态空间不变。

**4. 打造市域城市群**

优化完善城镇体系。积极开展新型城镇化试点，有序推进无锡中心城区建设成为Ⅰ型大城市、江阴城区建设成为Ⅱ型大城市、宜兴城区建设成为中等城市，培育一批重点镇建设成为小城市，形成大中小城市良性互动的市域城市群，与特色小城镇协调发展。统筹梁溪区、太湖新城等核心城区发展，加快推进锡山区、惠山区、滨湖区、新吴区与核心城区有机融合，提升无锡中心城区综合功能。完成城区行政区划优化调整，有序推进梁溪区城市更新，切实增强梁溪区发展活力。推进锡东新城、太湖新城的产城融合，强化新城产业支撑，增强中心城区的集聚辐射能力。充分发挥江阴的临江优势，积极融入长江经济带建设，加快发展江阴高新技术产业开发区、江阴临港新城，将其打造成为现代化滨江城市。充分发挥宜兴作为京杭高铁节点的优势，加快建设丁蜀高铁新城和宜兴产业转型升级集聚区，提升宜兴环保科技工业园发展水平，支持宜兴向苏西南、浙西北、皖东南地区辐射，将宜兴打造成为苏浙皖交界地区的区域性中心城市，加快"两翼"均衡发展。积极开展小城市培育试点，推动重点乡镇向小城市发展，一般乡镇向特色小城镇发展，促进大中小城市与小城镇协调发展。依托江阴周庄、华士、宜兴官林、和桥、锡山东港、惠山洛社等一批重点镇（涉农街道），深化乡镇行政管理体制改革，完善基础设施，加强产业集聚，加快社会事业发展，培育形成一批人口规模集聚、综合实力较强、功能配套齐全的小城市。推进乡镇行政区划调整，深入推进城乡一体化先导示范镇建设，依托江阴新桥、宜兴太华、锡山鹅湖、惠山阳山、滨湖胡埭等具有一定基础的乡镇（涉农街道），充分发挥生态建设、文化旅游、商贸物流、交通枢纽等功能，培育形成一批产业集聚型、生态旅游型、古镇保护型等特色小城镇，推进乡镇分类发展。

**5. 推进锡澄、锡宜一体化**

坚持以基础设施互联互通为先导，促进空间共构、功能共生、产业共谋、设施共建，推进锡澄、锡宜一体化发展。统筹重大基础设施建设，促进无锡空港、江阴港口、无锡内河港口联动发展。建设无锡市区、宜兴城区货运通道与江阴港区疏港通道，提升江阴港口货物吞吐功能。建成锡澄、锡宜连通干线公路、苏锡常南部高速公路、西环线、新锡澄路，完成锡澄、锡宜一体化快速联系通道、无锡至江阴城际铁路、无锡至宜兴城际铁路、宜马快速通道等重大基础设施。建成锡澄、锡宜交通一体化格局。加快规划建设江阴高新技术开发区青阳园区和惠山工业转型集聚区，促进协同发展，成为锡澄产业合作的先导区。依托苏锡常南部高速公路建设，加强滨湖区、新吴区和宜兴沿太湖地区产业合作，共建环太湖旅游圈，探索打造环太湖科技产业带。推动锡澄、锡宜产业一体化发展。

**6. 加快新农村建设**

优化农村布局规划。根据农村人口转移和村庄变化实际情况，尊重乡村演变的自然客观规律，以市（县）区为主，深入研究，科学论证，编制和完善镇村布局规划，合理确定一定发展阶段内的规划发展村庄，明确村庄布点和建设规模。对空心村开展重点整治行动，有序推进"空壳村"撤并。对规划发展村庄，因地制宜稳步推进农村房屋建设，探索通过宅基地置换、引入民间资本等方式进行建设改造，改善农村形态和居住条件。推进农村特色文化建设。加强农村建设发展分类指导，培育发展产业重点村、历史文化村、生态特色村等类型的特色村庄。完成宜兴的都山村、江阴的三房巷村等人口规模较大、区位优势突出、具备一定产业基础的村庄向特色小城镇发展。实施历史文化名镇名村和传统村落乡村特色保护计划，探索政府投入与社会化运作相结合的方式，提高保护水平，加大锡山严家桥、惠山礼社等历史文化型特色村庄保护力度，积极推动惠山的万马村、锡山的山联村、宜兴的善卷村等生态环境建设良好的中心村发展乡村旅游，着力打造惠山阳山、江阴华西、宜兴湖㳇等乡村特色旅游品牌。改善农村人居环境。继续推动"美丽乡村"建设，全面丰富"农村美"新内涵，加大力度推进基础设施建设和各项社会事业向农村倾斜，积极引导社会资本参与农村基础设施建设，健全农村基础设施投入长效机制。完成街道（镇）生态文明规划编制工作，积极推动宜兴、惠山等地开展美丽宜居乡村示范建设。继续推进村庄环境改善提升行动，开展畜禽污染专项整治，将无锡市域内太湖水域的一、二级保护区率先建成全国农村环境连片整治样板区。以美丽村、整洁村、康居村为标准，强化村级"四有一责"建设，统筹推进农村污水有效治理，全面推进农村生活垃圾治理，在偏远地区逐步推行生活垃圾生化处理器的使用。开展农村危旧房改造和农房适度集中工作。到2020年，实现农村生活垃圾机械化收集率达到100%，农村村庄环境整治达标率达到98%，农村生活污水处理率达到60%。

## 二 积极构建"两型"产业体系

积极构建"两型"产业体系，努力做大新兴产业规模，发展现代服务业和现代农业，加大环保科技创新力度，着力推进各类示范工程建设。

## 1. 积极构建"两型"产业体系

无锡正处在工业化中期向工业化后期转变的特殊历史阶段，是产业技术结构、城乡空间结构、收入分配结构转型的关键时期。产业结构的优化升级受到多重掣肘——技术创新面临的市场空间挤压强度增大，消费结构受收入增长的约束趋紧，生态环境承受的压力逐步增大等，必须实现以资本密集型产业为主导向以技术密集型产业为主导转换。全球经济转入缓慢增长的大周期。这种趋势既给无锡这样一个以开放型经济为主的城市带来巨大挑战，也对无锡的产业机构优化升级形成了一种倒逼机制。"绿色低碳"将引领一个新的经济时代。党的十八届五中全会明确提出"创新、协调、绿色、开放、共享"五大发展理念，绿色发展的国际门槛不断提高，环境治理投入和监督成本不断加大，催生加快产业结构转型升级的内在动力。2016 年中央经济工作会议明确提出，去产能、去库存、去杠杆、降成本、补短板，矫正要素配置扭曲，提高全要素生产率，加快培育新的发展动力，增强持续增长动力。以产业优化升级为加快"两型社会"建设的战略重点，形成以新兴产业为先导、现代服务业为主体、先进制造业为支撑、现代农业为基础的现代产业体系，实现创新驱动发展；秉持生态优先和分类指导原则，注重集聚产业特色，发挥比较优势，凸显环太湖地区的山水优势，优化沿湖产业发展，协调整合生态保护和资源开发。

## 2. 加快实施"退城进园"，促进产业集聚发展

退城进园，承接"退城"企业的产业园区的集中治污成效也日趋明显。无锡着眼于转变经济发展方式、优化城市空间布局和建设生态环保型城市，大刀阔斧地展开一场涉及数百亿元资金、牵涉数万人、影响深远的工业布局大调整——退城进园。"十二五"初期，无锡市化学需氧量、氨氮、二氧化硫、氮氧化物分别完成省下达五年目标任务的 105.8%、88.6%、112.4%、40.2%，均超时序进度完成减排指标。促进产业集聚发展。围绕"三地三中心"建设目标，推进国家现代农业示范区、惠山工业转型集聚区、宜兴环保科技工业园建设，打造无锡"两型"产业示范园区。

加大力度实施园区生态化改造，进一步引导产业向重点开发区域集聚，继续推动产业集聚发展、土地集约利用以及环境集中治理。推进工业园区转型升级。按照无锡市主体功能区实施计划，优化产业发展空间布局，建立健全产业退出机制，加快推进工业用地由低产出向高产出置换、

开发由低水平向高水平转变。探索完善高效利用土地、促进产业集聚集约发展、实现工业园区转型升级的政策措施。全面推动园区循环化改造工作，实施并申报重点节能与循环经济项目100项以上，新增循环经济试点单位10家。

**3. 大力发展新兴产业、现代服务业和现代农业**

组织实施极大规模集成电路成套工艺、超级计算机等国家重大科研项目，以特色产业园区为载体，着力培育产业群，完善产业链，推动物联网、云计算、环保等十大重点产业快速发展，全力组织实施新兴产业双倍增工程，新兴产业产值年增长15%，规模以上工业中战略性新兴产业占比保持在30%左右。深化与高等院校、科研院所的合作。高标准建设国家知识产权示范城市，加强知识产权运用和保护，以促进中小科技型企业发展。提升农业新兴产业发展水平，构建生物农业创新创业体系，全力推进无锡太湖生物农业谷建设，在以动物生物反应器产业为重点的南园及以组培、生物育种、生境控制为重点的北园，吸引科捷诺生物、三阳植物、第一种苗等数十家企业入驻园区。

实施服务业超越计划。把发展现代服务业作为做大做强"两型"产业的重要举措，加大政策、资金扶持力度，突破发展新兴服务业，加快发展优势服务业，提升发展传统服务业。大力发展软件和服务外包、工业设计和文化创意、云计算、金融、旅游、物流、商务、信息和商贸（城市综合体）等服务业，突出发展旅游业和会展业，以及研发、设计、营销等高附加值环节，促进产业链向两端延伸。培育、扶持一批提供资源节约、废弃物管理、资源化利用等一体化的专业性服务企业，为企业、园区提供外包式、嵌入式服务和整体解决方案，促进专业性循环经济服务机构与企业、园区生产流程的有效对接。建立循环经济信息和技术服务体系，鼓励发展循环经济咨询机构，提供政策、法规、技术、管理、市场等服务。

建设国家现代农业示范区。推进农业产业结构调整，引导农业向科技型、生态型、集约型转变。以农业园区建设为载体，推进高效规模化农业发展，累计建成锡山、江阴（徐霞客）省级现代农业园区5个，建成10个千亩以上市级现代农业园区，编制《无锡市国家现代农业示范区总体规划》，加快建设国家现代农业示范区的步伐。加强农业资源保护和合理开发，积极推进农业废弃物循环利用，推广使用喷灌、滴灌技术，促进节水型农业发展。控制和减少农业面源污染，农业废弃物综合利用率达到94%，秸秆综合利用率保持在93%以上。全面推进农田标准化改造，改善农田基础设施和农业生产条件，提高农业综合生产能力。截至2015年，全市高效农业面积比重、高标准农田比重、农业机械化水平、设施农业面积比重分别达到60.4%、60%、86%和15.1%。

**4. 加大环保科技创新力度，构建"两型技术"体系**

支持和引导科研机构和人员围绕"两型社会"建设的共性技术、关键技术进行研发，构建产学研相结合的"两型技术"创新体系。建立环境监测预警和应急处置机制。在全市合理布局环境质量监测点位，开展"感知环境，智慧环保"物联网示范工程，建设在线监测数据控制中心，建成"感知环保"环境监测监控平台，建立集污染源监测、环境质量监测、环境应急监测为一体的环境预警体系。强化节约型、环保型技术的自主创新，积极发展开源节流和环境保护的先进技术，提升科技创新能力，推进污染监测和预警、水质快速监测及防治、城市智能交通、建筑节能等方面的关键技术示范应用。每年申报获批江苏省科技创新与成果转化项目70项，重点推动光伏、物联网等优势战略性新兴产业项目的应用、示范和推广。

组织实施国家水体污染控制与治理等科技重大专项，在传感网络与环保领域研究推广传感信息技术，推进环保物联网示范应用。完善科技创新扶持政策，探索"拨改贷""拨改股"等扶持方式，推进科技创新成果产业化。积极推广应用清洁生产技术，推进农业、工业、服务业领域清洁生产示范，建立起比较完善的发展循环经济长效机制。以园区建设为载体，加快建设全国领先的节能环保产业基地，培育一批以节能环保工程承包为龙头，集技术开发、设备成套、产品制造为一体的骨干企业。推广制冷与通风技术、分布式能源、集中式太阳能供热等节能新技术、新工艺、新产品，加快推进重大节能环保装备产品产业化，提升企业节能降耗水平。采取直流水改循环水以及空冷、中水、凝结水回用等节水措施，大力发展节水型工业。提高秸秆综合利用率。重点扶持江苏普阳环保能源科技有限公司和宜兴新锦源生态菌业专业合作社，开展秸秆固化成型和秸秆基料化利用。加大对小麦、水稻秸秆综合利用和农机购置的补贴力度，提高市场主体积极性。全市秸秆综合利用率达92.51%。

### 5. 着力推进各类示范工程建设

以重大项目为转型升级的重要抓手。加快推进工业化和信息化深度融合，每年新增省级以上"两化融合"示范试点企业 30 家。实施太湖新城水环境综合整治工程、中瑞低碳生态城、新沟河与新孟河拓浚工程等一批生态建设重点项目。"太湖贡湖生态修复模式工程技术研究与综合示范项目"被列为国家水专项重大研究课题，借鉴世界生态修复先进经验，示范区水质明显好于外太湖，成为可推广的示范性样本工程。

扎实开展"项目建设突破年"活动。推进太湖新城"清水流域"、"万顷良田"、循环经济、光伏太阳能应用、可再生能源建筑应用、中水回用、垃圾分类收集和处理、绿色乡村建设示范项目，开展"两型社会"建设集中展示区以及示范乡镇（街道）、社区（村）、学校、企业、机关、志愿者队伍等"两型社会"创建活动。推进"两型"机关、学校、医院、体育场馆、科技场馆、文化场所、金融机构、驻锡军营八大示范工程建设。

开展低碳经济示范试点（工程）建设。创新生态城市管理模式，从地区、园区、企业、小城镇四个层面开展市级低碳经济示范试点工作，推进低碳城市建设"十大工程"。加快推进中瑞低碳生态城建设，创建国家低碳示范城，将中瑞低碳生态城建成国家低碳发展示范城试点。大力发展低碳技术和绿色产业，突出抓好产业、能源、建筑、交通、消费等领域的低碳化。规划建设无锡太湖低碳示范区。建成一批循环经济企业和园区，推进节能和循环经济重点示范项目。在冶金、化工、机械等制造业领域和农业、建筑、交通等重点领域建设清洁生产示范工程，每年完成清洁生产审核企业不少于 150 家。截至 2015 年年底，全部重点工业、农业和服务业园区建成循环经济园区，太湖沿岸纵深 5 公里范围内建成循环经济带。

## 三　推进集约节约利用体制机制改革

积极推进集约节约利用体制机制改革，大力发展循环经济，调整能源结构，健全土地节约机制，推进节水型社会建设，推行建筑节能。

### 1. 积极推进集约节约利用体制机制改革

建立和完善土地节约集约利用机制，先后制定《无锡市能源结构调整实施方案》《无锡市控制原煤消费量工作方案》《无锡市光伏太阳能推广应用示范工程实施方案》《无锡市低碳城市建设实施方案》《无锡市太湖新城生态城条例》。集中开发与均衡布局，科学规划主体功能区：推进土地节约集约利用，建立盘活存量和使用增量挂钩制度，落实严格的耕地保护制度和节约用地制度，高效使用土地资源，划定生态红线保护区域。制定低碳城市建设规划，加强低碳化发展研究，建设创新能源中心、低碳生活体验区等一批功能性项目，着力推进太湖新城—国家低碳生态城示范区、中瑞低碳生态城建设，完善"低碳城市"发展机制。建立区域能源消费总量控制的机制体制，建立节能信息发布制度、节能产品认证和能效标识管理制度，加强能源定额、限额管理和对固定资产投资项目的规范管理，实施节能投资担保机制、节能自愿协议、合同能源管理制度等市场化节能新机制。

**2. 积极构建循环经济体系**

全面推广资源节约、替代和循环利用等技术，促进资源循环利用、企业循环生产、产业循环组合和社会循环消费，制定无锡市循环经济的行业标准和社会标准。以骨干企业和市级以上开发区为重点，建成工业固体废物处理、建筑和生活垃圾处理、工业废水回用等循环经济产业链。

实施循环发展引领计划。推行企业循环式生产、产业循环式组合、园区循环式改造，减少单位产出物质消耗，构建以循环型工业、现代农业和服务业为主体的产业体系。推进绿色清洁生产，推动重点污染物削减和煤炭清洁高效利用，强化钢铁、水泥、化工、电力等重点行业清洁生产审核和各类工业园区环境基础设施建设，推动所有省级以上开发区建设生态园区。

大力发展生态循环农业。优化农业生态系统的产业结构和内部机构，提高农业系统物质能量的多级循环利用，延长产业链条；严格控制外部有害物质的投入和农业废弃物的产生，最大限度地减轻环境污染和生态破坏。积极推广"上农下渔""畜禽—沼气—菜果""农林牧渔复合"等种养结合、循环利用、废弃物资源化利用的循环经济模式，建设一批特色示范基地，实现农业生产过程各种要素的有机循环。仅2014年全年完成沼气工程13处，秸秆综合利用率在95%以上。

实施园区循环化升级改造。把循环经济理念始终贯穿于各级各类园区规划、建设、招商引资及园区发展模式转变过程之中，坚持"减量化、再利用、资源化，减量化优先"方针，加强公共基础配套设施建设，通过

"补链、长链、强链"提升园区循环化改造工作水平，推进工业园区转型升级。出台《无锡市市（县）区科学发展考核的实施意见》，将惠山经开区、无锡新区、江阴高新区、无锡综保区 4 个开发区纳入行政审批改革、开发区转型升级、开展优化整合海关特殊监管区功能省级试点。

加强再生资源回收利用。出台《无锡市可再生能源建筑应用城市示范实施方案》，促进再生资源企业覆盖全市，形成"资源—产品—废弃物—再生资源"的循环经济模式。无锡现有商务部再生资源回收经营者备案企业 200 多家。推进新区再生水管网、太湖新城污水处理厂再生水回用示范等项目建设。全面执行绿色建筑标准，尤其是在保障性住房、政府投资项目、示范区内的项目、大型公共建筑四类新建项目建设中。以城市矿产资源的循环利用为重点，研究建设城市静脉产业园，促进再生资源规模化、产业化发展。

**3. 调整能源结构，积极推进"低碳城市"建设**

调整能源消费结构。合理引导、调控能源需求，建设清洁能源区，构建稳定、经济、清洁、安全的能源供应体系。大力推进太阳能、风能、生物质能、浅层地热能等新能源开发应用，提高非化石能源消费比重。加大政策引导，鼓励机关、企业、居民住宅等应用绿色能源。实施燃煤热电资源整合，禁止新建火电厂，削减全市燃煤总量。强化能源科技创新，促进煤炭清洁高效利用。2015 年，原煤消费量占全市能源消费总量的比重下降 10%，天然气消费量年均增长 15%，光伏太阳能综合应用规模力争达到 60 兆瓦。

建设全国低碳示范城市。制定无锡低碳城市建设规划，高起点推进太湖新城国家低碳生态城示范区和中瑞低碳生态城项目建设，加强低碳化发展研究，建设低碳建筑展示中心、创新能源中心、低碳生活体验区等功能性项目城。推进低碳关键技术和共性技术攻关，大力发展低碳型产业，加快推进太阳能、风能、新能源汽车、节能环保、水电设备制造等产业发展，培育、壮大低碳产业集群。探索发展碳资产、碳基金等新兴环保金融业务，设立绿色发展基金，推动碳捕集、利用等低碳技术的国际合作，推动低碳产品认证和广泛使用，完善低碳产业发展、低碳产品应用的市场交易体系和政策法规体系。

**4. 加强能源综合利用，引导全社会挖潜节能**

建立节能产品认证和能效标识管理、节能信息发布、合同能源管理等节能新机制，全面开展投资项目节能评估和审查，科学合理利用能源。以单体建筑综合应用、城市道路公共照明、区域及景观照明以及光伏太阳能并网发电等系统开发为重点，大力推广集中式太阳能供热、制冷与通风技术，发展分布式能源，采用天然气等清洁能源。

建立资源综合利用体系。完善促进资源回收利用政策，加强再生资源回收利用，推进资源再生利用产业化。实施工业固体废物综合利用工程，实现工业固体废物无害化、减量化和资源化，工业固体废物综合利用率达100%。加大农业废弃物的资源化利用、农作物秸秆还田和综合利用以及家电产品回收再利用的推广力度。

加强公共机构节能。推进机关既有办公建筑节能改造和合同能源管理，制定《无锡市公共机构节能管理办法》，促进公共机构节能工作规范化、制度化、常态化。组织开展"绿色办公　反对浪费"大讨论，充分发挥党政机关在"两型社会"建设中的示范引领作用。分类制定各类公共机构能耗定额标准，全市公共机构人均综合用能下降3%，人均用水下降3%，公务车平均油耗下降2%。

加强节能降耗工作。落实能源消费总量控制政策，严控原煤消费总量，继续淘汰落后产能，严控高耗能、高排放行业新增产能。深化重点行业、电力、热电联产、交通等领域的能源结构调整，加快天然气、可再生能源、新能源利用和清洁能源区建设。加快实施电厂脱硫脱硝设施改造、钢铁企业烧结机脱硫、水泥厂脱硝改造，全面完成氮氧化物减排任务。

加快"感知能效"系统建设。在江苏省率先建立合同能源管理风险池基金，市财政每年安排1500万元，为合同能源管理企业提供融资平台。实时监测、监控用能单位能源消耗的变化情况，将无锡列入国家首批工业能耗在线监控试点城市，建设市、县（区）和企业三级监测平台，年新增启动能耗在线监测重点用能企业15家，2013年提前完成省下达的单位GDP能耗下降率目标。

**5. 盘活土地存量，健全土地节约集约利用机制**

2011年无锡市出台《进一步加强土地资源配置工作的意见》，发挥城乡规划和土地利用总体规划的整体管控作用，实施最严格的节约用地制度和耕地保护制度。稳妥推进"万顷良田"建设工程，深入实施"两置换一转化"工作，通过大规模土地整理，提高农业规模化经营水平，优化土地资源配置。完善激励、倒逼和问责机制。到 2015 年，工业集中区和经济开发区亩均土地产出提高 30%。

　　盘活存量建设用地，进一步提高现有建设用地的利用效率。提高工业用地准入门槛，明确落户工业集中区和省级以上开发区的项目亩均投资强度分别不得低于 350 万元和 450 万元。调整存量土地盘活思路，以地块开发工作作为存量土地盘活的标准，建立存量土地盘活数据库，按月动态巡查，实时跟踪盘活情况。出台《关于构建节约用地"1236"战略布局的实施意见》，形成无锡市节约用地"1236"战略布局，将低效用地再开发、工业用地退出、存量建设用地盘活等纳入该战略布局。深化盘活存量土地工作机制，创新高效用地激励办法，对三年内退出 200 亩以上低效用地（200 万元/亩）的工业园区给予奖励，严格控制土地开发强度。探索宅基地退出机制，实施建设用地减量化战略，力争 2020 年在全省率先实现建设用地总量锁定。全市建设用地 GDP 产出达到 7.5 亿元/平方公里。

　　严守耕地红线，严格划定和保护永久基本农田。"十二五"末期，无锡市工业集中区和经济开发区亩均土地产出提高 30%，基本农田保护面积控制在 10.988 万公顷，确保全市 164.82 万亩基本农田面积不减、质量提高、布局稳定。规范耕地占补平衡制度，严格控制非农建设占用耕地。推进农村土地股份合作制改革，加强城乡统一的土地交易市场建设，鼓励农村宅基地有偿退出，探索和建立合理的土地收益共享机制，促进集体建设用地有序流转。推进农村集体经济组织产权制度改革，探索制定成员资格认定办法，保护成员的集体财产权和收益分配权，加快推进"政经分设"改革试点。

### 6. 加强水资源节约利用，持续推进节水型社会建设

　　依法管水，推进节水型社会建设。《无锡市水资源节约利用条例》明确规定，发展节水工业，推广直流水改循环水以及空冷、中水、凝结水回用等节水措施；发展节水农业，综合运用节水技术，创建节水灌溉示范园；大力发展污水再生利用和雨水利用，新建建筑物占地面积 2 万平方米以上都要建成雨水利用设施；在有条件的地区实行分质供水，推广使用节水新技术、新工艺、新设备、新器具；持续开展节水型城市、企业（单

位）、社区、灌区、家庭等创建活动。2015 年，单位工业增加值用水下降20%，工业用水重复利用率保持在 80% 以上，再生水重复利用率达到 33%。

实行水资源消耗总量和强度双控行动，强化用水总量控制和定额管理，合理制定水价。出台《无锡市实施最严格水资源管理制度考核办法》，严格实行用水总量、用水效率控制。完善"引江济太"体系建设，加强重要引水河道保护，优化沿江、沿太以及全市水库地区取水口和排污口布局，依法整治饮用水水源地保护区内的开发利用活动，提高水源地安全保障水平。严格落实用水总量、用水效率控制红线，将用水总量与新增取水许可审批紧密结合。编制《无锡市水资源三条红线管理控制规划》，修订工业用水定额，全面实行用水总量控制，2015 年全市万元GDP 水资源消耗量降至 55.3 立方米，荣获"江苏省节水型社会建设示范市"称号。

### 7. 开展绿色建筑行动，加快建筑产业绿色发展

以绿色建筑为抓手，大力推进建筑节能和绿色建筑示范区建设。结合旧城区综合改造、城市市容整治以及既有建筑抗震加固，以建筑门窗、外遮阳、自然通风等为重点，有序推进既有住宅建筑的节能改造。对于新建建筑全面推广区域供冷或水冷式空调系统、建筑外墙保温隔热、屋顶绿化等节能技术，提倡适度装潢。新建建筑必须通过绿色标准验收。

加快建筑产业绿色发展。全面实行绿色规划、设计、施工标准，推广绿色建材和绿色施工，实施建筑能效提升工程，推进住宅产业化和建筑工业化。严格执行建筑节能标准，推广应用新型墙体材料、绝热隔音材料、优质防水材料和密封材料，大力发展绿色（节能）建筑。每年新开工建设的绿色建筑面积保持在 200 万平方米以上，太湖新城范围内可再生能源建筑应用比例保持在 25% 以上。

## 四 创新环境综合治理制度体系

创新环境综合治理制度体系，以太湖水环境综合治理为重点，推进节能减排，加快淘汰落后产能，实施"蓝天工程"，规范工业固体废物处置，发展绿色低碳交通。

### 1. 创新环境综合治理的制度体系

完善一批涉及节能减排、节地节水、低碳发展、循环经济、清洁生产、污染防治等地方性法规，建立环境污染责任保险制度、环境治理代理人制度，健全资源环境评估体系。积极发挥价格调节作用，进一步完善环境、土地等资源有偿使用机制，完善污染物排放许可有偿使用、区域环境资源补偿、碳排放交易等制度。

积极推进国家生态保护与示范区建设，完善市域生态格局，构建以生态绿廊为纽带、重要生态园区为节点的生态网络体系，让城市融入自然，让居民"望得见山、看得到水、记得住乡愁"。实行最严格的生态保护制度，贯彻落实无锡市生态红线区域保护规划，强化刚性约束，完善考核评估机制，确保生态红线区域保护面积不低于国土面积的 28.69%。加强生态管控，按照各区域地形、地貌、水系及植被分布的地域差异性构建"一体两翼"生态保护空间格局，增加生活空间、生态用地，保护和扩大绿地、水域、湿地等生态空间。加强自然保护区规范化建设，以及沿路、沿江、沿河、沿湖、惠山、马山和宜南山区等特色区域生态风貌保护，均衡城市公园布局。

### 2. 实施以太湖为重点的水环境综合治理

2007 年太湖蓝藻大暴发，敲响了无锡太湖生态环境保护的警钟。无锡市确立"环保优先、生态立市"总基调，实施以太湖为重点的水环境综合治理。每年全市累计投入治太资金 300 多亿元，控源截污、生态修复、清淤打捞、调水引流等多措并举，太湖无锡水域水质逐年改善，主要饮用水源地水质全部达标，治太工程完成率连续四年全省第一。

深入推进水污染防治行动计划。以太湖治理为重中之重，坚持铁腕治污、科学治水，建立太湖综合治理长效机制。持续推进治理太湖重点工程建设，完善"引江济太"调水体系。实施国家水专项科技示范工程，突出氮磷控制；开展河道综合整治，恢复水系自然流通功能；加强工业水污染防治，实施工业污染源稳定达标排放计划，鼓励再生水回用，有效降低工业废水排放总量；开展畜禽养殖污染专项整治行动，加大农业面源污染防治；优化污水处理设施布局，实施污水处理设施提标改造，提升污水处理能力和水平。加大自然湿地保护和恢复力度。探索建设初期雨水处理及利用工程，强化地下水保护和修复，打造"海绵城市"。到 2020 年，确保城市Ⅲ类以上地表水比例稳步提高。

　　太湖水环境综合治理成效显著。科学组织调水引流。"引江济太"工程累计调引长江水8.1亿立方米，其中调入太湖3亿立方米，梅梁湖泵站调水4.5亿立方米，大渲河泵站调水3亿立方米，城区河道调水1.8亿立方米。引清释污，有效改善了太湖水源地及周边河道水环境。有序推进生态清淤。积极推动淤泥资源化利用，仅梅梁湖生态清淤工程完成200万立方米清淤量。持续开展蓝藻打捞处理。出台《无锡市蓝藻打捞与处理管理办法》，加强沿湖142公里湖岸线的湖泛和蓝藻巡查，落实长效管理机制。建成8座藻水分离站，日处理藻浆能力达14000吨，打捞处理蓝藻120万吨。加快实施治太重点工程。完成走马塘工程无锡境内39公里河道拓浚工程。实现无锡太湖水质藻情的"一个稳定、三个改善"。① 在全国首创"河长制"管理模式。实施望虞河西岸、直湖港、太湖新城、宜兴太湖西岸等重点片区环境综合整治，实现太湖连续八年安全度夏。深入开展国家水利现代化、国家水生态文明双试点，加快准进"一湖一城、一岛三带、九园百村"十六项重点示范工程建设，着力构建安全集约的水资源体系、健康畅达的水环境体系、和谐秀美的水生态体系、严格现代的水管理体系和彰显特色的水文化体系五大体系。形成双水源供水格局。全面建成新沟河、走马塘、新孟河等太湖引排骨干工程，实现太湖与长江的畅引畅排。建成太湖新城"清水流域"示范区，完成贡湖湾沿湖环境、蠡湖水环境深度治理和生态修复工程四期建设，保持太湖治理的常态化，确保城市供水的安全。

### 3. 淘汰落后产能，实施"蓝天工程"

　　果断淘汰落后产能，严控高耗能、高排放行业新增产能。深入推进"三高两低"企业整治，淘汰落后用能设备。淘汰焦炭、造纸、制革、煤炭、钢铁、水泥、电力、有色金属以及印染等行业的落后产能，完成对化工、黑色金属冶炼、琉璃瓦和热电四个行业的综合治理。全面完成国家和省下达的印染3000万米（国家任务3000万米）、化纤10万吨的淘汰任务及关停166家"三高两低"企业的任务。淘汰落后电机65000

---

① 集中式饮用水源地水质稳定达标；太湖无锡水域水质、藻类集聚情况、入湖入河水质持续改善。

千瓦。

编制完成无锡市温室气体排放清单。出台《无锡市大气污染防治行动计划实施细则》《无锡市重污染天气应急预案》等文件，对全市 45 家热电企业实施整合、整治，完成生态红线区、高污染燃料禁燃区、省级以上开发区内的 159 台燃煤锅炉整治。开展建设工地扬尘"百日整治""百日提升"集中整治活动，加强市政工地、建筑工地、拆迁工地环境管理，建设工地扬尘治理实现全面覆盖。实施机动车尾气专项整治，淘汰"黄标车"和老旧机动车，做好国 V 标准汽油供应工作。加快秸秆综合利用的市场化、产业化、规模化，建成 2 处大型秸秆能源化项目，增强秸秆收贮和消纳能力。开展铅蓄电池及再生铅行业综合整治，工业退役地块土壤修复，完成新苏机械厂、锡钢厂、焦化厂的土壤修复工程。

启动实施"蓝天工程"三年行动计划，强化工业大气污染防治，加大建筑工地的扬尘治理和道路污染治理力度，实现建设工地文明施工的常态化管理，建立大气污染联防联控和监测监控体系，确保空气优良天数比例在 94% 以上。全面开展工业废气治理、机动车尾气污染防治、油气回收治理、餐饮业油烟污染防治等工作。2015 年全面完成大气污染防治"蓝天工程"三年行动计划，工业废气治理、扬尘污染防治、机动车排气污染防治、油气回收、秸秆综合利用等重点工作成效显著。大气自动监测站建设步伐加快，全市大气环境监测体系进一步优化，大气污染防治规划得到全面落实。到 2020 年，细颗粒物（PM2.5）浓度大幅下降，酸雨频率大幅下降，重污染天气明显减少，空气质量良好天数比例显著上升。

### 4. 规范固体废物处置和噪声治理

加强危险废物处置监管，确保危险废物依法安全处置。加强核与辐射安全监管，实现放射源实时在线监控，建设城市危险废物和低放射性废渣处置场，集中收贮放射性废物，安全处置危险废物，完善危险废物转移审批、资质许可等管理制度。加强重金属等重点行业的环境监管，开展重金属污染物等专项整治和土壤修复工作，提高应急处置能力。

提高固体废弃物处置能力。编制实施全市工业固废处置利用规划，推进固体废物处置服务市场化，完善固体废物有偿收集、运输和处置的有效机制，实现工业固体废物全部集中收集处理，工业固体废物处置利用率达到 100%。全面推进以家庭、社区为重点的生活垃圾分类收集，增强终端处置能力，完善城镇生活垃圾分类集运处置体系。

增强社会生活噪声污染防治意识，加强工厂企业噪声的物理隔离，推广使用低噪声的先进设备和工艺。严格控制施工现场噪声，加强夜间和特殊时段噪声管理，积极开展"绿色工地"创建活动。加强交通噪声控制，严格实行机动车禁鸣措施，加强主干河道船舶噪声管控。

### 5. 发展绿色低碳交通，推进绿色无锡建设

发展绿色低碳交通。出台《无锡市机动车船排气污染防治条例》，淘汰"黄标车"和低速载货车，严格机动车环保定期检验，实施机动车环保标志管理，对排放不达标车辆进行专项整治。加强交通低碳节能技术成果应用，推进天然气等替代能源车辆推广应用，引导各类经营性运输工具的升级更新，建设低碳交通运输体系。无锡被列入全国首批绿色低碳交通运输体系区域性试点城市，新购油电混合动力公交车数百辆、天然气公交车近百辆，城市居民公共交通出行分担率达 26.52%。

建设"绿色无锡"。全面开展城乡环境整治，完成城区老居民小区全面改造，加强生态功能区、城市湿地和生物多样性保护，开展城乡绿化造林，加强绿道网和公园绿地建设，加大湿地保护和沿山体、沿河道绿化力度，发展垂直绿化和屋顶绿化。"十二五"开局，无锡就新增造林绿化面积 1.1 万亩，全市林木覆盖率在 26.7% 以上，率先建成"国家森林城市"。完成环城古运河和蠡湖的环境综合整治工作，长广溪、梁鸿湿地成为全国首批国家湿地公园。营造城市更加优美、舒适、整洁的生活环境，着力构建绿色宜居城市生态体系。到 2015 年，全市林木覆盖率达到 27%，城市建成区绿化覆盖率在 45% 以上，在全国率先建成生态城市群，荣获中国人居环境奖。

## 五　健全公众参与制度体系

积极健全公众参与制度体系，加强"两型社会"建设宣传教育，建立资源环境信息公开制度，建立绿色采购、绿色信贷、绿色消费机制，健全公众参与监督机制。

### 1. 积极健全公众参与制度体系

创新建立公众参与体制机制。倡导节电、节能、节水、节地等低碳消费方式，广泛开展环境优美乡镇、生态村、绿色学校、绿色社区、绿色机

关等创建活动,规范创建标准,丰富创建内容,完善推进机制,营造"两型社会"建设共建共享的良好氛围。动员市民人人争当环保卫士,党员干部要以身作则,带头垂范。

开展"两型"校园创建活动。为提高全市中小学环境教育实施水平,市教育局、环保局联合出台《无锡市"两型社会"建设示范学校考核标准》,旨在强化环保意识、节约意识,创设"资源节约、环境友好"文化理念。2015年,无锡确定江阴市城中实验小学等18所学校为"两型社会"建设示范学校,无锡市勤新实验小学等6所学校为"低碳消费"示范学校。

开展"两型"机关示范活动。全市各级公共机构认真贯彻落实《无锡市公共机构节能管理办法》,以"推行绿色公务,引领节能行动"为主题,以"行为规范、运转协调、团结和谐、节约环保"为总要求,将"两型社会"示范机关创建与文明机关创建、机关作风效能建设相结合,进一步树立机关的良好形象,增强机关工作人员的资源节约和环境保护意识。2015年,无锡通报表彰102个"两型社会"建设公共机构示范单位和90名先进个人。

### 2. 加强"两型社会"建设宣传教育

开展资源节约、环境保护系列主题宣传教育活动,着力培育市民的节约资源、环境友好、循环发展的文化氛围和价值理念,努力形成全社会积极参与、密切配合、有序监督的"两型"文化氛围。宣传"两型社会"建设的新观念、新知识、新举措、新成效,引导社会各界广泛参与,注重宣传教育的针对性、群众性和实效性,创建一批"两型社会"建设综合配套改革试点示范单位。

以"节能宣传月""环境月""城市节水宣传周""地球水日""地球日""全国土地日""水安全活动日""无车日""无烟日""能源紧缺体验日"等活动为宣传载体,广泛开展以"两型社会"建设为主题的宣传教育活动,营造"两型社会"建设共建共享的良好氛围。在机关、学校、企业、乡村大力倡导节水、节能、节电、节地等低碳消费方式,加强"两型社会"环保志愿者队伍建设,积极组织洁净家园、绿化植树、整治河道等公益活动,并倡导开展"环太湖生态文明志愿服务大行动"。

动员全社会重视资源节约、保护环境,建设生态文明,通过逐年加大

"两型社会"建设专项资金的投入，支持环保公益事业，鼓励企业参与"资源节约模范企业""环境友好型企业"等生态文明创建活动。健全公众环境保护和生态建设参与监督机制，推动企业、个人自觉履行生态环境责任，引导全社会积极树立和弘扬生态文明理念，"两型社会"建设理念深入人心。

### 3. 完善环保信息公开制度

畅通资源环境信息公开的渠道，明确资源环境信息公开的范围，广泛听取各界代表和广大市民意见，确保对涉及资源利用、环境保护、生态建设等领域的发展规划、重大政策和建设项目的公开透明，维护公众的资源环境知情权、参与权和监督权。

推进环境信息化能力建设，实施"感知环境，智慧环保"物联网示范工程，实施气象保障和大气防治建设重点工程，提升资源环境监管信息公开能力。加强突发环境事件应急监测体系建设，促进环境质量监测点位合理布局，建成在线监测数据控制中心和天地一体化的生态环境监测网络系统，形成融环境质量监测、污染源监测、环境应急监测为一体的环境预警体系。

制定并及时向全社会发布年度"两型社会"建设工作要点。每年向社会及时发布《无锡市资源节约型和环境友好型社会建设综合配套改革试点工作要点》（以下简称《工作要点》），将大力发展循环经济、促进资源节约、推进新能源应用和主要污染物减排、加强生态环境保护、开展示范创建活动等工作任务下发到各地区、各部门。市两型办与各成员单位围绕《工作要点》进行目标任务分解或职能分工，协调推进"两型社会"改革试点的年度各项任务。系统梳理、总结前阶段"两型社会"建设综合配套改革试点工作，客观分析工作中存在的问题或不足，研究提出下阶段加强和改进工作的办法和措施。

### 4. 完善绿色消费、绿色采购、绿色信贷机制

倡导绿色消费模式。鼓励绿色出行，发展低碳交通，倡导市民选择节能环保、健康的出行方式，大力发展公共交通，提倡使用节能环保型公共交通车辆；建立绿色产品标志制度，加大推广使用具有能效标识、节水标识、环境标识和低碳标识产品的力度，引导消费者选择低碳产品；规范节能产品市场，积极倡导节约简朴的餐饮消费习惯；开展"反食品浪费"行动，减少使用一次性用品和过度包装；积极倡导宾馆、酒店等公共场所取

消免费提供一次性用品。培养市民低碳生活方式和消费习惯。推行绿色采购模式。扩大节能和环境标志产品的政府采购范围,政府采购的绿色产品保持在60%以上。鼓励广大市民购买节能节水和再生利用产品,购买无污染、无公害的绿色产品和服务,购买节能省地型住宅。

开展绿色信贷活动。定期向社会公布企业的环境行为评价结果,并与金融系统实现环境信息共享,严格控制限制类和淘汰类项目的银行信贷,促进资源有偿使用及污染物排放许可和交易制度化、规范化和市场化。2015年"两型社会"建设综合配套改革工作要点明确指出,继续稳步推进排污权有偿使用和交易试点工作。仅2015年上半年,无锡市累计完成排污权有偿使用和交易金额1598万元,完成排污权有偿使用登记357家次,征收有偿使用费1075万元;实施排污权交易项目107个,交易金额523万元。

完善生态保护市场化机制。建立自然生态空间统一的确权登记系统,建立健全归属清晰、保护严格、流转顺畅的自然资源资产产权制度体系,完善自然资源用途管制制度。建立覆盖所有固定污染源的企业排放许可制度。建立健全用能权、水权、排污权、碳排放权初始分配制度。

建立环境污染责任保险制度。地方环保立法增加"环境污染责任保险"条款,适时调整企业环境污染责任保险投保指导目录,环保部门为企业提供环境风险评价及环境损害认定的技术支持,保险公司建立规范的理赔程序和认定标准,确保赔付过程公开透明和信息畅通,促进企业提高环境风险管理水平。

### 5. 健全公众参与监督机制

畅通公众参与环境监督渠道。市民成为环境监督的重要力量,比如:30米范围内的住户对"居民区附近的餐馆能不能建"都有一票否决权;环保部门向市民开放"点单权",有针对性地抽查排污企业;在环境行政处罚评审方面,市民也有发言权,市民的环保热情日渐高涨。作为推动生态环境改善的重要社会力量,环保民间组织不断壮大。2012年无锡在全省首创政府小额资助环保公益团体。"十二五"末期,无锡环保志愿者分会成立,全市环保志愿者人数已达万人。

党员干部以身作则,全体市民积极参与。鼓励市民争做环境保护的宣传员、义务监督员和优秀环保卫士。党员干部带头垂范,争做节能、降耗、减排的"绿色先锋"。利用各类环保听证会、论证会等渠道广泛听取和征求群众意见,强化环保社会评议,接受舆论监督。引导市民共同享受资源环境权益,自觉履行保护资源环境的义务。

建立环境治理代理人制度。以水环境治理为重点,以资源产权制度为突破,以政府特许经营为主,调整环境治理各类权限,建立环境代理人制度。组建无锡市环境资源集团公司,特许代表市政府履行环境治理代理人的职责。代理人的授权范围由水环境逐步延伸到市域生态环境。政府、媒体和社会各界有责任且有义务监督环境代理人的代理行为。

## 六 积极完善"两型"制度政策体系

积极完善"两型"制度政策体系,建立"两型"科学决策评估制度和扶持政策,完善"两型"试点示范项目推进机制,健全环境保护倒逼机制。

### 1. 积极完善"两型"制度政策体系

做好顶层设计。作为江苏唯一的资源节约型和环境友好型社会建设综合配套改革全国试点城市,无锡市出台《无锡市资源节约型和环境友好型社会建设综合配套改革试点总体方案》,建立责任体系,落实目标任务。持续、深入开展太湖治理、节能减排、环境整治、生态创建等各项工作,"两型社会"建设阶段性成效显著,并将"两型社会"建设纳入"四个无锡"① 的中长期发展战略。

完善指标体系。坚持环保优先、节约优先方针;以经济转型升级为核心,实施创新驱动战略;以太湖水环境综合治理为重点,形成有利于资源节约和生态环境保护的体制机制;率先走出一条经济社会与人口资源环境协调发展的新路子,为全省改革积累经验、提供示范。调整思路,更新观念,提高标准,丰富内涵,推进生态文明建设,切实做到"四个一起"②,

---

① "四个无锡"是指加快推进生态文明建设工程和文化建设工程,打造文化特色彰显、生态环境优美的魅力无锡;加快推进科技创新工程,打造科技创新动力强劲、体制机制灵活的创新无锡;加快推进经济转型升级工程、农业现代化工程,打造发展环境优越、产业实力雄厚的创业无锡;加快推进民生幸福工程、社会管理创新工程和党建工作创新工程,打造居民生活富足、社会和谐稳定的幸福无锡。

② "四个一起"是指经济建设与生态建设一起推进,产业竞争力与环境竞争力一起提升,经济效益与环境效益一起考核,物质文明和生态文明一起发展。

形成较为完善的资源节约型、环境友好型建设的指标体系，努力建设成为江苏省"两型社会"建设示范区（见表10－1）。

**表10－1 无锡市"两型社会"建设综合配套改革试点评价指标体系**

| 类别 | 序号 | 具体指标 | 2011年基数 | 2012年目标值 | 2015年目标值 |
|---|---|---|---|---|---|
| 资源节约 | 1 | 单位GDP能耗☆（吨标准煤） | 0.697 | 0.67 | 0.588 |
| | 2 | 单位GDP水耗（立方米/万元） | 56.3 | 55.3 | 52.8 |
| | 3 | 单位GDP建设用地占用（公顷/亿元） | 20.90 | 18.81 | 14.30 |
| | 4 | 单位GDP建设用地占用下降率（%） | 13.78 | 10 | 10 |
| | 5 | 基本农田保护面积（公顷） | 109880 | 109880 | 109880 |
| | 6 | 工业固体废物处置利用率（%） | 100 | 100 | 100 |
| | 7 | 秸秆综合利用率（%） | 90 | 93 | 93 |
| | 8 | 城市污水处理再生利用率（%） | 32 | >30 | >33 |
| 环境友好 | 9 | 单位GDP化学需氧量排放强度☆（千克/万元） | 0.69 | 0.58 | 0.39 |
| | 10 | 单位GDP二氧化硫排放强度☆（千克/万元） | 1.61 | 1.37 | 0.8 |
| | 11 | 单位GDP氨氮排放强度☆（千克/万元） | 0.07 | 0.06 | 0.04 |
| | 12 | 单位GDP氮氧化物排放强度☆（千克/万元） | 2.64 | 2.26 | 1.17 |
| | 13 | 城市生活污水集中处理率（%） | 92.5 | 93.5 | 98 |
| | 14 | 城镇生活垃圾无害化处理率（%） | 100 | 100 | 100 |
| | 15 | 城镇绿化覆盖率（%） | 39.77 | 40 | 40.5 |
| | 16 | Ⅲ类以上地表水比例（%） | 17.5 | 32 | ≥60.8 |
| | 17 | 空气质量优良天数比例（%） | 93.71 | 93 | 95 |
| | 18 | 环境质量综合指数 | 90 | 90 | 92 |
| 科技创新 | 19 | 每万名劳动力中研发人员数（人） | 135 | 137 | 145 |
| | 20 | 每万名劳动力中高技能人员数（人） | 357 | 406 | 604 |
| | 21 | 研发经费支出占GDP比重☆（%） | 2.6 | 2.7 | 3 |
| | 22 | 自主品牌企业增加值占GDP比重（%） | 10.9 | 12 | 15 |
| | 23 | 万人发明专利拥有量（件） | 7.0 | 8.0 | 13 |
| | 24 | 科技进步贡献率（%） | — | — | >65 |

续表

| 类别 | 序号 | 具体指标 | 2011 年基数 | 2012 年目标值 | 2015 年目标值 |
|------|------|----------|------------|--------------|--------------|
| 经济发展 | 25 | 人均地区生产总值（元） | 107437 | 124210 | 165700 |
| | 26 | 服务业增加值占 GDP 比重（%） | 44 | 45.5 | 49.5 |
| | 27 | 高新技术产业产值占规模以上工业产值比重（%） | 36.03 | 38 | 45 |
| | 28 | 消费对经济增长贡献率（%） | 46.4 | 48.1 | 53 |
| | 29 | 现代农业发展水平（%） | 74.09 | 79.9 | >90 |
| | 30 | 城镇居民人均可支配收入（元） | 31638 | 35751 | >50000 |
| | 31 | 农村居民人均纯收入（元） | 16438 | 18739 | >25000 |
| | 32 | 城市化水平（%） | 72.2 | 72.9 | 75 |
| 社会和谐 | 33 | 基尼系数 | <0.4 | <0.4 | <0.4 |
| | 34 | 城乡基本养老保险覆盖率（%） | 99 | >99 | >99 |
| | 35 | 城乡基本医疗保险覆盖率（%） | 99.47 | >99 | >99 |
| | 36 | 城镇登记失业率（%） | <4 | <4 | <4 |
| | 37 | 城镇保障性住房供给率（%） | 95 | 96 | 98 |
| | 38 | 每千人拥有医生数（人） | 2.55 | 2.58 | 2.78 |
| | 39 | 城市居民公共交通出行分担率（%） | 26 | 26.5 | 30 |

注：1. 城市居民公共交通出行分担率、城镇绿化覆盖率为市区数。

2. 带 ☆ 指标的 2011 年基数为预计数。

资料来源：《无锡市资源节约型和环境友好型社会建设综合配套改革试点总体方案》。

## 2. 建立"两型"科学决策评估制度和扶持政策

建立"两型"科学决策评估制度。科学把握无锡资源总量和环境容量，将经济、社会、环境建设作为有机整体综合考虑，对资源总量和环境容量进行优化配置和定期评估。建立规划环评与项目环评联动机制，对项目开发、环境资源配置提出更加合理的战略安排，加强对环境风险管理和危机控制的研究，强化对政府政策措施及各项重点工作环境影响的科学评估。建立资源环境专家咨询制度。建立相关专家咨询委员会，对有关经济、社会、环境发展的重大决策进行预先咨询和评估论证，完善决策信息和智力支持系统，推进决策科学化、民主化。建立健全专家结构选择机制、被遴选专家评价机制、绩效考核机制和责任追究机制，规范决策咨询程序，完善专家参与决策机制，公开听取专家学者和公众的意见和建议，增强环境决策的透明度和公众的参与度。

建立"两型"扶持政策。研究制定并积极争取在土地利用、产业发展、投融资、资源环境等方面的配套政策，建立促进"两型社会"建设的财税引导机制和差别化供地政策、地价政策，推动、引导社会资金投向"两型社会"建设重点产业和示范项目，推进无锡市"两型"产业快速发展。释放生态红利。吸引大量社会资本纷纷瞄准"两型社会"建设项目。天朗集团相中无锡古运河的生态及人文资源，在古运河畔启动百亿元级的"南长天朗运河古城"项目，旨在打造中国领先、世界一流的"江南文化集萃地"。吸引美国（GE 通用）水处理技术公司、世界轮胎制造业巨头普利司通公司等一大批新型环保重大项目落户无锡。

**3. 完善两型试点示范项目推进机制**

建立"两型"示范项目库。确定和组织实施一批产业升级、节能减排、城乡统筹等"两型社会"建设示范项目，建立项目申报、评审、扶持、跟踪、评估机制。2012 年无锡组织实施"百万吨节能量"项目工程，确定全市重点领域实现 100 万吨标准煤节能量的目标任务，其中工业项目节能量为 70 万吨标准煤。全市入库项目近 300 项，其中工业项目 260 项，项目投资 20 亿元。

制定重大专项实施方案。以中央空调、绿色照明、余热余压、电机节能、工业炉窑改造等先进节能技术推广为重点，实施五大节能改造专项行动。将省服务业"十百千"计划的东方田园、光电新材料产业园等 16 个项目和 160 个市服务业纳入重点建设项目，扶持一批专业性服务企业，实现资源节约、废弃物管理、资源化利用一体化。制定生产性服务业十大领域重点企业认定标准，在全省率先成立首家生产性服务业产业联盟。

实施循环经济重点项目。组织国家高新技术产业开发区、宜兴环保科技产业园、惠山经济开发区 3 家园区成功申报省级循环化改造示范试点园区，涉及重点项目总投资 6.7 亿元。每年新增 10 多家循环经济试点单位，30 多家企业申报"两型社会"建设示范企业，150 多家企业通过清洁生产审核验收。

推进电力工业结构调整，加快发展热电联产，推进清洁能源区建设。推进太阳能热水系统和太阳能光伏发电应用，实施光伏太阳能屋顶、建筑一体化和地面光伏电站工程示范项目。落实减排项目，对 610 个减排项目进行专项检查，对各地总量减排工作情况和重点减排项目进行现场督办，列入环保部公告的 3 个涉水减排项目已全部完成，省下达的 29 个重点减排项目已全部完成，其中涉水减排项目 7 个、涉气减排项目 22 个。

### 4. 健全环境倒逼、生态补偿机制

无锡被誉为"太湖明珠"，山水资源得天独厚，好山好水孕育传承百年的工商业基因。工业飞速发展，环境"隐疾"随之而来。经历 2007 年供水危机后，全市上下深刻认识到"转型必先汰劣，治污必先治水"，将生态环境的倒逼压力转化为转型升级的自觉动力。"问题在水里，表现在岸上，根子在产业"。无锡以壮士断腕的勇气和魄力迅速行动起来。仅 2013 年就关停"五小"和"三高两低"企业 800 余家，减少 GDP 80 多亿元，仅占 GDP 总量的 0.25%，但节约 80 万吨能耗则占全年总能耗的 2.8%，减少的二氧化硫排放占全市总排放量的 1.4%。[①]

完善资源有偿使用制度和生态补偿制度。2015 年，无锡为贯彻落实《关于建立生态补偿机制的意见（试行）》，下发《无锡市生态补偿专项资金管理办法（试行）》《无锡市生态补偿专项资金申报办法（试行）》等文件，发布"两型社会"建设综合配套改革工作要点，召开全市动员部署会。设立全国首个环保公益发展基金。加大财政的生态补偿转移支付力度，探索多形式、多渠道的生态补偿方式。将京杭运河无锡段、主要入湖河流及其上游、望虞河西岸及其支流等河流以及水稻田、阳山水蜜桃资源保护区、市属蔬菜基地、生态公益林、重要湿地、集中式饮用水水源保护区等纳入第一批生态补偿范围，并进一步向自然保护区、风景名胜区、湿地公园、森林公园、太湖重要保护区、饮用水水源保护区、重要水源涵养区、清水通道维护区、生态公益林、基本农田、特殊物种保护区等 12 类重点生态保护区域拓展。建立补偿金额测算、补偿支付监督等运行机制，严格兑现区域补偿资金。

积极推进生态修复工程。编制无锡市生态红线区域规划，划清无锡生态红线内 11 大类 31 个区域的实际面积、实际范围，完成宜兴、无锡市区、江阴生态红线界定工作。推进 4 处省级湿地公园和 10 处湿地保护小区建

---

① 无锡市发改委：《无锡市 2013 年资源节约型和环境友好型社会建设综合配套改革试点工作要点》。

设。选择宜兴太华镇、惠山阳山镇等地开展生态补偿试点，建立科学公正、权责一致的生态补偿机制。推进湿地、林业、水体修复，构建全方位、立体式生态修复体系。实施环太湖森林防火等生态项目，全市林木覆盖率超过27%、自然湿地保护率达到45%。

## 七　无锡"两型社会"建设的几点启示

### 1. 抓改革，求创新

按照省政府批复的综合配套改革方案要求，从资源节约、环境保护、产业升级、科技创新、决策管理五个方面，分别确定一两项年度改革重点内容，集中力量予以重点推进，为"两型社会"建设注入制度活力，提供体制机制保障。

### 2. 抓项目，打基础

围绕"两型"产业、"两型"城乡、"两型"生态等领域建立"两型社会"建设重大项目库，对项目前期工作、招商引资、争资立项跟踪关注，积极对上争取政策给予倾斜支持，形成"谋划一批、建设一批、竣工一批"的"两型"重大项目建设格局。

### 3. 抓创建，树典型

继续推进企业、园区、机关、社区、乡镇、家庭、景区、学校、医院等行业或领域的"两型"示范创建工作，把创建过程变成深化宣传、强化共识、凝聚合力、共享成果的过程。

### 4. 抓机制，强协调

加强调查研究，发挥党委、政府"两型社会"建设参谋部署的作用。建立健全"两型社会"建设改革的目标任务分解、督查考核、运行评估等政绩考评机制。建立会议制度，定期研究重大改革建设问题。积极参与"两型社会"建设配套政策制定、专项资金分配、重大项目审查。

### 5. 抓宣传，营氛围

注重提炼全市"两型社会"建设各地区、各领域、各行业的好案例、好做法、好经验、好模式，进一步加大宣传推介力度，进一步凝聚社会各界关心、支持"两型社会"建设的共识和合力。

### 6. 抓落实，重保障

着力发挥政策的保障和杠杆作用，制定有利于资源节约和环境保护的财税、金融、产业、价格、投资等政策措施并确保全面落实，完善资源节约和环境保护评价指标体系和考核监管制度，确保"两型社会"综合配套改革试点工作顺利实施。

# 参考文献

## 著作

马克思:《资本论》第 3 卷,人民出版社,2004。

恩格斯:《自然辩证法》,人民出版社,1984。

《马克思恩格斯全集》第 1 卷,人民出版社,1956。

《马克思恩格斯选集》第 3 卷,人民出版社,1995。

《马克思恩格斯全集》第 42 卷,人民出版社,1979。

《大学·中庸》,上海大学出版社,2012。

《孟子·尽心上》,上海大学出版社,2012。

《老子·庄子》,上海大学出版社,2012。

《习近平谈治国理政》,外文出版社,2014。

《中共中央关于制定国民经济和社会发展第十一个五年规划的建议》第
    六篇。

胡锦涛:《高举中国特色社会主义伟大旗帜 为夺取全面建设小康社会新胜
    利而奋斗》,人民出版社,2007。

汤因比、池田大作:《展望二十一世纪——汤因比与池田大作对话录》,荀
    春生等译,国际文化出版公司,1985。

黄志斌、张庆彩、张先锋:《中西部地区"两型社会"建设战略的支撑体
    系研究》,合肥工业大学出版社,2014。

J. B. Foster, *Marx's Ecology*, *Masterialism and Nature* ( Monthly Review Press,
    2000 ).

〔美〕保罗·萨缪尔森、威廉·诺德豪斯:《微观经济学》,萧琛等译,华夏
    出版社,1999。

## 论文

陈德敏：《节约型社会基本内涵的初步研究》，《中国人口·资源与环境》2005 年第 2 期。

王凤、雷小毓：《节约型社会的内涵及其构建》，《经济学家》2006 年第 5 期。

马凯：《发展循环经济 建设资源节约型社会和环境友好型社会》，《求是》2005 年第 16 期。

陈力：《节约型社会必须大力倡导节约型消费方式》，《求实》2006 年第 3 期。

尹世杰：《关于消费环境的几个问题》，《消费经济》2006 年第 2 期。

尹世杰：《消费环境与和谐消费》，《消费经济》2006 年第 5 期。

刁志萍：《消费主义对构建节约型消费方式价值诉求的制约》，《中国城市经济》2006 年第 7 期。

刁志萍：《消费主义价值观与可持续消费方式的建构》，《北京交通大学学报》2007 年第 3 期。

马凯：《科学的发展观与经济增长方式的根本转变》，《理论参考》2006 年第 4 期。

何昀：《论建设节约型社会中的消费方式变革》，《消费经济》2006 年第 5 期。

鲁捷：《日、美两国生活消费模式的变化及对我国的启示》，《北方经济》2006 年第 9 期。

张中华：《"两型社会"建设与投资、消费模式的转变》，《湖北社会科学》2008 年第 7 期。

尹世杰：《加强社会责任 进一步保护消费者权益》，《消费经济》2008 年第 2 期。

任保平：《新型工业化：中国经济发展战略的创新》，《经济学家》2003 年第 3 期。

吕政、郭克莎、张其仔：《论我国传统工业化道路的经验与教训》，《中国工业经济》2003 年第 1 期。

吕政：《我国新型工业化道路探讨》，《经济与管理研究》2003 年第 2 期。

简新华、何志扬：《中国工业反哺农业的实现机制和路径选择》，《南京大学学报》2006 年第 5 期。

郭克莎：《中国制造业发展与世界制造业中心问题研究》，《开放导报》2006 年第 2 期。

任保平、王艳：《新型工业化背景下我国工业经济政策的转型》，《贵州社会科学》2007 年第 6 期。

魏礼群：《充分认识和把握新型工业化》，《工业审计》2005 年第 1 期。

金碚：《科学发展观与经济增长方式转变》，《中国工业经济》2006 年第 5 期。

金碚：《中国工业化的资源路线与资源供求》，《中国工业经济》2008 年第 2 期。

柳建平、张永丽：《发达国家发展现代农业的经验与启示》，《经济纵横》2007 年第 20 期。

易晓波、曾英武：《"两型社会"建设与产业集群》，《中国高校科技与产业化》2008 年第 6 期。

谢自强：《着力培育发展产业集群　加快推进湖南新型工业化》，《湖湘论坛》2007 年第 6 期。

洪艳：《"两型社会"视角下湖南产业集群探析》，《湖南社会科学》2008 年第 3 期。

杜涛、陶良虎：《基于两型社会要求的武汉绿色物流发展研究》，《商品储运与养护》2008 年第 5 期。

贾晓娟：《资源环境约束下的"两型社会"产业结构调整》，《理论月刊》2008 年第 3 期。

阳中良、周雪敏：《论资源节约型环境友好型社会的构建》，《中国井冈山干部学院学报》2008 年第 4 期。

张小罗、陈丽：《论两型社会建设中环境立法之完善》，《中南林业科技大学学报》2008 年第 4 期。

胡伏湘、胡希军：《长株潭城市群两型综合试验区环境生态系统设计》，《湖湘论坛》2008 年第 2 期。

李恩成：《武汉城市圈两型社会的环境保护政策研究》，《湖北经济学院学报》2008 年第 8 期。

毛磊：《关于把武汉建成"两型社会"的思考》,《江汉大学学报》2008 年
　　第 2 期。

胡伟、程亚萍：《建设环境友好型社会应关注的三大法律问题》,《科学·
　　经济·社会》2007 年第 1 期。

孙佑海：《建设环境友好型社会必须强化法治》,《学习时报》2007 年 1 月
　　29 日。

黄锡生、张雪：《建设资源节约型与环境友好型社会中政府行为的规制研
　　究》,《重庆大学学报》（社会科学版）2007 年第 1 期。

彭益民：《建设环境友好型社会与加强政府管理》,《湖南社会科学》2007
　　年第 2 期。

李和中、谭英俊：《"两型社会"综合配套改革中的政府转型》,《学习与
　　实践》2008 年第 5 期。

刘思华：《对建设社会主义生态文明论的若干回忆——兼述我的"马克思主
　　义生态文明观"》,《中国地质大学学报》（社会科学版）2008 年第 4 期。

简新华、叶林：《论中国的"两型社会"建设》,《学术月刊》2009 年第
　　3 期。

彭炳忠、易先忠：《"两型技术"的概念、特征与功能》,《企业技术开发》
　　2013 年第 1 期。

王颖：《"两型社会"与制度创新》,《湖北社会科学》2008 年第 11 期。

陈纯仁、王迪：《论"两型社会"建设的行政制度创新》,《邵阳学院学
　　报》2014 年第 2 期。

洪源、肖海翔：《推动"两型社会"建设的"绿色"财税政策体系研究》,
　　《税务与经济》2010 年第 1 期。

蒋佳林：《优化协同机制：无锡加快"四个示范区"建设的有效切入点》,
　　《江南论坛》2013 年第 8 期。

## 其他

《中共中央关于制定国民经济和社会发展第十三个五年规划的建议》,新华
　　网,2015 年 11 月 3 日。

《坚定不移沿着中国特色社会主义道路前进 为全面建成小康社会而奋斗——
　　在中国共产党第十八次全国代表大会上的报告》。

中国共产党第十八届中央委员会第三次全体会议公报。

中国共产党第十八届中央委员会第五次全体会议公报。

《无锡市国民经济和社会发展第十三个五年规划纲要》。

姜大明：《全面节约和高效利用资源（学习贯彻党的十八届五中全会精神）》，人民日报 2015 年 12 月 8 日，第 7 版。

黄群慧：《以产业融合促进城乡发展一体化》，《光明日报》2015 年 7 月 22 日。

章盛莉：《城乡一体化不是"一样化"》，《长沙晚报》2014 年 1 月 17 日。

任爱莲：《产业集聚协调发展与新型城镇化建设》，《光明日报》2013 年 10 月 25 日。

蔡孟晗等：《"十三五"推进绿色城镇化亟待完善五大支撑点》，《中国改革论坛》2015 年 6 月 23 日。

谢晶仁：《"两型社会"视角下城乡统筹发展的重新审视》，《2014 年度湖南省社会科学界第五届学术年会论文集》，2014。

《江苏省生态文明建设规划（2013～2022）》。

《2015 年无锡市政府工作报告》，http：//www.gkstk.com/article/1422700065410.html。

无锡市委市政府：《无锡市资源节约型和环境友好型社会建设综合配套改革试点总体方案》，2011。

无锡市发改委：《无锡市国民经济和社会发展第十二个五年规划纲要》，2011。

无锡市发改委：《无锡市国民经济和社会发展第十三个五年规划纲要》，2016。

# 后 记

我国不自觉地走过了以生态环境的破坏为代价来换取经济社会发展的传统发展模式,生态环境与经济社会发展之间的矛盾日益凸显。在反思传统发展模式造成我国乃至全球问题的基础上,在可持续发展思想的指导下,中国共产党人提出了全新的科学发展观,继而又提出了资源节约型和环境友好型社会,即"两型社会"的建设构想。党的十八大将生态文明建设纳入中国特色社会主义事业"五位一体"的总布局,党的十八届五中全会,更是将绿色发展作为"十三五"乃至更长时期中国经济社会发展的重要理念。习近平总书记提出,要像保护我们的眼睛一样爱护生态环境,要像对待我们的生命一样,珍爱生态环境。在全面建成小康社会的决胜阶段,在贯彻五大发展理念的重要时期,本书关注无锡"两型社会"建设综合配套改革试点状况,了解制约无锡经济社会发展的主要矛盾和关键问题,提出切实有效的、具体的改革举措和建议,以推动无锡"两型社会"建设稳步前进,总结无锡市建设"两型社会"的成功经验,以期加快实现无锡乃至整个长三角地区的战略转型。

近年来,本人持续关注我国生态文明建设问题、苏南及无锡经济社会发展状况和社会治理的进程,承担了包括教育部规划基金一般项目"多元社会发展进程中的社会管理创新研究"和江苏省社科基金重点项目"江苏社会管理创新体系研究"在内的多项相关课题,取得了一些成果。2015年12月常州大学苏南现代化研究协同创新中心揭牌成立,该中心由常州大学牵头,由江苏省发改委、省经信委、省住建厅、省政府研究室、省政府参事室、南京大学、苏州大学、江苏大学、江南大学九家单位协同共建。本书是中心发布的首批六个课题的成果之一,我被聘为中心"特邀研究员"。在常州大学苏南现代化研究协同创新中心的资助、支持下,本书得以完成。在此，我要特别感谢常州大学提供的这个平台，感谢无锡市发改委为本课题的实际调研工作给予便利，他们提供了重要的基础材料和很多有益的帮助。

在书稿付印之际，我还要表达对课题组成员的感谢！本书的具体分工如下：

第 1 章 刘焕明

第 2 章 潘加军

第 3 章 孙　越

第 4 章 张　乐

第 5 章 章兴鸣

第 6 章 任　俊

第 7 章 陈　明

第 8 章 任　铃

第 9 章 李　娟

第 10 章 陈绪新

统稿人为刘焕明、陈绪新。

同时，也要感谢我的研究生蒋艳、高福兴等同学，他们在课题研究过程中做了收集资料、安排会议、整理书稿、校对、排版等大量的不可或缺的工作。

此书得以较好地呈献给读者，尤其要感谢社会科学文献出版社的相关工作人员，他们在阅读本书初稿后，耐心细致地提出了宝贵的修改建议，还精心斧正了书中诸多遗漏和错误之处。为了本书的出版，他们尽心尽力。

本人自知学识和能力有限，书中难免存在谬误之处，且在本书撰写的过程中，参阅了大量的国内外文献资料，吸收了很多优秀研究成果，未能一一全面地在书中注明。不足与舛误之处都是本人的责任，并在此一并表示歉意和感谢！

刘焕明

2016 年 11 月 2 日于江南大学

**图书在版编目（CIP）数据**

资源节约型和环境友好型社会建设：无锡实践与特
色／刘焕明主编. -- 北京：社会科学文献出版社，
2017.6
　（苏南现代化研究丛书）
　ISBN 978 - 7 - 5201 - 0661 - 0

　Ⅰ.①资…　Ⅱ.①刘…　Ⅲ.①城市经济 - 经济发展 -
研究 - 无锡　Ⅳ.①F299.275.33

　中国版本图书馆 CIP 数据核字（2017）第 074944 号

·苏南现代化研究丛书·
## 资源节约型和环境友好型社会建设
—— 无锡实践与特色

主　　编／刘焕明

出 版 人／谢寿光
项目统筹／谢蕊芬　童根兴
责任编辑／谢蕊芬　崔红霞

出　　版／社会科学文献出版社·社会学编辑部（010）59367159
　　　　　　地址：北京市北三环中路甲 29 号院华龙大厦　邮编：100029
　　　　　　网址：www.ssap.com.cn
发　　行／市场营销中心（010）59367081　59367018
印　　装／北京季蜂印刷有限公司

规　　格／开　本：787mm × 1092mm　1/16
　　　　　　印　张：19.25　字　数：315 千字
版　　次／2017 年 6 月第 1 版　2017 年 6 月第 1 次印刷
书　　号／ISBN 978 - 7 - 5201 - 0661 - 0
定　　价／89.00 元

本书如有印装质量问题，请与读者服务中心（010 - 59367028）联系